GRAMÁTICA
DO PORTUGUÊS CULTO
FALADO NO BRASIL

VOLUME VII

A CONSTRUÇÃO FONOLÓGICA DA PALAVRA

GRAMÁTICA
DO PORTUGUÊS CULTO
FALADO NO BRASIL

ATALIBA T. DE CASTILHO
(coordenador)

VOLUME VII

A CONSTRUÇÃO FONOLÓGICA DA PALAVRA

MARIA BERNADETE M. ABAURRE
(organizadora)

FAPESP

editoracontexto

Montagem de capa e diagramação
Gustavo S. Vilas Boas

Preparação de textos
Daniela Marini Iwamoto

Revisão
Fernanda Guerriero Antunes

Dados Internacionais de Catalogação na Publicação (CIP)
(Câmara Brasileira do Livro, SP, Brasil)

Gramática do português culto falado no Brasil : volume VII : a construção fonológica da palavra / coordenador-geral Ataliba T. de Castilho ; organizadora Maria Bernadete M. Abaurre. – São Paulo : Contexto, 2013.

Vários autores.
Bibliografia.
ISBN 978-85-7244-807-9

1. Português – Brasil 2. Português – Estudo e ensino 3. Português – Gramática I. Castilho, Ataliba T. de. II. Abaurre, Maria Bernadete M.

13-06847 CDD-469.014

Índice para catálogo sistemático:
1. Português : Linguística 469.014

2013

EDITORA CONTEXTO
Diretor editorial: *Jaime Pinsky*

Rua Dr. José Elias, 520 – Alto da Lapa
05083-030 – São Paulo – SP
PABX: (11) 3832 5838
contexto@editoracontexto.com.br
www.editoracontexto.com.br

A Yonne Leite,
por tudo.

Os coautores

SUMÁRIO

APRESENTAÇÃO

Os trabalhos reunidos neste volume apresentam, em seu conjunto, os resultados das pesquisas desenvolvidas pelos membros do Grupo de Trabalho (GT) de Fonética e Fonologia ao longo dos dez anos (1988-1998) do Projeto de Gramática do Português Falado (PGPF), coordenado por Ataliba de Castilho. A publicação do conjunto desses trabalhos pretende contribuir para a divulgação de descrições mais acuradas de aspectos fônicos marcantes da variante culta do português falado no Brasil.

Dentre os principais objetivos dos Grupos de Trabalho do PGPF destacavamse: fornecer subsídios para a caracterização das variedades geográficas dialetais (pluralidade de normas) e identificar regularidades encontradas nos princípios constitutivos das estruturas fonológicas, morfossintáticas e textuais, na sua produção e no seu processamento. O GT de Fonética e Fonologia, particularmente, optou por fazer um recorte dos aspectos e dos fenômenos que, no plano fônico, caracterizariam, por hipótese, o português do Brasil (PB) e dariam conta da sua distribuição por região do país.

O critério utilizado para a seleção dos trabalhos constantes deste volume foi, portanto, o da representatividade dos fenômenos descritos para a caracterização do componente fônico do português do Brasil. Selecionados como representativos para investigação nas áreas de Fonética e Fonologia de uma gramática referencial do PB, esses trabalhos tomaram por base os *corpora* controlados das cinco capitais brasileiras do projeto Nurc (Porto Alegre – POA, São Paulo – SP, Rio de Janeiro – RJ, Salvador – SSA, e Recife – RE), e foram desenvolvidos a partir das hipóteses teóricas e da metodologia que nortearam o trabalho do GT e que serão apresentadas a seguir.

Ao definir, em 1992, uma agenda própria de pesquisas, o GT de Fonética e Fonologia definiu, também, seus objetivos, pressupostos teóricos e metodologia de investigação. Os projetos desenvolvidos pelos pesquisadores voltaram-se para alguns aspectos fonético-fonológicos da modalidade culta do português do Brasil, visando a identificar – coerentemente com os pressupostos gerais do PGPF – as regularidades encontradas nos princípios constitutivos das estruturas fonológicas (espaço dos fatos categóricos) e na sua produção e processamento (espaço dos fenômenos variáveis).

Todos os aspectos selecionados foram analisados, do ponto de vista teórico, à luz de modelos fonológicos não lineares (fonologia autossegmental, lexical e métrica) e da teoria da variação e mudança concebida no âmbito da sociolinguística laboviana. A integração dessas visões teórico-metodológicas distintas permitiu evidenciar tanto a unidade fonológica do português culto falado no Brasil como a diversidade fonética existente nos dialetos estudados.

O componente fonológico de uma gramática foi entendido, no GT, como um conjunto de princípios, parâmetros e convenções que organizam o sistema de oposições estabelecidas no plano fônico e as possibilidades de escolha das atualizações dessas oposições, facultadas aos falantes em contextos específicos (linguísticos e extralinguísticos).

Nos trabalhos mais voltados para a discussão dos aspectos representacionais relativos às estruturas fonológicas, optou-se pela utilização do quadro teórico das fonologias não lineares, recorrendo-se, quando pertinente, à fonologia lexical, autossegmental e métrica.

Por se tratar da fonética e fonologia de uma *gramática referencial do português falado*, fundamentada em *corpora* de cinco capitais brasileiras, optou-se pelo desenvolvimento de projetos que pudessem fornecer subsídios para a caracterização das variedades geográficas dialetais, com base em algumas hipóteses sobre processos fonológicos que singularizam cada variedade. Do ponto de vista metodológico decidiu-se por abordar os dados através da sociolinguística quantitativa de inspiração laboviana. A variação é, nessa perspectiva, entendida como uma propriedade inerente à atividade discursiva, motivada internamente por fatores linguísticos e, externamente, por fatores como região, idade, sexo, estilo. Do ponto de vista formal, a regra variável apresenta características semelhantes às das regras categóricas, diferenciando-se destas pela possibilidade de inclusão de fatores não linguísticos.

Dentro dessa concepção, fenômenos variáveis são **mensurados**, permitindo caracterizar as variedades do português brasileiro por seu percentual de participação maior ou menor em um dado processo fonológico. Ressalte-se que se fez, no âmbito do GT, a opção teórico-metodológica pelo tratamento dos dados de variação segundo a sociolinguística quantitativa laboviana, dadas as perspectivas promissoras que tal metodologia oferece para uma renovação dos estudos dialetológicos sobre o português do Brasil e para um nova visão dos processos de mudança linguística.

Este volume está organizado em três partes e um Apêndice, sobre os quais se farão, a seguir, breves comentários.

Na Parte I, **Sílaba**, agrupam-se dois trabalhos de Leda Bisol: "A sílaba e seus constituintes" e "Sândi vocálico externo". O trabalho sobre sândi vocálico foi incluído nesta Parte I devido à reorganização das estruturas silábicas operada pela aplicação das regras de sândi vocálico às sequências vocálicas em juntura de palavras.

Em "A sílaba e seus constituintes", Bisol, seguindo a abordagem da fonologia métrica, discute a composição das sílabas do português brasileiro, bem como as restrições e os princípios que regem sua formação. A partir do pressuposto de que a sílaba possui uma estrutura interna de constituintes, a autora apresenta uma representação arbórea para este domínio, propondo uma organização hierárquica para seus constituintes. Discute, ainda, questões relacionadas à silabificação e ressilabificação de sequências de segmentos no português do Brasil.

A análise desenvolve os seguintes passos: discutem-se, primeiramente, os princípios de composição da sílaba básica, com base nos quais apresenta-se uma representação arbórea para esse domínio. A partir desses princípios, depreende-se o padrão silábico do português. Segue-se o desenvolvimento da ideia de que o mapeamento da sílaba tem como ponto inicial a identificação dos núcleos, e, na ordem, o mapeamento do *onset* e finalmente da coda. Certas operações, como apagamento do elemento não silabado e epêntese, considerada como um processo de legitimação de consoantes extraviadas, merecem especial atenção, em virtude de a aplicação de uma ou de outra operação propiciar variações silábicas.

Admitindo-se que a silabação é um processo contínuo, disponível em qualquer etapa da derivação, a análise, fundamentada nos princípios gerais da teoria adotada, busca apresentar explicações tanto para as sílabas que se encaixam no padrão canônico como para as formas variantes.

Em "Sândi vocálico externo", Bisol analisa os três processos de sândi observáveis no nível pós-lexical. Esses processos, que têm como domínio prosódico a frase fonológica, caracterizam o português brasileiro: a *elisão* ([kamizuzáda] < /kamíza uzáda/), a *ditongação* ([komyóstras] < /kóme óstras/) e a *degeminação* ([kazazúw] < /káza azúl/).

Na primeira parte, o trabalho oferece uma caracterização desses fenômenos de sândi a partir dos pressupostos teóricos da fonologia autossegmental e conclui que eles são o resultado, na língua, da operação de *princípios universais* como *licenciamento prosódico*, *sequência de sonoridade* e *contorno obrigatório* combinados com outras convenções e regras.

A segunda parte apresenta os resultados da análise estatística (de base laboviana), destacando-se os seguintes aspectos: 1) a atonicidade das duas vogais é o contexto ideal para o sândi externo; 2) o sândi não ocorre quando a segunda vogal é acentuada, exceto quando a ressilabificação fica garantida pela presença, na sequência VV, de uma vogal alta sem acento; 3) o sândi ocorre com mais frequência no domínio da frase fonológica do que no domínio do enunciado; 4) o uso mais ou menos frequente do sândi permite estabelecer diferenças dialetais (RJ e POA apresentando maior implementação dos processos de elisão, ditongação e degeminação, e SP, SSA e RE apresentando menor implementação); 5) estilos mais controlados exibem o sândi com menos frequência do que estilos descontraídos.

Na Parte II, **Vogais**, apresentam-se os trabalhos "As vogais orais: um estudo acústico-variacionista", de Dinah Callou, João Antônio de Moraes e Yonne Leite; "Produção e percepção das vogais nasais", de João Antônio de Moraes; "Fonologia da nasalização", de Leda Bisol; e "Nasalização fonética e variação", de Maria Bernadete M. Abaurre e Emilio Gozze Pagotto.

Em "As vogais orais: um estudo acústico-variacionista", os autores apresentam, com base em um estudo espectrográfico das vogais orais pretônicas, tônicas e postônicas, uma caracterização acústica do sistema vocálico do português do Brasil, fundamental para o melhor entendimento de processos fonológicos operantes na língua.

O trabalho analisa acusticamente, através da identificação dos valores do primeiro e segundo formantes (F1 e F2, respectivamente), 3.645 realizações de vogais extraídas de inquéritos do projeto Nurc. O *corpus* é constituído de entrevistas informais com 15 locutores de formação universitária (3 por cada área urbana) estratificados por 3 faixas etárias (25-35, 36-56 e 56 em diante). Foram analisadas 15 ocorrências de cada vogal por falante, através do programa computacional ILS (Interactive Laboratory System), totalizando 1.575 vogais tônicas, 1.395 pretônicas e 675 postônicas.

Foram objetivos da pesquisa: 1) *caracterizar*, acusticamente, o sistema *geral* de vogais tônicas, pretônicas e postônicas e os sistemas dos cinco dialetos: POA, SP, RJ, SSA e RE; e, tomando como referência o sistema das vogais cardeais, *comparar* o sistema vocálico tônico do português do Brasil com o do português europeu; 2) detectar a direção de uma possível mudança fonética em progresso, através das medições acústicas e análise multivariacional.

Dados esses objetivos, uma vez estabelecido o espaço acústico das vogais tônicas do português culto das cinco capitais brasileiras, foi feita a comparação entre os sistemas vocálicos de português do Brasil (PB) e português europeu (PE) e o sistema das vogais cardeais, concluindo-se, no trabalho, que parece existir uma tendência de tornar-se mais *compacto* o sistema de PB, ou seja, de distanciar-se, pela centralização da vogal alta /i/ e pelo alçamento e anteriorização da vogal /a/, tanto de PE como das vogais cardeais.

Com relação à variação, o estudo mostrou que há dois processos que diferenciam os dialetos: o de *anteriorização* e *abaixamento* da vogal /i/ e o de *posteriorização* e *abaixamento* da vogal /a/.

Em "Produção e percepção das vogais nasais", João Antônio de Moraes discute alguns dados sobre a fonética da nasalidade vocálica no PB. Sem perder de vista a perspectiva fonológica, o autor aborda inicialmente alguns aspectos gerais da articulação e da acústica das vogais nasais brasileiras. Em seguida, com base em dados de testes perceptivos, discute quatro questões específicas, de natureza fonológica: 1) Há pistas fonéticas (diferenças na manifestação da nasalidade) a indicar que a nasalidade contrastiva, a alofônica e a coarticulatória sejam processos derivados de regras distintas?; 2) De que maneira fatores como o timbre vocálico e o acento interagem com a nasalidade?; 3) Qual das interpretações/representações das vogais nasais, a bifonêmica ou a monofonêmica, é favorecida pelos dados fonéticos? A presença de um apêndice consonantal nasal proeminente seguindo a vogal favoreceria, numa abordagem mais natural, a interpretação bifonêmica.

As conclusões a que chega o autor, com relação às questões consideradas, podem ser resumidas como se segue.

A visão tradicional da nasalização vocálica no português do Brasil identifica dois tipos de nasalização, a contrastiva e a alofônica, e considera esta última uma nasalização mais fraca, secundária. Os dados apresentados pelo autor mostram que, do ponto de vista articulatório, há quatro graus de abertura da passagem velofaríngea na produção das vogais no português. Além disso, revelam que a nasalização contrastiva e a alofônica são igualmente intensas. Tal achado é corroborado igualmente nos testes de percepção.

Tanto do ponto de vista articulatório quanto do perceptivo, a nasalização fonológica (contrastiva) e a alofônica são processos similares, e devem ser considerados o resultado da aplicação de regras adquiridas de nasalização. Já a nasalização coarticulatória parece ser um fenômeno puramente fonético, de transição.

O peso do acento é crucial tanto do ponto de vista fonético (grau de nasalização alcançado) quanto fonológico, pois a pauta acentual pode determinar, segundo o dialeto, o alcance das regras de nasalização. Da mesma forma, articulações mais abertas das vogais nasais favorecem a percepção da nasalidade. Por fim, a interpretação bifonêmica da nasalização contrastiva é a que encontra maior suporte nos dados fonéticos.

Em "Fonologia da nasalização", Leda Bisol retoma a discussão de um dos aspectos mais polêmicos da fonologia do português: a nasalidade vocálica. A partir da pergunta clássica sobre se o sistema da língua portuguesa possui vogais intrinsecamente nasais ou se as chamadas vogais nasais devem ser interpretadas como sequência de vogal oral mais consoante nasal, a autora, com base na fonologia lexical e na teoria autossegmental, distingue dois processos de nasalidade na língua: a nasalidade por estabilidade (lexical) e a nasalidade por assimilação (pós-lexical).

Sua análise, conduzida na perspectiva da fonologia lexical, assume uma concepção de léxico composto de dois *strata*, o da raiz e o da palavra. É no nível da palavra (componente lexical) que se forma, por estabilidade, o ditongo nasal. A nasalização por assimilação, que alcança itens sem vogal temática e a vogal interna, e que não tem uma morfologia específica, opera no componente pós-lexical.

Uma das conclusões importantes desse trabalho diz respeito à principal diferença entre os dois tipos de nasalidade, a do ditongo e a da vogal nasal (VN), ambos VN na subjacência: o verdadeiro ditongo nasal, de formação mais subjacente, é gerado no comportamento lexical, pois conta com um elemento morfológico, a vogal temática, enquanto a vogal nasalizada, presente em todo o processo derivativo como VN, torna-se uma vogal nasal somente no componente pós-lexical, pois prescinde de informação morfológica.

Em "Nasalização fonética e variação", Maria Bernadete M. Abaurre e Emilio Gozze Pagotto apresentam os resultados de uma análise variacionista da nasalidade fonética no português do Brasil. O trabalho baseia-se em um *corpus* ampliado de 30 inquéritos, totalizando 300 minutos de gravação e 9.570 dados representativos das variáveis relevantes. Destes, 4.946 representam casos de nasalidade fonológica, de manifestação categórica. A variação verifica-se no contexto da nasalidade fonética, representada em 4.624 dados. Os resultados da investigação voltam-se especificamente para as ocorrências da nasalidade fonética e os resultados significativos são os seguintes: 1) em sílabas acentuadas, a nasalização fonética ocorre quase categoricamente e é bloqueada somente no contexto de juntura de palavra, o que caracteriza o processo como intralexical; 2) a nasalização ocorreu em 100% dos casos quando a consoante que segue a vogal é nasal palatal. O ponto de articulação da nasal seguinte continua relevante mesmo quando se consideram as outras consoantes, pois parece haver uma hierarquização na assimilação de nasalidade segundo o ponto de articulação: palatais > dentais > labiais; 3) excluindo os casos em que a nasalização é categórica, observa-se uma hierarquização entre fatores de natureza morfológica e fatores de natureza fonética. O contexto de juntura morfológica atua como um forte inibidor do processo de assimilação. Já o contexto interno à raiz da palavra libera a atuação de outros fatores; 4) a presença de uma consoante nasal precedendo a variável condiciona fortemente a nasalização. O *onset* vazio, por sua vez, inibe a assimilação da nasalidade. Já o *onset* preenchido por consoantes não nasais não chega a inibir a nasalização. *Onsets* duplamente preenchidos inibem fortemente a nasalização da vogal; 5) a região geográfica é também determinante para a descrição do processo de nasalização. Norte e Sul se opõem quanto à nasalização: RE e SSA nasalizam mais; SP e POA nasalizam menos. O RJ está no meio do caminho.

Na Parte III, **Consoantes**, estão os trabalhos "Consoantes em coda silábica: /s, r, l/", de Dinah Callou, João Antônio de Moraes e Yonne Leite, e "Consoantes em ataque silábico: palatalização de /t, d/", de Maria Bernadete M. Abaurre e Emilio Gozze Pagotto.

Em "Consoantes em coda silábica: /s, r, l/", Dinah Callou, João Antônio de Moraes e Yonne Leite retomam a questão da ocorrência de consoantes em coda silábica, no PB, tendo como objetivo identificar e analisar, no *corpus* do PGPF, os processos de enfraquecimento de /s/, /r/ e /l/ nessa posição silábica. Os autores procuram, em seu trabalho, estabelecer: a) a geolinguística desse(s) processo(s) de enfraquecimento; b) seus fatores condicionantes; c) o tipo de mudança ocorrida; d) o estágio em que se encontra(m) o(s) processo(s).

As principais conclusões desta investigação são as seguintes: 1) o processo de posteriorização é comum às três consoantes; 2) as múltiplas realizações das consoantes em pauta se prestam a estabelecer delimitação de áreas dialetais; 3) a hipótese de que a palatalização do S constitui uma mudança de cima para baixo apoia-se em evidências fracas, uma vez que a expansão da regra não é atestada historicamente. Além disso, como essa regra não acarreta nenhum tipo de fusão, torna-se impossível fazer uso do paralelo feito por Labov entre tipos de fusão e mudanças "de cima para baixo" e/ou "de baixo para cima" para esclarecer a questão. O mesmo se aplica para as mudanças do L e do R. Trata-se, nos casos apresentados, de variação no nível fonético, sem consequência no nível representacional; 4) gênero constitui uma variável crucial, indicando uma comunidade cindida, homens e mulheres apresentando distintos comportamentos linguísticos; 5) é possível explicar a presença de realizações das líquidas, em posição de coda, pela atuação de princípios universais. Um deles é o controvertido princípio do menor esforço, segundo o qual sons menos complexos (não marcados) tendem a substituir os mais complexos (marcados). Outro princípio relaciona-se à constituição da sílaba, que otimiza a sonoridade da estrutura demissilábica núcleo + coda (ou rima).

Os autores observam, ainda, que se a representação autossegmental de Clements for adotada, a velarização do L constitui uma etapa necessária para o estágio seguinte de vocalização. No caso do R, como se viu, a explicação do processo como um enfraquecimento resultante de uma escala de sonoridade não satisfaz. A palatalização do S, por sua vez, não se encaixa em nenhum dos princípios anteriormente mencionados. Parece tratar-se de um caso de mudança – cujo alvo seria imitar uma pronúncia supostamente de prestígio – que se comporta de forma diversa, não estando sujeita a tendências universais.

Em "Consoantes em ataque silábico: palatalização de /t, d/", Maria Bernadete M. Abaurre e Emilio Gozze Pagotto analisam, com base nos pressupostos da sociolinguística quantitativa laboviana, as ocorrências, nos dados representativos das cinco capitais do projeto, das consoantes oclusivas dentais /t/ e /d/ quando seguidas de uma vogal realizada como alta anterior [i]. Foram consideradas relevantes, para o estudo, as realizações da variável como oclusiva dental surda ou sonora ou como africada palatoalveolar surda ou sonora.

Os resultados mais significativos desse trabalho são os que se apontam a seguir.

De todos os grupos de fatores analisados, o que se mostrou mais consistente foi o da *região geográfica*, apontando-se, nos dados estudados, para uma polarização entre Recife e Rio de Janeiro no que diz respeito à palatalização da oclusiva: os dados do Rio de Janeiro se mostraram categóricos quanto à aplicação da regra e os do Recife ofereceram forte resistência à palatalização. Os dados de Salvador e São Paulo se mostraram mais próximos entre si do que os de Porto Alegre, que se apresentaram com o percentual mais baixo de palatalização, depois do Recife.

Os informantes, em algumas regiões, apresentaram comportamentos idiossincráticos muito diferentes entre si, especialmente em Porto Alegre, o que indica que o processo de variação, à época da coleta dos dados, apresentava aspectos sociolinguísticos que não puderam ser captados pela descrição social adotada, demonstrando, mesmo assim, uma implementação do processo de palatalização que ainda não se havia completado no âmbito de toda a sociedade local. Esse comportamento idiossincrático leva, necessariamente, a relativizar os resultados de Porto Alegre, no sentido de não se poder caracterizar, com segurança, o dialeto local como não palatalizado.

O estudo do comportamento da variável, no seu funcionamento linguístico, confirmou hipóteses já apontadas anteriormente em outros trabalhos: 1) a de que a sonoridade da variável tem influência sobre a aplicação da palatalização; 2) a de que a consoante fricativa alveolar [s], que segue a vogal /i/ átona, formando a sequência [tis] ou [dis], ocasiona o acionamento de uma outra regra fonológica que suprime a vogal [i], inibindo a aplicação da palatalização; 3) a de que o glide [y], em que se transforma a vogal que segue a oclusiva dental em processo de ressilabificação, condiciona mais fortemente a palatalização do que as outras realizações desta vogal; d) a de que há uma tendência à coocorrência da oclusiva palatalizada e da palatalização da consoante fricativa /s/ que a antecede; do mesmo modo, a realização alveolar da consoante fricativa /s/ tende a coocorrer com a realização não palatalizada da consoante oclusiva.

Os autores ressaltam, ainda, que não foi possível identificar com segurança um controle de natureza lexical sobre o processo de variação estudado, havendo apenas alguns indícios de que isso possa ter ocorrido.

O volume traz, ainda, um **Apêndice**, "Mapeamento dos processos", organizado por Dinah Callou, João Antônio de Moraes e Yonne Leite, em que são apresentados dois mapas com a área de abrangência dos seis processos fonológicos discutidos nos trabalhos constantes do volume, consideradas as cinco capitais brasileiras estudadas no projeto Nurc (Porto Alegre, São Paulo, Rio de Janeiro, Salvador e Recife): 1) palatalização do /s/ em coda silábica; 2) fricativização e posteriorização do /r/ pré e pós-vocálico; 3) palatalização do /t/ e do /d/ diante de /i/; 4) vocalização do /l/ em coda silábica; 5) nasalização da vogal pré-tônica diante de consoante nasal; e 6) elevação da vogal média pretônica [e] → [i] e [o] → [u].

Os pesquisadores deste GT julgam ter conseguido levar a bom termo praticamente todas as investigações que se propuseram realizar em seu programa de pesquisas. Ficaram ainda por realizar, de forma sistemática, estudos sobre acento, ritmo e entoação nas cinco capitais.

Ao longo dos dez anos de pesquisas do GT, participaram do desenvolvimento de projetos os seguintes pesquisadores: João Antônio de Moraes, UFRJ (primeiro coordenador do GT); Maria Bernadete M. Abaurre, Unicamp (coordenadora do GT a partir de 1992); Leda Bisol, PUCRS; Dinah Callou, UFRJ; Yonne Leite, UFRJ;

Luiz Carlos Cagliari, Unesp (de 1988 a 1992); Emilio Gozze Pagotto, Unicamp. Destaca-se, nesta oportunidade, a importância de que se revestiu o trabalho em grupo, no interior do GT, o que permitiu não só o estímulo mútuo e crescimento conjunto, mas sobretudo a polêmica saudável e necessária e o intercâmbio de conhecimentos e experiências individuais.

Tendo em vista que o objetivo maior do GT era o de fornecer subsídios para a caracterização das variedades geográficas dialetais do português do Brasil, pode-se dizer que a escolha teórico-metodológica de uma abordagem sociolinguística de cunho quantitativo, como a laboviana, para servir de quadro de referências para as pesquisas do grupo, foi adequada.

Com efeito, a escolha de tal metodologia revelou-se produtiva para a caracterização da variação linguística que envolve as variáveis consideradas nos projetos do GT, conforme demonstram os resultados finais dos trabalhos apresentados pelos pesquisadores ao longo desses anos. Acreditamos que os resultados das pesquisas que tivemos a oportunidade de desenvolver no PGPF constituem um avanço na busca de caracterização da estratificação regional do português do Brasil.

Na preparação da versão final dos textos constantes deste volume, levou-se em conta a decisão tomada por ocasião do X Seminário do Projeto da Gramática do Português Falado, realizado em 1998, segundo a qual os textos seriam voltados essencialmente para o público acadêmico, aí incluídos os professores e alunos de cursos de graduação da área de Letras e Linguística. Deveriam, portanto, ser redigidos em linguagem que, embora técnica, pudesse ser entendida mesmo por não especialistas na área de Fonética e Fonologia. Procurou-se, na medida do possível, cumprir tal decisão, mas o compromisso que é possível fazer, em termos de discussões fonéticas e fonológicas, é relativamente limitado, pois implica muitas vezes manter conceitos e terminologia sem os quais a discussão dos tópicos selecionados ficaria inviabilizada.

Durante o trabalho de preparação dos textos para publicação neste volume, contamos com a ajuda inestimável do colega Juanito Ornelas de Avelar, do Instituto de Estudos da Linguagem da Unicamp. A ele deixamos registrados, aqui, os nossos sinceros agradecimentos.

Maria Bernadete M. Abaurre

PARTE I

SÍLABA

1

A SÍLABA E SEUS CONSTITUINTES

Leda Bisol

A composição da sílaba, as restrições e os princípios que regem sua formação são o tema deste capítulo, que se desenvolve na linha da fonologia métrica. A sílaba é um constituinte prosódico que contém outros constituintes como parte de sua formação. Há outras teorias sobre sílaba, entre as quais o modelo CV, que limita a sílaba a três camadas: a mais subjacente, constituída de um só elemento, representado por σ, significando a sílaba como entidade abstrata; a camada intermediária constituída de dois elementos, C e V, indicativos da posição do elemento silábico na linha temporal; e a dos segmentos especificados em traços fonéticos.[1]

Tomando-se como ponto de partida a representação arbórea da sílaba, este estudo detém-se em seus constituintes, na silabificação e ressilabificação.

COMPOSIÇÃO DA SÍLABA

A ideia de que as entidades fonológicas organizam-se em constituintes, valores tradicionalmente conhecidos na sintaxe, vem fundamentando, sobretudo, as análises que dizem respeito à sílaba e ao acento, desde a introdução das representações não lineares na fonologia gerativa. Dois são os constituintes silábicos, ataque e rima, o segundo dos quais domina um núcleo indispensável, o qual junto ao ataque forma o padrão universal CV.

Os princípios de composição da sílaba básica dizem respeito à relação de dominância que se estabelece entre os elementos que a compõem, isto é, entre rima e ataque e entre núcleo e coda. Tais princípios podem ser expressos por uma árvore, no estilo de Selkirk (1982):

(1) Princípios de Composição da Sílaba Básica (PCSB)

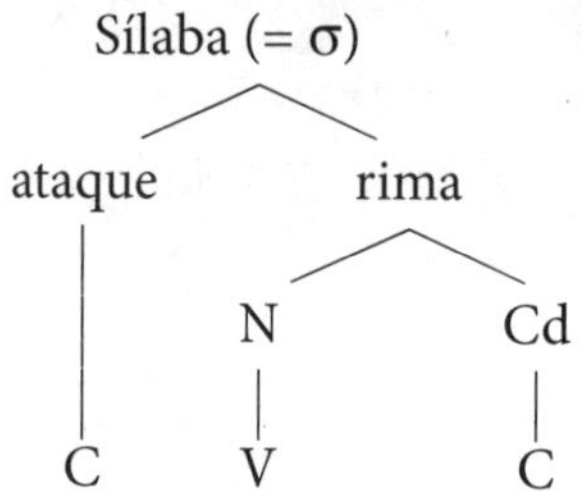

Essa estrutura gera todo o inventário básico {CV, VC, V, CVC} com que se descreve grande parte das línguas do mundo. Estruturas mais complexas como {CCV, VCC, CCVCC} são dela derivadas.

O núcleo é identificado por meio do Princípio de Sequenciamento de Sonoridade (PSS) que, na base de uma escala, assinala os picos de sonoridade de uma cadeia de sons, picos que funcionam como cabeças de sílaba. Na maioria das línguas, somente vogais são picos silábicos. Outras admitem soantes e ainda há os casos especiais, como o da língua berber, em que qualquer consoante pode ser centro silábico (Prince e Smolensky, 1993).

Por conseguinte o primeiro passo na construção de uma sílaba é a identificação do pico a que nos referimos como núcleo (N). Este projeta a rima e a rima projeta a sílaba. Em português, somente vogais funcionam como núcleos. Todas as vogais de uma sequência são, no primeiro momento, picos silábicos, ou seja, núcleos de sílaba. E, porque o sistema não possui vogais longas, a sequência VV que, inicialmente, é sempre dissilábica, pode fundir-se em uma só vogal se forem idênticas ou produzir um ditongo se uma das vogais for alta.

Estrutura silábica e silabificação andam juntas, mas podem ser entendidas como instruções diferentes. A primeira é uma teoria sobre a sílaba, em forma de árvore, que diz respeito aos princípios de composição da sílaba básica, como vimos em (1). Figura no léxico profundo, representando o conhecimento que o indivíduo tem da estrutura silábica de sua língua, um saber inconsciente que vai emergindo à medida que a capacidade da linguagem se desenvolve. A segunda é o mapeamento de uma cadeia de sons ao molde canônico, como veremos mais adiante.

Estamos, pois, considerando que as regras de composição da sílaba básica são, na verdade, princípios expressáveis por meio de uma árvore de ramificação binária (1), os quais, em se tratando do português, geram o padrão canônico CCVC(C), em que C parentético é o resultado de uma regra particular. Por conseguinte o molde silábico do português é (2) a que se anexa (3).

(2) Molde silábico do português

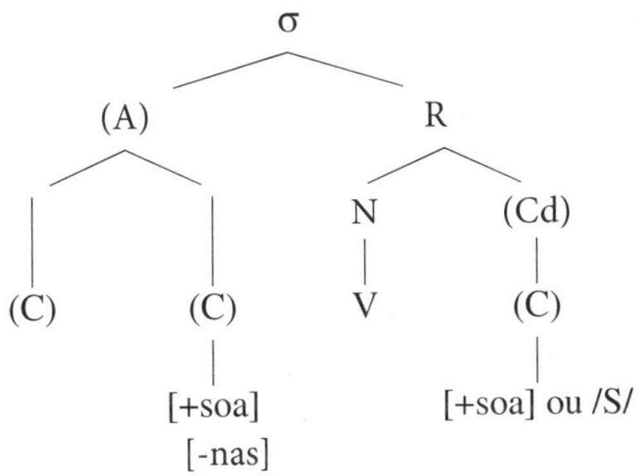

De (2) advêm as seguintes informações:

I. A sílaba do português tem estrutura binária, representada pelos constituintes ataque e rima, dos quais apenas a rima é obrigatória.
II. A rima também tem estrutura binária, núcleo e coda. O núcleo é sempre uma vogal, e a coda é uma soante ou /S/.
III. O ataque compreende ao máximo dois segmentos, o segundo dos quais é uma soante não nasal.

A distinção entre rimas simples e complexas, que a ramificação de R em (2) representa, é de suma relevância para a descrição do acento em sistemas sensíveis ao peso da sílaba, como o português e outras línguas. Também certas regras referem-se aos constituintes silábicos ou a limites com eles relacionados, como a vocalização da lateral que ocorre somente em posição de coda (*maɫ* ~ *maw*), e as variantes da vibrante que, nessa posição, manifestam-se com mais prodigalidade.

E para dar conta da estrutura derivada CCVCC, que inclui o C parentético, uma regra adicional se faz presente, como no espanhol, interpretado por Harris (1983):

(3) Regra de Adjunção de /S/ (RAS): Acrescente /S/ à rima bem formada.

Tal regra existe em função de um pequeno conjunto de palavras: *fausto*, *monstro*, *austral*, *claustro*, *auspícios*, *auscultar*, *austero*, *solstício*, *interstício*, *perspectiva* e poucas mais.

Fazem parte das formas, tradicionalmente ditas novas ou reconstruídas por via erudita (leitura ou escrita), que entraram no português nos séculos XIV e XV quando o português passou a tomar duas feições: a popular e a literária (Nunes, 1930: 15). Vale observar que esta segunda posição é ocupada somente por /S/.

Por conseguinte, palavras como *claustro* e *perspectiva* apresentam, inicialmente, uma rima VC, que permite ser aumentada para VCC, em que C2 é sempre /S/.

(4)

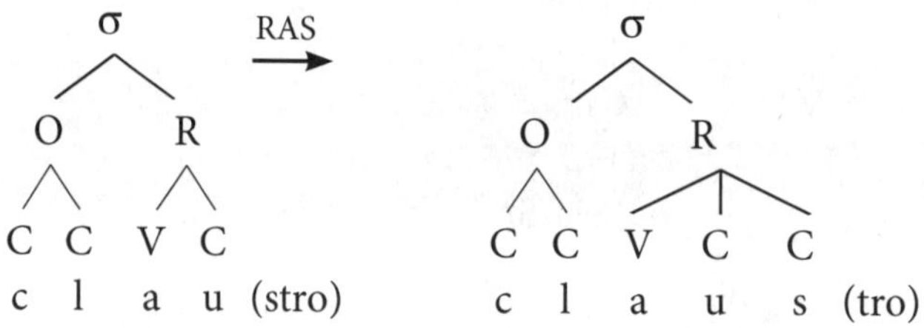

É interessante observar que palavras como *perspectiva* tendem a manifestar-se como *pespectiva*, com o deslocamento de /S/ para a primeira posição da coda, ajustando-se ao padrão básico, representado por (2), enquanto se mantêm inalteráveis as que a /S/ precede ditongo. Os dados do Nurc, Projeto da Norma Culta, documentam casos de perda dessa estrutura:

(5) Há três pespectivas que vocês leram de novo.
EF RE 337[2]
...através de uma pespectiva chamada...
EF RE 337

Descrita a composição da sílaba básica, passemos à silabificação, entendida como escansão dos segmentos de uma cadeia de sons, de acordo com o padrão canônico. A silabificação procede da seguinte forma: primeiramente núcleos são identificados via escala de sonoridade.

(6) Identificação de núcleo

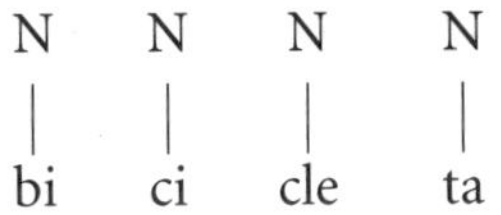

Assim que o núcleo for identificado, a rima é projetada e, consequentemente, a sílaba, sua projeção máxima:

(7) Projeção do núcleo

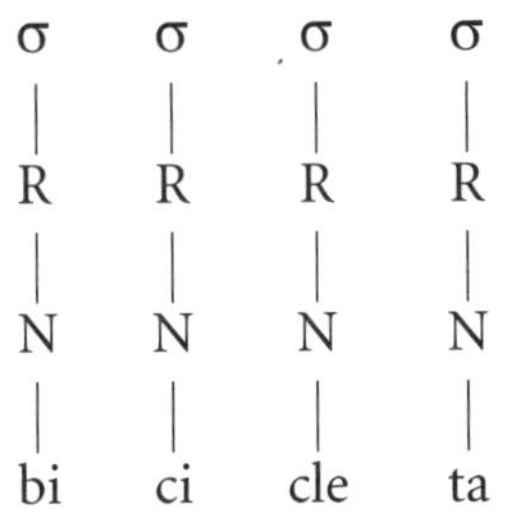

Então (σ), de acordo com o padrão canônico, ramifica para a esquerda, mapeando a consoante adjacente mais próxima, para formar o padrão universal CV:

(8) Formação do ataque

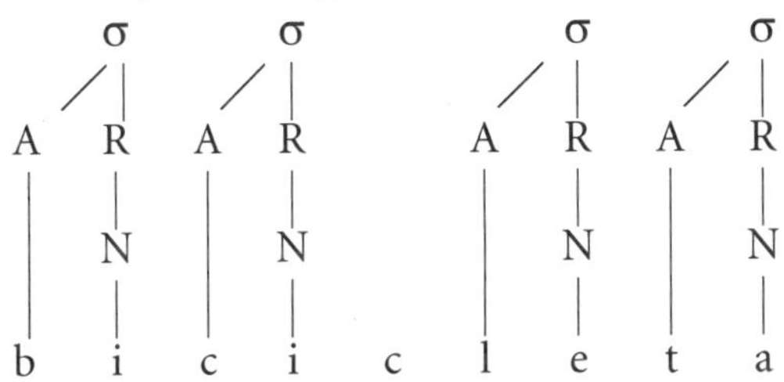

O mapeamento à esquerda prossegue se mais consoantes houver, organizando-se o ataque complexo como em (9), de acordo com o Princípio da Maximização do Ataque (Selkirk, 1982; Clements e Keyser, 1983).

(9) Formação do ataque complexo

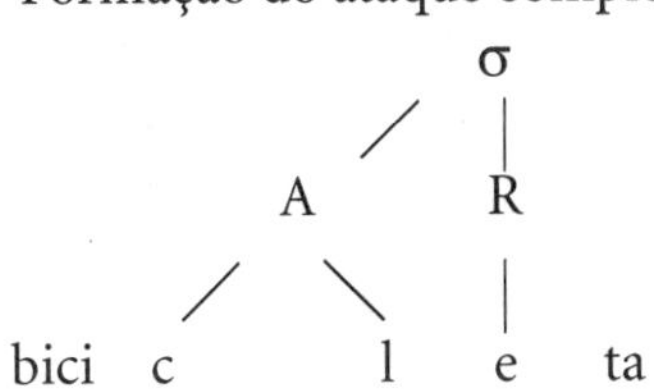

Só então a coda se forma por anexação à rima das consoantes adjacentes, ainda não silabificadas. Na palavra *borda*, por exemplo, a adjunção de C à direita da primeira rima, posição a ser ocupada por /r/, forma a coda depois da composição dos ataques da palavra toda.

(10) Expansão da rima

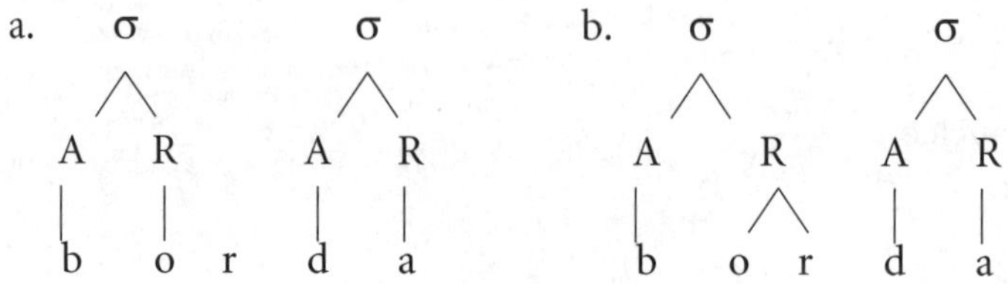

Os Princípios de Composição da Sílaba Básica expressos em (1) e presentes em (2) não são suficientes para gerar expressões bem formadas. Geram, ao contrário, mais do que a língua suporta. Princípios universais e condições de língua particular desempenham papéis relevantes. Os últimos tomam a forma de restrições *fonotáticas*[3] positivas ou negativas. Comecemos pelos primeiros.

PRINCÍPIOS UNIVERSAIS

Os princípios universais constituem o seguinte conjunto: Princípio de Sequenciamento da Sonoridade (PSS), Princípio da Preservação de Estrutura (PE), Princípio da Maximização do Ataque (PMA), Princípio do Licenciamento Prosódico (PLP) e Princípio da Integridade Prosódica (PIP).

Sequenciamento de Sonoridade

Uma visão fonética da sílaba em que picos de silabicidade coincidem com picos de sonoridade, presente na literatura desde tempos muito antigos, hoje vem sendo referida como Princípio de Sequenciamento de Sonoridade (PPS). Pressupõe um contorno de sonoridade para a sílaba, em termos de sonoridade crescente no ataque e decrescente na coda. Platôs (sonoridade plana), no sistema do português, ficam restringidos ao contorno, isto é, somente ocorrem entre sílabas.

(11) a. Sequenciamento

far. do
par. tir

b. Platô
(entre sílabas)
pas.ta
car.ro

A sílaba, por conseguinte, contém instantes de maior ou menor sonoridade, mensurável através de uma escala, cujos detalhes de escansão permitem algumas variantes. Entre diferentes escalas, mais ou menos especificadas, fiquemos com a escala seguinte, em que vocoide, aproximante e soante constituem as classes de sons básicas para a definição de sonoridade.

(12) Escala de sonoridade (Clements, 1990)

Obstruinte	Nasal	Líquida	i	e/ε	a	
			-	-	+	Aberto 1
			-	+	+	Aberto 2
-	-	-	+	+	+	Vocoide
-	-	+	+	+	+	Aproximante
-	+	+	+	+	+	Soante
0	1	2	3	4	5	

A sonoridade fica, pois, definida como propriedade dos sons decorrente dos traços binários das classes maiores. E vale observar que, quanto maior o número de valores positivos nesta distribuição escalar, maior a perceptibilidade do som. Perceptibilidade é uma característica da sonoridade (Clements, 1990).

Como nesta escala existe uma regra de implicação do tipo aberto 1 implica aberto 2, que implica vocoide, que implica aproximante, que implica soante, a vogal média, aberta, /ε, ɔ/, que pressupõe, para sua definição, a presença de aberto 3, fica com o mesmo grau de sonoridade da média fechada /e, o/.

Entendendo-se por silabificação o processo de mapear uma sequência de segmentos ao molde silábico da língua, o segmento candidato a uma determinada posição tem de atender à hierarquia de sonoridade crescente em direção ao pico e decrescente a partir dele. Então, porque platô, sonoridade estável, não é admitido em sílaba do português a cadeia de dois elementos com o mesmo grau de sonoridade que se observa em *aptidão*, por exemplo, não pode ser escandida como **a.pti.dão*, pois formaria um platô, proibido dentro da sílaba.

A escala desenha curvas de soância como se observa nos exemplos a seguir. É isso que (13) reflete.

(13) a.

Escala

Vogal 5

Vogal alta 3

Líquidas 2

Nasais 1

Obstruintes 0

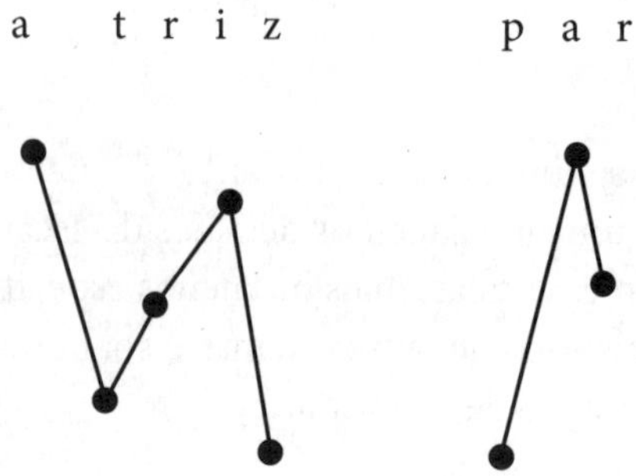

Por conseguinte, sílabas bem formadas atendem ao Princípio de Sequenciamento de Sonoridade que assim se expressa:

(14) Princípio de Sequenciamento de Sonoridade (PSS)
A sonoridade cresce em direção ao núcleo e a partir dele decresce.

Preservação de estrutura (PPE)

A silabificação é um processo contínuo. Isso significa que a silabificação está disponível em todos os estratos lexicais e em todos os níveis. No léxico, atua na derivação e na flexão, incorporando segmentos livres. No pós-léxico, como ressilabificação, reestrutura prosodicamente segmentos já silabificados ou elementos licenciados por *extraprosodicidade*.[4]

O Princípio de Preservação de Estrutura que se deve a Kiparsky (1982b) assegura que todas as condições lexicais, inclusive as de estrutura silábica, estão garantidas durante todo o processo *cíclico*.[5] Isso significa que fica proibido no léxico, no processo de formação de palavras, criar estruturas silábicas novas, ou seja, não admitidas pelos princípios de composição da sílaba básica e pelas restrições fonotáticas, mais adiante expressas em termos de Condição do Ataque e Condição da Rima.

Sílabas que extrapolam o padrão canônico pelo número de seus componentes ou que seriam proibidas pela Condição de Coda são produtos pós-lexicais, como as sílabas assinaladas em (15, 16), resultantes de uma regra de apagamento de vogal que opera quando esse princípio já está desativado. Em outros termos, são o resultado de uma regra fonética:

(15)
dentes > dents, parentes > pa.rents, medicina > me.dsi.na

Tais sequências seriam bloqueadas no léxico pelo molde silábico do português que não reconhece essas africadas, mas são liberadas no pós-léxico.

(16)
...e daí eu fiz vestibular pra *medsina*... e cursei a faculdade de *medsina*...
DID SA 231

Dados como esses argumentam em favor da seguinte pressuposição, amplamente documentada por fatos de diferentes línguas:

(17) O Princípio de Preservação de Estrutura está desativado no pós-léxico.

Isso significa que regras variáveis que delineiam diferenças dialetais ou sociais ou que apontam para o começo de uma história de mudança podem criar alofones que fogem ao padrão canônico. Tais regras são pós-lexicais. A língua é um ser vivo e, como tal, encontra-se sempre em estado de mudança, sinalizado por variações que ocupam um espaço no sistema, por certo, no pós-léxico.

Neste ponto, vale a seguinte observação: porque a silabificação é um processo contínuo, enquanto a ressilabificação somente ocorre no pós-léxico, resultados diferentes de uma e de outra são esperados, uma vez que muitos princípios lexicais, que dizem respeito a regras envolvidas com a formação de palavras, não atingem o pós-léxico, nível da frase.

O Princípio da Preservação da Estrutura é lexical. São lexicais também os princípios de Sequenciamento de Sonoridade e Licenciamento Prosódico. O Princípio da Integridade Prosódica, também lexical, fica restringido ao nível da palavra pronta, como mais adiante veremos. No pós-léxico, o Princípio de Sequenciamento de Sonoridade mostra-se enfraquecido e os demais inoperantes. Apenas o Licenciamento Prosódico mantém-se sempre ativo.

Maximização do ataque (PMA)

Línguas que maximizam o ataque, como as línguas românicas, entre as quais o português, desenvolvem-no primeiramente deixando a formação da coda por último.

Isso significa que a formação de todos os ataques de uma cadeia de segmentos tem prioridade sobre a expansão das rimas. O Princípio de Maximização do Ataque também inclui como universal que a sequência CV seja sempre tautossilábica.

(18) Princípio de Maximização do Ataque (PMA)
Na atribuição da estrutura silábica de uma cadeia de segmentos, os ataques são maximizados em conformidade com os princípios de composição da sílaba básica da língua (Selkirk, 1982).

Exemplifiquemos com a palavra *fragrância:*

(19)

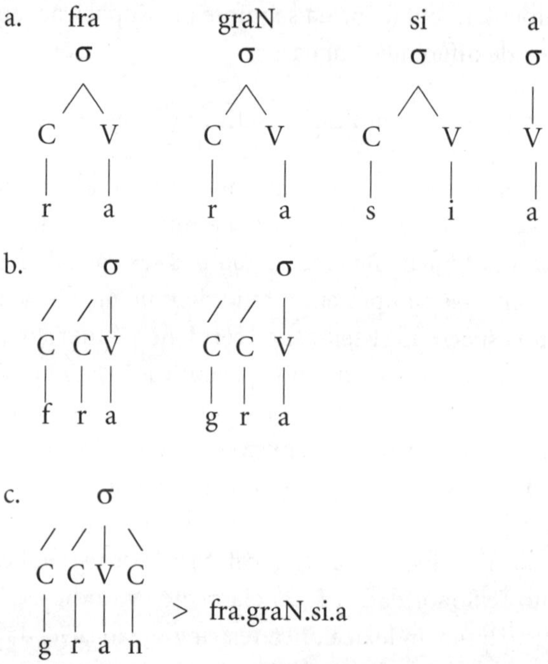

Como dissemos inicialmente, a silabificação é um processo de mapeamento que tem como ponto inicial a identificação dos núcleos, em seguida o mapeamento iterativo do ataque e só por fim o da coda.

O Princípio de Maximização do Ataque, além de ser controlado pelo Princípio de Sonoridade, é também controlado por uma condição de língua particular, a Condição do Ataque, assim como a rima é controlada pela Condição da Rima, como mais adiante veremos.

Esse princípio garante que a cadeia VCV seja sempre escandida como V.CV, e não *VC.V. Por conseguinte uma cadeia de sons como *ala* será escandida como /a.la/, e não */al.a/, ainda que uma e outra não firam o Princípio de Sonoridade.

Enfim, o fato de CV constituir um padrão universal enquanto VC é para muitas línguas uma estrutura marcada tem direta relação com a Maximização do Ataque, uma Condição de Boa Formação da sílaba básica.

Licenciamento prosódico

(20) Princípio de Licenciamento Prosódico (PLP – Itô, 1986)
Todas as unidades fonológicas devem pertencer a unidades mais altas. Segmentos devem pertencer a sílabas, sílabas a pés, pés a palavras fonológicas ou frases.

Esse princípio, independentemente motivado, demanda silabificação exaustiva. Isso significa que todo segmento de uma sequência de sons linguísticos deve ser silabificado, respeitando os princípios universais e particulares. Se não o for, será apagado ainda no nível lexical, ao findar a derivação, a não ser que esteja licenciado por extraprosodicidade.

A ideia de que material fonológico não associado deva ser apagado está presente em toda a literatura não linear, estabelecendo-se como uma restrição geral da representação fonológica (Harris, 1983).

Há três meios de o segmento alcançar *status* prosódico e, consequentemente, ser preservado: a) associar-se ao nível imediatamente mais alto pela silabificação, atendendo a princípios e condições de silabificação, b) ficar sob a égide da extraprosodicidade, e c) valer-se da epêntese para criar nova sílaba. Elementos licenciados por uma e outra modalidade são preservados, ou seja, fazem parte da palavra. Todo material prosodicamente não licenciado será apagado pela regra de Apagamento do Elemento Extraviado (APEE).

O apagamento do elemento extraviado ocorre no nível da palavra pronta, ainda sob o controle do Princípio da Preservação de Estrutura, atingindo somente os segmentos não licenciados.

(21) a) ...aquele <u>aspecto</u> formal que você está aprendendo na Faculdade de Direito.
EF RE 337

b) ...esse <u>aspeto</u>... eu acho importante, bem importante mesmo...
EFRE 337

Como vemos, o mesmo informante usa as variantes *aspecto* ~ *aspeto*. A consoante subjacente /k/ é superficializada em (21a) por afrouxamento da Condição de Coda (27); em (21b), em virtude de não estar associada, é apagada por Apagamento do Elemento Extraviado (APEE), pois não tem a proteção da extraprosodicidade, que somente recai sobre segmentos da borda vocabular.

(22)

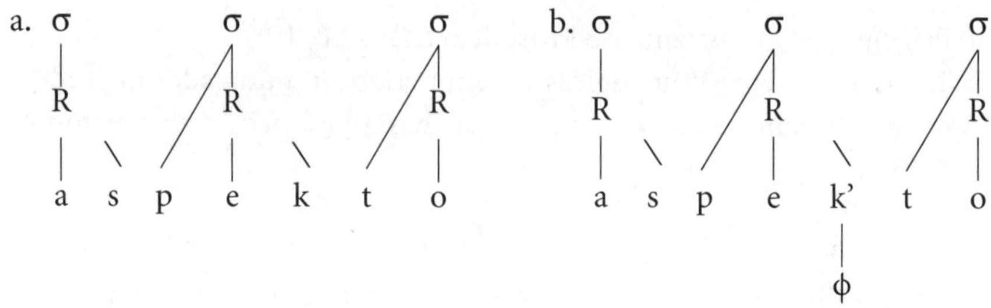

Com respeito à extraprosodicidade, admitimos que segmentos podem ser por ela guardados até o fim do processo derivacional como princípio universal, quando é desativada.

Por conseguinte, todos os segmentos de uma cadeia de sons devem ser silabificados, ainda que por meio de posições vazias, preenchidas por uma vogal epentética: *as.pε.k'to* > *as.pε.kV.to* > *as.pε.ki.to*.

Integridade prosódica (PIP)

Estruturas métricas básicas são preservadas no processo derivacional. Isto significa que a silabação inicial somente se desfaz se houver perda do núcleo silábico. Tomando-se o par *rosa/rosinha*, observa-se na passagem de *rɔ.za* para *rɔ.zi.ña* que a sílaba *rɔ* permanece intocável, mas z pode ser silabificado, porque ficou livre ao perder a vogal, isto é, a sílaba a que estava associado quando da adjunção do diminutivo: *rɔ.za.* > *rɔ.za.+iña.* > *rɔ.z´iña.* > *rɔ.´zi.ña.* Somente segmentos livres podem ser silabificados. É o que preconiza esse princípio. É necessário, todavia, fazer a distinção entre silabificação e ressilabificação. A primeira, que diz respeito à formação da palavra, silabifica segmentos livres. A segunda, que diz respeito à frase, ressilabifica segmentos que já foram silabificados.

CONDIÇÕES DE LÍNGUA PARTICULAR

Princípios universais têm de ser complementados por condições de língua particular. Se assim não fosse, entre as várias possibilidades de escansão disponíveis, dificilmente se alcançaria o melhor resultado. São as condições de língua particular, de natureza fonotática, que fazem a escolha mais restrita e que argumentam em favor da hipótese de que a sílaba possui dois constituintes. Existe uma relação fonotática estreita entre os elementos que compõem o ataque assim como existe entre os que compõem a rima, permitindo que se lhes advogue o estatuto de constituintes. Daí provêm dois tipos de Condição de Boa Formação: Condição do Ataque e Condição da Coda.

Condição do Ataque

Admitir que a silabificação comece pela consoante mais à esquerda seria sustentado por produções da fala de crianças, em fase de aquisição. Dizem *bici[kE]ta* por *bicicleta* e não *bici[le]ta*; dizem *pato* por *prato* e nunca *rato* por *prato*; dizem *puma* por *pluma* e não *luma* por pluma. No entanto somos obrigados a admitir que isso é apenas um reflexo de que a aquisição do padrão CCV é tardia, com envolvimentos translinguísticos, pois facilmente a hipótese de "primeiro a consoante mais à esquerda" esbarra com contraevidências. Assim, em casos como *pneumonia* e *psicologia*, a vogal epentética se coloca, em português, após a primeira consoante, formando com ela uma sílaba, o que indica que a primeira consoante, e não a segunda, havia sido inicialmente excluída. Da mesma forma, em palavras como *stela, sfera,* com /e/ epentético, consagrado pela escrita, assim como em siglas e palavras novas, *spa* ~ *ispa*, *slide* > *eslide*, é a primeira consoante que a epêntese salva, e não a segunda. Em sequência de três consoantes, se a silabificação começasse com o segmento mais à esquerda, limitado o ataque a duas posições esqueletais, perder-se-ia justamente a consoante que nunca é omitida nem dúbia silabação oferece, como o que aconteceria com /t/ na palavra "substantivo": *su.b(s)(t)an.ti.vo*, deixando /t/ flutuante, e também /s/ por ordem das coligações possíveis. Tudo isso reforça a ideia de que o ataque começa a formar-se pela consoante à esquerda, mais próxima ao núcleo, com a qual o padrão universal CV é primeiramente criado.

O ataque, assim como todo constituinte silábico do português, compreende ao máximo dois elementos. Esses têm de ser selecionados adequadamente, de modo que sejam produzidos grupos consonantais ou ataques complexos bem formados. Grupos permitidos são aqueles que se compõem de obstruintes não contínuas ou contínua labial, combinadas com líquida, vibrante simples ou lateral, excluídos os grupos /dl/ e /vl/. Nesse particular, há semelhanças com o espanhol (cf. Harris, 1983). Os exemplos a seguir mostram os grupos permitidos:

(23)

pr	prato	pl	plátano	fl	flanco
br	braço	bl	bloco	fr	franco
tr	trato	tl	atlas	vl	-
dr	drama	dl	-	vr	livro
kr	cravo	kl	clamor		
gr	grama	gl	glosa		

Os grupos /dl/ e /vl/ não existem, a não ser em raros nomes próprios como *Adler* e *Vladimir*. Também /tl/ em início de palavra não se encontra, embora ocorra em onomatopaicos (tlim-tlim).

Os grupos permitidos têm, na primeira posição, uma consoante [- contínua] ou [+ contínua, labial] e, na segunda, uma soante não nasal, revelando dois graus de distanciamento de sonoridade entre os segmentos que compõem o ataque, enquanto a rima permite minimamente um grau. Esse aclive com diferenças expressivas e declive atenuado permite definir a sílaba como um ciclo de sonoridade.

(24) Condição Positiva do Ataque Complexo

ataque

C C

[- cont, - soa] [+ soa, - nasal]

[+ cont, lab]

Em CC, C2 é uma soante [- nasal], é o que se lê em (24). Tal condição exclui os grupos sr, sl, zr, zl, xr, xl, enfim, qualquer sequência que não satisfaça os requisitos de (24).

Segmentos de sonoridade idêntica ou vizinha, como obstruinte + nasal ou nasal + líquida, são rejeitados da mesma forma que platôs como em *mnemônico*, que a epêntese recupera. Tomemos alguns exemplos:

(25)a. Ataque satisfeito

```
        / /|          / /|            //|            //|           //|
   a. c  r e. do    p l  a. tanos   f r  a. co   a. t l  e. ta   a. d r  o
```

b. Sonoridade reversa ou platô

```
      *  / /|        */ /|      * //|
   b. a. r  l e.quim  s  t e. la  a. l m a
```

c. Condição de Ataque ferida

```
        *// |     */ /|
   c. i. s r  a.el  i.  s l  a.
```

Os exemplos de (25a) satisfazem a Condição de Ataque. Os de (25b) são proibidos porque formam *platô* ou têm sonoridade invertida. Ambos os casos não atendem ao Princípio de Sequenciamento de Sonoridade. Os de (25c) atendem a esse princípio, mas ferem a Condição do Ataque.

Esses fatos apontam para o papel relevante da Condição do Ataque, instruída pelo Sequenciamento de Sonoridade.

Condição da Coda

A posição de coda é preenchida por qualquer soante e também por /S/, como mostram os exemplos seguintes:

(26) Codas simples

```
    σ           σ           σ
  / |         / |         / |
  A R         A R         A R
  | | \       | |\        | |\
  | NCd       | NCd       | NCd
  | |   \     | |   \     | |   \
  s e    j    m a    r    m e    l
```

```
    σ           σ
  / |         / |
  A R         A R
  | | \       | |\
  | NCd       | NCd
  | |   \     | |   \
  m a  N(so)  m e    S
```

A única obstruinte [- soante] que se apresenta nesta posição é /s/. Não se trata de uma particularidade do português, mas das línguas românicas em geral. Daí a seguinte restrição negativa de estrutura silábica:

(27) Condição da Coda

```
     *Cd]rima
        |
        C
        |
     [- soante], exceto /S/
```

Essa condição negativa de boa formação, ao proibir qualquer obstruinte exceto /S/, tem o poder de eliminar resultados malformados, admitindo elementos que não puderam ser incorporados pelo ataque, mas deixando outros flutuantes.

(28)

```
     R                R  R
    / \               | / \
   N  Cd              N A  N
   |   |              | |  |
   V   C              V C  V
   |   |              | |  |
   i   s  *i.sra.el   a p' t o   a. p'to
           is.ra.el              a.pi.to
```

O segmento /S/ é incorporado devidamente à coda. No entanto /p/, em *apto*, bloqueado por (24), também rejeitado pela Condição da Coda (27), salva-se pela epêntese.

A Condição da Coda e os demais princípios fazem predições do tipo:

(29)

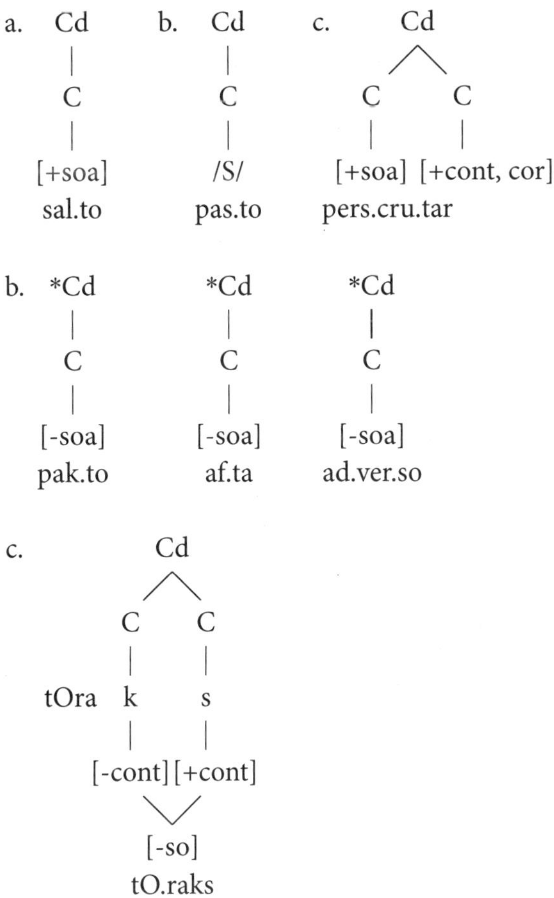

A descrição estrutural da Condição da Coda é satisfeita em (29a). Não é satisfeita em (29b), porque se apresenta com uma obstruinte. Mas (29c) não é por ela bloqueada, embora contenha uma consoante [- cont]. É possível que isso se deva às linhas de associação múltipla, que fazem parte dessa estrutura, pois em *tórax* se encontra estrutura melódica duplamente ligada não prevista pela Condição da Coda, razão pela qual o bloqueio fica sem razão de existir. Linhas de associação têm de ser exaustivamente interpretadas, segundo reza a Condição de Ligação, assim explicitada:

(30) Condição de Ligação (*Linking Constraint*, Hayes, 1986: 331)
Linhas de associação em descrições estruturais são interpretadas exaustivamente.

DOMÍNIO

O *domínio*[6] da silabificação é a palavra, e o da ressilabificação, a frase. Como um processo contínuo, a primeira fica disponível em todos os estratos do componente lexical, envolvendo radicais e afixos. No pós-lexical, o processo atua sobre elementos já silabificados, tomando o nome de "ressilabificação". Um dos processos mais gerais, nesse caso, é o da conversão da coda em ataque que ocorre somente se a segunda palavra começar por vogal, como veremos a seguir.

A vibrante pós-vocálica torna-se tepe por ressilabificação quando a palavra seguinte começar por vogal, se em zero não tiver sido convertida. E a fricativa coronal da coda sempre se manifesta como sonora no ataque criado por ressilabificação.

(31) Ressilabificação

CVC.]ω[V... →..CV. CV...

(32) ...para dar esclarecimentos sobre mercados de capitais.

... para da[res]clarecimentos...

D2 RJ 355

... mas fazer uma análise.

... faze[ruma]...

EF RE 337

... fiz os três anos de científico no mesmo colégio.

... fi[zos]três...

DID SA 231

PARTICULARIDADES

Ditongos decrescentes

A regra de formação de coda é que dá conta do ditongo, pois a mesma posição das soantes, /n, l, r/, pode ser ocupada por uma vogal alta, atendendo aos requisitos de Sequenciamento de Sonoridade. Por regra universal, a vogal alta da coda em glide converte-se, fato já referido.

(33)

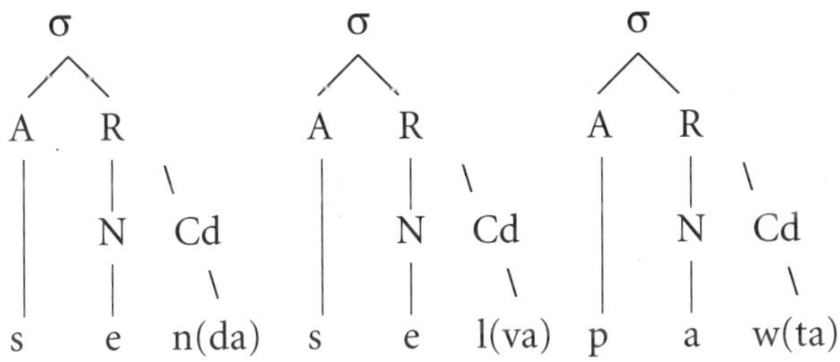

O ditongo poderia ser analisado como um núcleo ramificado. Duas evidências, porém, sustentam o postulado da rima ramificada em concordância com (33): a) o português não possui, no seu sistema fonológico, vogais longas que, com a forma de oo, ee, aa etc., repitam uma posição de núcleo; b) o português não possui rima constituída da sequência VGL (vogal, glide, líquida); ao contrário, o glide ocupa a mesma posição estrutural da líquida na coda. Por conseguinte o ditongo lexical é definido como sequência de duas vogais, das quais a de maior sonoridade é escolhida por PSS como núcleo e a outra inserida na coda, reservada a qualquer soante, traço que a vogal possui. É nesse caso que se converte em glide.

Todas as vogais entram como núcleos silábicos, inclusive as altas, mas, quando o processo de silabificação começa, vogais altas à direita de vogais não altas são incorporadas à coda:

(34)

```
Picos    bo. i    bo. i. na    re. i. no
Ataque   CV. V    CV.V.CV      CV.V.CV
Rima     CVC      CVC —        CVC —
         |/       |/            |/
         boj.     boj. na      rej. no
         CVC      CVC CV       CVC CV
```

A inexistência de formas como *bojl, *rejn, *sajr indicam que o glide ocupa a mesma posição das demais soantes. Essas sequências seriam tão estranhas ao sistema como os nomes próprios de exceção *Danrley* e *Carlton*, com duas soantes na coda.

Além dos ditongos anteriormente mencionados, formados na derivação lexical, existem os da etapa subsequente, a flexão, também decrescentes:

(35) vou, sai, sais, co.ro.néis, a.má.veis

Os ditongos que se formam no léxico são naturalmente decrescentes.

Ditongos crescentes

Ditongos crescentes são derivados pós-lexicalmente, por ressilabificação, *ri.a.cho* > *rja.cho*; *his.tó.ri.a* > *his.tó.rja.*

Na ressilabificação, livremente, a vogal desliga-se e associa-se ao ataque, criando um ditongo crescente, com um glide consonantizado.

Enquanto as ramificações silábicas em nível lexical são sempre binárias, no nível pós-lexical estão livres desta condição. Assim a forma lexical *kri.ow* pode tornar-se uma só sílaba no pós-léxico, *krjow* (CCCVC), extrapolando o padrão canônico, como variante de estilo ou dialetal.

Esses dados refletem uma questão amplamente discutida na literatura: a que argumenta em favor da hipótese, já comentada, de que regras pós-lexicais não enxergam restrições ou condições de boa formação (CBFS).

(36) Léxico ~ Pós-léxico
ki.a.bo. ~ kja.bo
vi.u.va ~ vju.va
su.i.no ~ swi.no
kri.ow. ~ krjow.
su.or. ~ swor.
su.a.ve. ~ swa.ve

(37) ...você sabe que é prática não é só t[ju]ria (teoria) DID SA 331

Qualquer usuário da língua, a que se solicite a silabação de palavras como *fiança*, *aliado* ou *história*, naturalmente, fará: *fi.an.ça*, *a.li.a.do*, *his.tó.ri.a*, dando à vogal alta o *status* de núcleo silábico. Mas tenderia a não fazê-lo com palavras do tipo *teimoso*, *perau* ou *reitor*.

Ditongos crescentes são hiatos lexicais. Em nível pós-lexical pode a vogal alta converter-se em glide, formando o ditongo crescente. Então passa a fazer parte do ataque, sem o bloqueio da Condição de Ataque, neste nível inoperante.

As sequências /kw, gw/

A única exceção com ditongo crescente que o português apresenta é a sequência *kw* e *gw* diante de /a/ e /o/, resquícios do latim, que se encontra em poucas palavras como ditongo crescente, não comutável por hiato:

(38) água, quais, adequar, enxaguar, quadro, quotidiano, Paraguai, Uruguai e poucas mais.

Algumas destas palavras apresentam a variante não ditongada:

(39) quatorze ~ catorze, quociente ~ cociente
quotidiano ~ cotidiano, quotizar ~ cotizar
cinquenta ~ cincoenta.

Duas propostas, entre outras, podem ser consideradas: Por se tratar de um pequeno número de palavras, facilmente alistáveis, figurariam com ditongo no léxico profundo, isto é, o ditongo não seria gerado, mas estaria presente na forma subjacente. Ter-se-ia um ditongo lexicalizado. A segunda alternativa diria que essas palavras estão registradas no léxico profundo com um segmento complexo no ataque, o que facilitaria a explicação da perda do glide, dando margens às variantes citadas em (39). O segmento complexo somente se manifestaria na sequência *kw* ou *gw* seguida de /a/ ou /o/. Em todas as demais, a contraparte com hiato responsável pelas variantes está presente, indicando que se trata de um ditongo derivado de hiato. O segmento complexo é aqui definido em termos de Clements (1985), isto é, um segmento com duas articulações, particularmente uma articulação dorsal (primária) e uma articulação labial (secundária): g^w ou k^w.

Embora sustentem essa análise as flexões verbais como eu *enxáguo*, eu *águo*, respectivamente provenientes de *enxaguar* e *aguar*, o português moderno apresenta alternantes como *adeqúo* em vez de *adéquo*, de *adequar*, que a gramática tradicional rejeitaria. Se itens da linguagem infantil como *aga*, *aua* podem ser entendidos como simplificação da consoante complexa por desligamento do traço vocálico ou do nó responsável pelos traços de C, dá-se com o verbo *adequar* e outros itens similares, por outro lado, modernamente, um fato oposto. Parece estar se processando uma reanálise do traço vocálico da consoante complexa, subjacente, que, por promoção, adquire o *status* de vogal. Dessa forma, anexam-se tais casos ao conjunto de hiatos que alternam com ditongos crescentes.

Concebida a velar diante de a/o como consoante complexa, o ditongo crescente que se depara em *quais*, *Uruguai*, *Paraguai* e poucas outras, manifestar-se-ia apenas no pós-léxico como um processo de conversão do traço vocálico da consoante complexa em glide, no componente pós-lexical, em que a Condição do Ataque é inoperante. É neste nível que o glide no ataque emergiria, alinhando-se aos demais ditongos crescentes, somente aí formados.

E assim vimos duas interpretações possíveis para os únicos ditongos crescentes que não alternam com hiato.

Sequência de três vogais

Formas como *arroio, apoio, maio*, que na estrutura mais interna são três vogais nucleares, manifestam na primeira silabificação um ditongo decrescente. A presença deste ditongo é percebida pela regra de acento, pois não existem palavras proparoxítonas com essa sequência de vogais. Assim, a segunda sílaba das palavras proparoxítonas deve incidir na posição fraca do pé que as constituem e, neste caso, incidiria em sílaba pesada. Não poderia existir **árroio*, **ápoio*, assim como não existiria **pádeiro* ou **cáderno*, mas existe *arróio, apóio, padéiro, cadérno.* Isso sinaliza a presença de um ditongo decrescente na penúltima sílaba, uma rima ramificada.

(40) a. Silabificação inicial

b. Ditongo decrescente

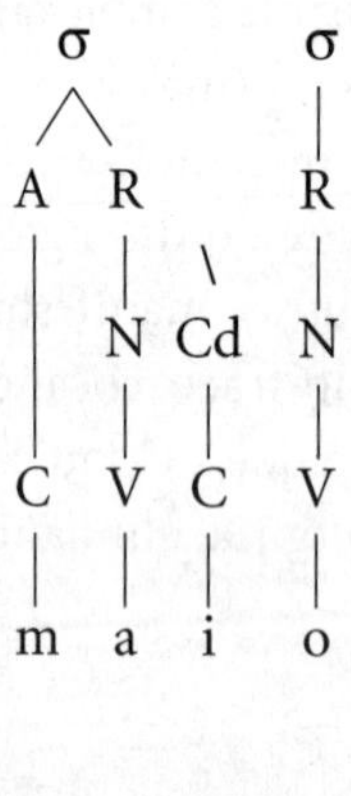

Todavia, admitindo-se que o padrão silábico CV seja preferido em virtude de sua universalidade, a silabificação criará um ditongo crescente, à revelia da raridade da ocorrência do glide na posição 1 do ataque: *ma.i.o > ma.jo.*

É tradicionalmente conhecido o fato de que o português tende a rejeitar hiatos, introduzindo em tais casos um glide que forma um ditongo, em geral com efeito de *ambissilabicidade,*[7] efeito que estruturas como as de (40) também produzem.

(41)	a.		b.
	passear, pass[ej]o		cereal ~ cer[jal]
	idea, id[ɛj]a		ideal ~ i[djal]
	Lea ~ L[ɛj]a		rédea ~ ré[dja]
	boa ~ b[ow]a		história ~ histó[rjɐ]
	koroa ~ ko[row]a		memória ~ memó[rjɐ]

Sequência de vogais idênticas

(42)			
a.	vadiice	>	vadio
	friissimo	>	frio
b.	viúva	→	vi.ú.va ~ v[jú]va
	ciúme	→	ci.ú.me ~ c[jú]me
	suíno	→	su.í.no ~ s[wí]no
	ruína	→	ru.í.na ~ r[wí]na
c.	gratuito	→	gra[túj]to
	fortuito	→	for.[túj].to
	fluido	→	[flúj]do (não verbo)

Uma vogal com acento possui mais sonoridade do que uma vogal sem acento. Mas a silabificação precede o acento, então esse critério é insustentável para resolver a ambiguidade que a sequência de duas vogais da mesma altura oferece.

Na sequência de duas vogais altas, V^1V^2 de igual altura, V^2 é mais sonoro (Harris, 1985). Isso pode ser tomado como universal, embora exceções sejam previstas. Os dados do português estão em conformidade com essa afirmação, como (42b) revela. Ao lado do hiato, produto lexical, encontra-se o ditongo crescente, variante pós-lexical (42b). Raros são os casos de (42c). Também vogais não altas idênticas poderiam figurar entre os exemplos, admitindo-se a elevação da vogal em posição menos sonora: *compreensao ~ compr[j]ensão, cooperar ~ c[w]operar*, desde que a fusão não as tenha reduzido a uma só vogal.

Por conseguinte, na sequência de duas vogais idênticas, em que o Princípio de Sequenciamento de Sonoridade não pode operar para a seleção do núcleo, a silabificação inicial leva primeiramente à formação de hiatos e, mais tarde, à ressilabificação opcional, que forma um ditongo crescente (42b), de acordo com a lei do mais sonoro. Nota-se, todavia, certa tendência a preservar o hiato se as vogais forem idênticas em articulação e altura (42a). Somente um pequeno conjunto de palavras estaria em contradição (42c). Essas seriam marcadas para formar o ditongo decrescente. Note-se que tais palavras têm se manifestado com a variante de acento na segunda vogal (*gratuíto*).

A ideia desenvolvida neste estudo é que as vogais de altura diferente com alta na segunda posição formam, no léxico, ditongo decrescente, enquanto vogais de altura diferente com alta na primeira posição continuam hiatos até o fim do léxico, abrindo-se, no pós-léxico, a possibilidade do ditongo crescente.

As exceções devem ser lexicalizadas como o segundo membro dos seguintes pares: *sauna/saúva*, *pau/baú*. A silabificação criaria naturalmente **sawva* e **baw*. São casos de acento imprevisível que têm de ser resolvidos lexicalmente.

Ditongos variáveis

Os ditongos decrescentes *ei* diante de /ʃ, ʒ/ ou tepe e *ou*, sem distinção de contexto, são conhecidos como ditongos variáveis. Não faltam exemplos nos dados do Projeto Nurc:

(43) a. vogal simples

...a gente vive de motorista o dia intero (inteiro)
D2 SP 360

...o depósito de doze mil cruzeros (cruzeiros)
D2 RJ 355

...fala poco (pouco)
D2 SP 360:104

...tudo tem base com pexe (peixe)
DID RJ 355:118

...eles fazem bolinho de fejão (feijão)...
DID RJ 355:165

...só assim na brincadera (brincadeira)
DID POA 045:180

b. ditongo
...despesas de casa... de feira... de mercado
D2 RJ 355:83
...acaba sendo uma loucura
D2 SP 360:121
...temperamento assim... muito ordeiro
D2 SP 360:205

Epêntese

A epêntese, como parte da silabificação, está disponível em todos os níveis lexicais, assim como no pós-léxico. Se os Princípios de Composição da Sílaba Básica deixarem dessilabado material que viole os princípios universais ou Convenções de Língua Particular, a silabificação iterativa, motivada pelo Princípio do Licenciamento Prosódico, processa-se em torno de nós vocálicos vazios, preenchidos mais tarde por *default*, legitimando uma configuração silábica. Isso é epêntese, entendida hoje como parte do mecanismo de silabificação. Dispondo do padrão canônico CCVC que sugere a árvore de constituintes já analisada, examinemos a palavra *ritmo:*

(44) Primeira iteração:

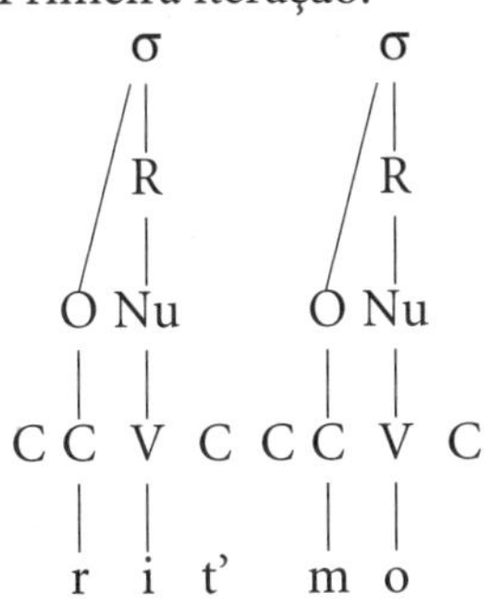

Segunda iteração:

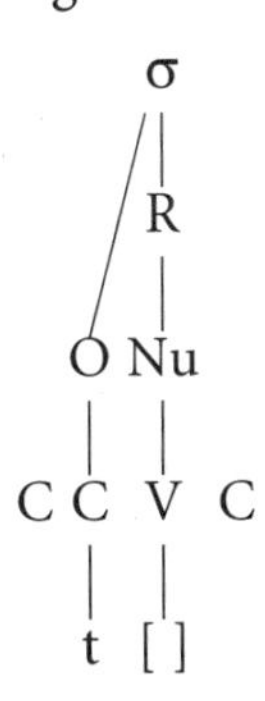

CV CV CV
Resultado: ri ti mo

Na primeira iteração, a obstruinte não é associada, porque não satisfaz a Condição do Ataque (*ri.tmo) nem a Condição da Coda (*rit.mo); na segunda iteração, ajusta-se ao padrão CV, graças ao mecanismo da epêntese, que consiste em mapear o elemento extraviado com um V vazio. Evidentemente, a análise pressupõe na subjacência estruturas subespecificadas e concebe a epêntese como um recurso de salvar, no léxico, segmentos flutuantes. Então a consoante flutuante pode ser silabificada como ataque de uma rima com V não associado a material fonético, como (45) representa:

(45) Silabificação vazia

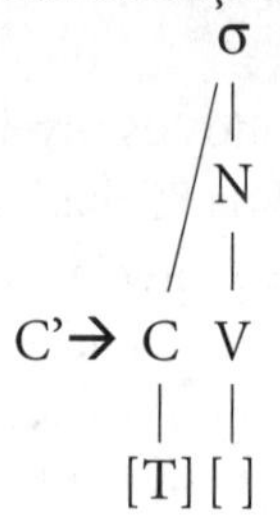

onde T indica os traços da consoante e os colchetes em branco uma posição esqueletal vazia

Essa vogal epentética realiza-se o mais das vezes como [i], ocorrendo também [e] em alguns dialetos, mas somente em posição pretônica, como em *futebol*, *peneu* ou *peneumonia*, todas com a alternante de vogal alta: *futibol*, *pineu*, *pineumonia*.

A regra geral de epêntese coloca uma consoante flutuante C' junto a um V do padrão canônico, formando a sílaba CV, cujo núcleo, sem traços, será preenchido tardiamente por regra de redundância, também *default* denominada.

(46)

ri.t'mo	→	ri.tV.mo	→	ri.ti.mo.
a.f'ta	→	a.fV.ta	→	a.fi.ta.
a.p'to.	→	a.pV.to	→	a.pi.to
a.d'vér.bi.o	→	a.dV.vér.bi.o	→	a.di.vér.bi.o
su.b's'tan.ti.vo	→	su.bVs.tan.ti.vo	→	su.bis.tan.ti.vo

Observemos, todavia, que nos dados do português brasileiro muitas vezes aparecem coda com obstruintes que dispensam o papel da epêntese. Ouvimos, sobretudo, na fala do Rio Grande do Sul, ao lado de *opitar*, *optar*, ao lado de *capitar*, *captar* e ao lado de *tɔrakis*, *tɔraks*. Essa obstruinte na coda parece reflexo de uma gramática antiga que não mostra indícios de generalização. Ao contrário, a epêntese é que vem se tornando uma característica do português brasileiro. Exemplos de incorporação de segmentos por epêntese ou por Afrouxamento da Condição de Coda (ACC) encontram-se nos dados do projeto Nurc:

(47)

a. Epêntese

...adiquiri(r) ingresso...
DID SP 234:584

...bom, adiquiro o bilhete para entrar.
DID SP 234:556

...sabe, ela não adimite uma falha nossa...
D2 SP 360:213

...ele está sendo subistituído lá...
D2 SP 360:857

...aqui é adiverso o clima para eles...
D2 SP 360:961

...o que é um abisurdo sem dúvida alguma.
D2 SP 360:990

...são as escolas tékinicas que tem uma série ai agora, né?
DID SA 231:120

...precisa de um determinado elemento, ip[i]silon por exemplo...
D2 SP 360:1029

...e continue ad[i]vogando por fora.
D2 SP 360:213

...cap[i]tar a simpatia.
D2 SP 360:1039

...o pessoal da dog[i]mática jurídica também...
EF RE 337:150

b. Afrouxamento da Condição de Coda

...tive que optar por uma companhia...
D2 RJ 355:163

...acabei indo pela Luftansa, porque pela Luftansa eles me conseguiram isso rapidamente...
D2 RJ 355:165

...certo você teve que adaptar o horário deles...
D2 SP 360-371

Merece atenção também a epêntese que ocorre em início de palavras, como nos seguintes exemplos:

(48) a) S + obstruinte: *stá ~ istá; strela ~ istrela; spaço ~ ispaço* (está, estrela, espaço)

b) S + líquida: *slide/islide ~ iʃlide*. Raros são os casos, em contexto similar, com epêntese à direita, como em *Sri Lanca*, que também poderia resultar */Is/ri Lanca*, já que temos */is.ra.el/*, mas como *Siri Lanca* se manifesta.

A sibilante nesta posição apresenta-se com duas variantes: a coronal anterior e a coronal palatalizada, distinguindo dialetos.

No entanto ao lado da forma com epêntese não faltam exemplos da variante sem a vogal epentética, que a Condição de Ataque rejeitaria.

(49) ... os projetores de <u>sl</u>ides, os <u>is</u>lides...
DID SA 231:248
(status) ... porque o ganho é pouco e tem de manter um certo <u>is</u>tatus.
D2 SP 360:641
(está) ... o direito <u>is</u>tá inserido na própria realidade social.
EF RE 337:47

De modo geral, a sequência inicial *e<u>s</u>*, em grande parte já incorporada à palavra escrita, é formada por epêntese, como se depreende dos seguintes fatos:

1. O português, como muitas línguas românicas, tende a proibir ataque inicial de s + obstruinte, oriundo do latim, e ainda no latim vulgar resolvido por vogal protética: *scutum* > *escudo*; *studium* > *estudo*; *strictum* > *estreito*; *sperare* > *esperar*; *scriptum* > *escrito*; *smaragdum* > *esmeralda* (Wiliams, 1975: 76).
2. A alternância *zero/e* está presente, com essas iniciais, no português de nossos dias: *stoque ~ estoque*; *stranho ~ estranho*; *strela ~ estrela*.
3. Empréstimos, oriundos de outras línguas, revelam o mesmo comportamento, estendendo-se à combinação de s + líquida: *slavo ~ eslavo*; *slaque ~ eslaque*; *sloper ~ esloper*.
4. Siglas criadas com essa sequência têm também formas variantes: *spa ~ ispa*.
5. A sequência s + obstruinte somente alterna com zero quando precedida de <u>e</u>; nos demais casos, mantém-se inalterável: *ostentar*, *aspargo*, *asterisco*.

Do exposto infere-se que a epêntese é um processo vivo que se estende do latim vulgar a nossos dias, embora os fatos fiquem embaraçados pela consagração desta vogal na escrita, como *estrela* e *eslavo* exemplificam.

A consoante inicial é preservada por extrametricidade até o nível em que essa sílaba estranha ao sistema possa vir a estabelecer-se, isto é, até o pós-léxico, quando o Princípio de Preservação de Estrutura deixa de ser atuante. É o extramétrico que tem o poder de preservar um segmento durante toda a *strata* lexical, como já tivemos oportunidade de mencionar. Geram-se: *<s>tado*, *<s>lavo*, *<s>tranho*, *<s>fera* etc., no léxico, e, no pós-léxico, ficam duas opções, a epêntese: *estado*, *eslavo*, *estranho*, ou a incorporação livre: *stado*, *slavo*, *stranho*, como (50), uma derivação parcial, ilustra;

(50) S inicial

Léxico profundo	[stado]	[slavo]
Componente lexical		
Extr.	[<s>tado]	[<s>lavo]
SIL.	[<s>ta.do]	[<s> la.vo.]
AC.	[<s>tá.do]	[<s>lá.vo]
Componente pós-lexical		
	[s tá.do]	[z lá.vo]
Ressilabificação		
Opção 1	[stá.do]	[zlá.vo]
Opção 2	[es.tá.do]	[ez.la.vo]

A epêntese, em nível pós-lexical, diferentemente dos casos lexicais já estudados, mas semelhante ao que ks final propiciou comentar, exerce opcionalmente a função de legitimar uma estrutura silábica.

Enquanto a Preservação de Estrutura opera somente no léxico e o Sequenciamento da Sonoridade mostra-se enfraquecido no pós-léxico, nível da frase, o Licenciamento Prosódico é operativo também no pós-léxico, exigindo que os segmentos preservados por extraprosodicidade, agora também desativada, sejam silabificados. Não atuando o Princípio de Preservação de Estrutura no pós-léxico, as condições de língua particular também não necessitam ser aí respeitadas. Por conseguinte, sílabas como */sli/de* ou */stre/la*, */sta/do* ficam prosodicamente licenciadas e coocorrem com *eslide*, *estrela* e *estado*.

Prefixação

Quando da anexação de prefixos como *-in* ou *-des* a palavras iniciadas por duas consoantes das quais a primeira é /S/ extramétrico, este perde a extrametricidade, por deixar a posição de borda e, neste caso, a epêntese cumpre o seu papel lexical: licencia um segmento flutuante, como (51) exemplifica com *inexplicável* e *desestimular*.

(51) Nível lexical

	[<s>[plikavel]]	[des[<s>timular]]
SIL.	[<s>plikavel]	[<s>ti.mu.lar]
Acento.	[<s>pli.ká.vel>]	[<s>ti.mu.lár.]
Pref.	[in.s’pli.ká.vel]	[des. s’ti.mu.lár]
SIL.vazia	[in.Vs.pli.ká.vel]	[des.Vs.ti.mu.lár]
Default	[in.es.pli.ká.vel]	[des.es.ti.mu.lár]
Pós-lexical		
Ress.	[i. nes.pli.ká.vel]	[de.zes.ti.mu.lár]

Uma observação interessante quanto à vogal epentética é que ela não interfere em nenhuma regra lexical, razão pela qual sua inserção se faz no fim do processo lexical, nível da palavra pronta, prosódica propriamente, ou no pós-léxico. Mas ao acento secundário, que é pós-lexical, fica disponível: *p’.si.co.lo.gi.a* > *pì.si.cò.lo.gí.a.*

Ao discutirmos a preservação de estruturas métricas, vimos que a entrada de um prefixo não altera as sílabas da palavra a que se incorpora, diferentemente do que acontece com os sufixos que formam radicais derivados. É que o prefixo, tomemos *trans*, em *transatlântico*, por exemplo, o mais das vezes tem autonomia semelhante a dos compostos. Na ressilabificação pós-lexical, todavia, quando grande parte dos princípios lexicais estão desativados, deixa seu segmento final compartilhar da sílaba inicial da palavra, como vemos na seguinte derivação parcial:

(52) Nível lexical

	[traNs [atlaNtik+o]]
	[atlaNtiko]
SIL.	[a.tlaN.ti.ko.]
AC	[a.tláN.ti.ko.]
Pref.	[traNs+a.tlaN.ti.ko.]
SIL.	[traNS.a.tlaN.ti.ko.]

Nível pós-lexical

	[traNS.a.tlaN.ti.ko.]
Ress.	[traN. za.tlán.ti ku]
Saída	[trãn.za.tlãn.tʃi.kʊ.]

Um caso típico de prefixação em que o Princípio de Integridade Prosódica tem um papel explícito está exemplificado em (53).

Apagar um acento significa apagar os limites de constituintes métricos, atribuídos em etapas anteriores. Isso fica proibido, porque, estabelecidos os constituintes com os quais a palavra pronta se apresenta, eles são preservados. É isso que se entende por Princípio de Integridade Prosódica. Então qualquer entrada de novo morfema, no nível lexical, que lide com a palavra prosódica, isto é, com acento primário atribuído definitivamente, deve respeitar esses limites. Isso a prefixação faz. Tomando-se como exemplo a palavra pronta *lingual*, a que se acrescenta o prefixo *sub*, a silabificação prossegue como em (53).

Comparemo-la com *sublime* em uma derivação parcial

(53)

	[sub	[lingwa+al]]	[sublime]
Sufixação		[lingwal]	(n.a.)
Silabação		[liN.gwal.]	[su.bli.me.]
Prefixação.	[sub	(liN.gwal)]	—
Silabação	[su. b'.liN. gwal)		
Afroux da CC	[sub.	liN.gwal.]	

A formação do ataque complexo que geraria **su.blin.gwal* fica vedada pelo Princípio da Integridade Prosódica (Harris, 1983). Por Afrouxamento da Condição de Coda, a consoante *b* é incorporada à rima precedente, gerando *sub.lin.gwal*. Por outro lado, *sublime*, que contrasta com *sublínea*, assim como *sublingual*, formam ataque complexo na primeira silabificação.

As formas epentéticas preferidas *subilínea* e *subilíngua* indicam que a epêntese está sempre disponível.

E assim damos por findo este estudo, que descreveu a sílaba do português à luz da teoria métrica, atendo-se à silabificação lexical, que ocorre no processo de formação de palavras, e à ressilabificação pós-lexical, que ocorre após a sintaxe.

NOTAS

1 Este estudo foi realizado sob os auspícios do CNPq.

2 Essas informações, nessa e em outras páginas desta obra, referem-se: 1) ao tipo de inquérito do projeto Nurc do qual foram retirados os dados (EF, "Elocução formal"; DID, "Diálogo entre informante e Documentador"; D2, "Diálogo entre dois informantes"); 2) à capital de estado considerada (POA, Porto Alegre; SP, São Paulo; RJ, Rio de janeiro; SSA, Salvador; RE, Recife). Quando mencionado, o número identifica o inquérito utilizado.

3 Fonotático diz respeito à combinação específica de elementos em dadas posições (comportamento tático).

4 Extraprosodicidade e extrametricidade são sinônimos. Trata-se de um recurso da teoria métrica que protege do apagamento elementos da borda da palavra, ocultando-os temporariamente com o fim de facilitar a generalização.

5 Regras morfológicas de formação de palavra, ao acrescentarem um afixo a uma raiz e outro afixo à raiz derivada, e assim sucessivamente, vão criando ciclos fonológicos em que regras fonológicas que se aplicam em dado ciclo podem voltar a ser aplicadas em contextos diferentes. A isso se chama processo cíclico.

6 Para muitos fonólogos, entre os quais Nespor e Vogel (1986), a sílaba é o nível basilar da escala prosódica formada de constituintes que são domínio de regras. É domínio de regras fonológicas como a nasalização, a palatalização da oclusiva dental e a sonorização da consoante [+cont] coronal, pós-vocálica.

7 O segmento ambissilábico tem sido usado por foneticistas e fonólogos para descrever segmentos que pertencem ao mesmo tempo à coda da sílaba precedente e ao ataque da sílaba subsequente. Todavia teorias que se fundamentam no princípio de que a boa formação de uma sílaba deve ser resolvida localmente não admitem o ambissilábico, entre elas, a teoria métrica desenvolvida neste capítulo e a teria autossegmental, referida inicialmente por modelo CV.

2

SÂNDI VOCÁLICO EXTERNO

Leda Bisol

Discutida a sílaba em capítulo precedente, vamos nos deter agora no sândi, nome da gramática do sânscrito para designar alterações morfofonêmicas, condicionadas fonologicamente.[1]

O ponto de partida deste estudo é o desaparecimento de uma sílaba e a imediata ressilabificação dos segmentos flutuantes que passam a ser agregados à sílaba remanescente.

Na linha das teorias sobre sílaba, todos os segmentos têm de ser silabificados para adquirirem a estrutura prosódica minimamente necessária à identificação linguística. Segmentos devem pertencer a sílabas, sílabas a pés, pés a palavras fonológicas, palavras a frases e estas à unidade maior, tomemo-la por sentença ou enunciado. Isso está formalizado em (1), repetindo o que foi visto no capítulo "A sílaba e seus constituintes", pois é um dos fundamentos desta análise. Se o segmento não for incorporado à sílaba, será apagado pela regra universal de Apagamento do Elemento Extraviado.

(1) Princípio do Licenciamento Prosódico (Itô, 1986)
Todas as unidades fonológicas devem ser prosodicamente licenciadas, isto é, devem pertencer à estrutura prosódica superior.

O português revela, como muitas línguas, certas sensibilidades métricas: é sensível ao peso silábico, pois palavras acabadas em sílabas pesadas atraem o acento (*pomár, coronél*), em sua maioria; é sensível ao choque de acentos, pois, na sequência de dois acentos, transfere um deles para uma posição disponível (*café, cafézinho > càfezínho).* Também é sensível, e esse é o ponto central deste estudo, ao choque de núcleos silábicos (picos) em fronteira vocabular. Quando dois núcleos silábicos de palavras diferentes se encontram, um deles é perdido, levando consigo os nós por ele projetados e, consequentemente, a sílaba que o domina.

(2) Choque de núcleos silábicos

camisa amarela > cami[za]marela
camisa usada > cami[zu]sada
camisa escura > cami[zajs]cura

Se a primeira palavra acabar em vogal, núcleo de sílaba, e a outra por vogal começar, obviamente núcleo, e não estiverem essas sílabas protegidas por acento ou pausa, o choque provoca a perda do primeiro núcleo e, consequentemente, da primeira sílaba.

São esses casos referidos por sândi ou juntura externa que serão considerados. Comecemos pela **elisão**.

ELISÃO (EL)

É de uso geral, no português do Brasil, a regra que elide a vogal baixa átona /a/, em final de palavra, quando seguida de vogal diferente, início de palavra com maior aplicação diante de o/u. Como muitas regras pós-lexicais[2] variáveis, é mais favorecida por certos contextos:

(3) a. EL aplica-se com tendência à regra geral, quando a vogal seguinte for labial, ou seja, posterior arredondada.
b. EL aplica-se opcionalmente quando a vogal seguinte for coronal, ou seja, frontal.

Porque a vogal que se apaga é necessariamente um elemento da primeira sílaba sob a condição de atonicidade, pareceria estranho, à primeira vista, que houvesse alguma restrição com respeito à segunda sílaba. No entanto os dados revelam que o acento da segunda sílaba inibe o processo:

(4) a. Segunda V sem acento (com aplicação)
Eu estava hospitalizado
esta[vos]pitalizado
O animal era usado como meio de transporte
e[ru]sado
De merenda escolar eu pouco entendo
meren[dis]colar
b. Segunda V com acento, sem choque acentual (com aplicação)
Foi feita uma peça muito bonita
fei[tu]ma
Ele não tinha outra solução
ti[ñow]tra
Agora era a sua vez
ago[rɛ́]ra
c. Segunda V com acento, com choque acentual (sem aplicação)
Ela toca órgão
*tó[k ɔ́r]gão
mastiga erva
*mastí[gɛ́r]va
compra ostras
*cóm[prós]tras
d. Segunda V com acento, sem choque acentual (sem aplicação)

cómoda óca	*como[dó]ca
mastigava ervas	*mastiga[vɛ́r]vas
tocava órgão	*toca[vɔ́r]gão

e. A segunda V com acento, mas esse não é o acento principal da frase (com aplicação)
Ela mastiga ervas amargas
ela masti[gɛr] vas amárgas
Compra ostras grandes
Com[pros]tras grándes

O melhor contexto para a regra encontra-se em (4a). Alguns obstáculos aparecem em (4b), que se resolvem pela omissão do acento da palavra *funcional*,[3] incluído o verbo *ser*. Na verdade, a segunda V perde seu acento, neste contexto, como costuma acontecer muitas vezes com palavras formais. Não está, pois, acentuada a segunda vogal. Mas (4c), com choque, apresenta forte rejeição ao processo, da mesma forma que (4d), sem choque. Isso nos leva à conclusão de que o choque não é o empecilho, mas, sim, o acento da segunda vogal se sobre ela incidir o *acento*[4] principal da frase. Em (4e), em que as vogais envolvidas eram portadoras de acento não principal, a elisão ocorre. O acento principal da frase é, pois, o grande obstáculo. Mais adiante, voltaremos a isso.

Diante do exposto, podemos afirmar que o sândi está relacionado à sensibilidade métrica: rejeição à sequência imediata de dois núcleos silábicos que pertencem a vocábulos diferentes. O choque de rimas apaga a sílaba final da primeira palavra e a ressilabificação (Ress.) é chamada.

(5) cami<u>sa</u> <u>u</u>sada > cami[zu]sada

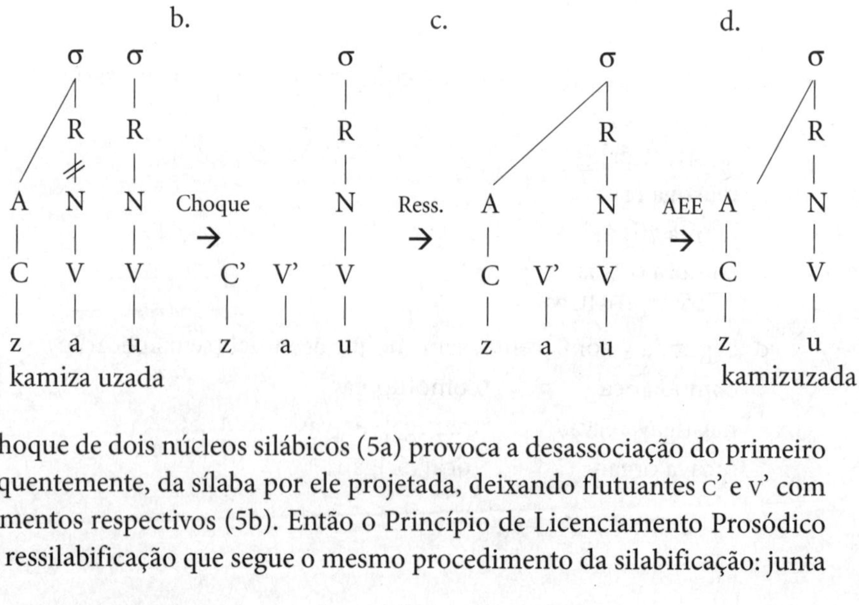

O choque de dois núcleos silábicos (5a) provoca a desassociação do primeiro e, consequentemente, da sílaba por ele projetada, deixando flutuantes C' e V' com seus segmentos respectivos (5b). Então o Princípio de Licenciamento Prosódico impõe a ressilabificação que segue o mesmo procedimento da silabificação: junta a consoante flutuante ao pico silábico preexistente, em consonância com o Princípio de Sequenciamento de Sonoridade (PSS), formando o ataque. Assim, a consoante /z/ fica licenciada, isto é, tem um lugar na pauta prosódica (5c). Isso, porém, não acontece com V' que, por não estar licenciado, é apagado pela regra universal de Apagamento do Elemento Extraviado (AEE). O resultado é (5d), elisão propriamente dita. Há ainda a possibilidade de licenciar V', criando-se ambiente para *ditongação*, como veremos a seguir.

DITONGAÇÃO (DI)

Um dos processos de sândi é a ditongação. Algumas vezes o contexto da ditongação é exatamente o da elisão; outras, não. A frase anteriormente analisada pode manifestar-se com um ditongo:

(6) camisa usada > cami[zaw]sada

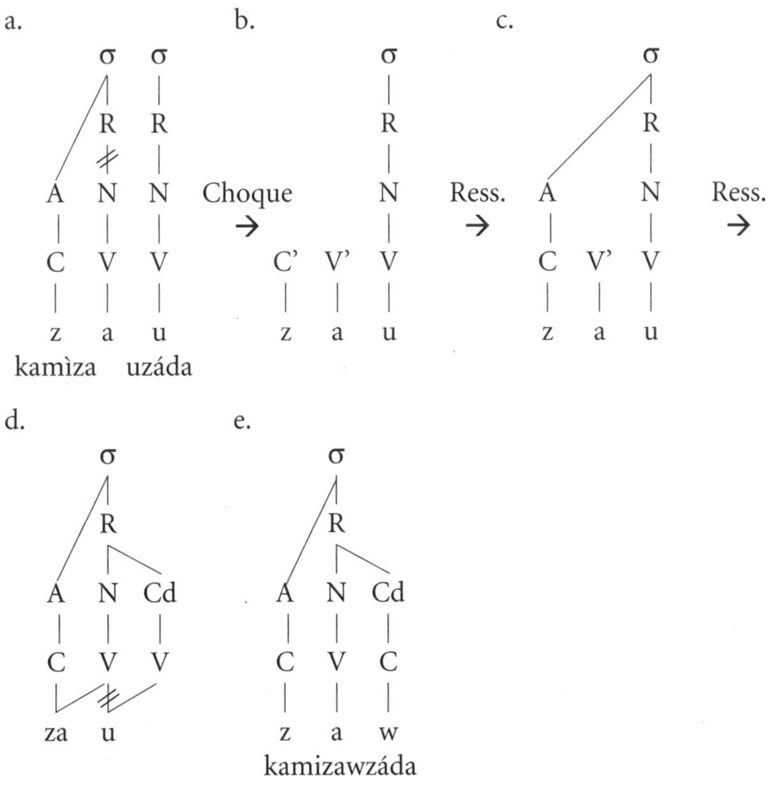

A ressilabificação desta feita faz duas operações. Primeiramente, seguindo o ritual, forma o ataque, anexando a consoante extraviada à sílaba remanescente (6c), tal como na estrutura anteriormente descrita, e depois volta para reassociar V’ ao núcleo. Como esse já se encontra preenchido, o problema é solucionado pelo Princípio da Sequenciamento de Sonoridade (PSS), que desaloja /u/ para a posição de coda e aloca na posição nuclear a vogal /a/, de maior sonoridade (6d). Note-se que a coda só admite soante, condição que /u/ satisfaz como vogal. Ao ficar sob o domínio de C, automaticamente converte-se em glide. O ditongo está formado: *cami[zaw]sada.*

As duas opções de saída, *cami[zu]sada* e *cami[zaw]sada*, construídas no nível da frase, representam alternativas de escolha, variáveis propriamente ditas. Entre as duas, elisão e ditongação, não existe uma relação de ordem, no sentido de que o mecanismo que produz uma delas tenha prioridade de aplicação sobre o da outra.

(7) menína humílde > meni[nu]milde (elisão)
meni[naw]milde (ditongação)

Quando ambas as sílabas são átonas, o choque de núcleos silábicos que apaga a sílaba à esquerda ocorre no estilo alegreto como regra geral, fazendo-se menos frequente em estilos pausados ou moderados. Todavia, em se tratando de formação de ditongo, os dados mostram que é suficiente a presença de uma vogal alta sem acento, primitiva ou derivada, para que o processo venha a ocorrer.

(8)	vérde amarélo	ver[dja]marelo	(átona+átona)
	está estránho	es[tajs]tranho	(tônica+átona)
	cóme óstra	co[mjos]tra	(átona+tônica)
	reví ísso	*re[vji]su	(tônica+tônica)

No primeiro exemplo, ambas as vogais, núcleos silábicos, são átonas, e o choque naturalmente faz desaparecer a sílaba da esquerda, tal como nos casos até aqui estudados. Nos outros dois, uma das vogais está acentuada e a outra é uma vogal alta sem acento, que se torna glide ao ocupar uma posição de C, produzindo bons resultados. Todavia, no último, em que não há vogal alta sem acento, o processo é bloqueado.

Passemos agora a considerar o processo quando o acento recai na primeira sílaba, com a reestruturação disponível, desde que na posição seguinte esteja uma vogal alta sem acento, condição que vamos denominar de atonicidade mínima, em oposição à atonicidade máxima, que representa a sequência de duas átonas. Veremos que, embora o acento incida na primeira vogal, é justamente a sílaba desta posição que está condenada ao desaparecimento. O asterisco em (9) indica a sílaba acentuada.

(9) está iludída > es[tàj]ludída

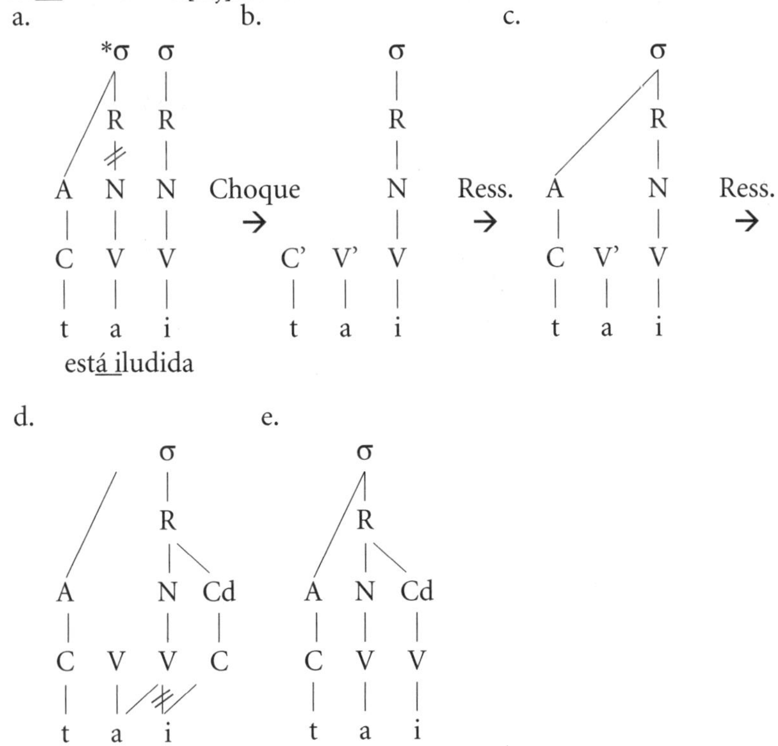

Satisfaz (9a) a condição de atonicidade mínima para o apagamento de sílaba, pois a segunda vogal é alta e átona. Embora acentuada, a sílaba da esquerda desaparece, porque o acento em V1 não é o principal da frase. O Princípio de Licenciamento Prosódico motiva a ressilabificação que junta a consoante extraviada à sílaba remanescente (9c). O mesmo princípio licencia V' que, em função do Princípio de Sequenciamento de Sonoridade, desassocia a vogal /i/ para tomar a posição de núcleo silábico. A vogal desalojada é associada à coda onde se torna um glide, em conformidade com o molde silábico do português (9d). O ditongo está formado (9e).

Por conseguinte a atonicidade é condição, seja máxima ou mínima, conforme (10) expressa.

(10) Condição de atonicidade:

I. Atonicidade máxima: ambas as vogais da sequência VV são átonas.

II. Atonicidade mínima:

a) uma das vogais é alta e átona;

b) a da direita não é portadora de acento principal.

A condição de boa formação (10), que controla o choque de núcleos silábicos, tem o papel de banir toda estrutura de sândi malformada.

Evidências em favor da hipótese de que a sílaba apagada é sempre a primeira, os próprios dados da elisão (4) e degeminação (16) oferecem. A preservação de V2 da sequência VV é um universal linguístico, pois raras línguas o violam (Casali, 1997).

Quando duas palavras se encontram, a primeira das quais por vogal alta termina e a segunda por vogal alta começa, uma e outra de qualidade diferente, átonas as sílabas em choque, situação em que se poderia formar tanto ditongo decrescente em favor da primeira palavra, indicando a preservação da sílaba à esquerda, quanto crescente em favor da segunda, indicando o contrário, o resultado bem formado apresenta-se com ditongo crescente (11), apontando para o fato de que a ressilabificação é feita em torno da sílaba da palavra seguinte.

(11) vejo estrelas → ve[ʒwis]trelas

a. b. c. d.

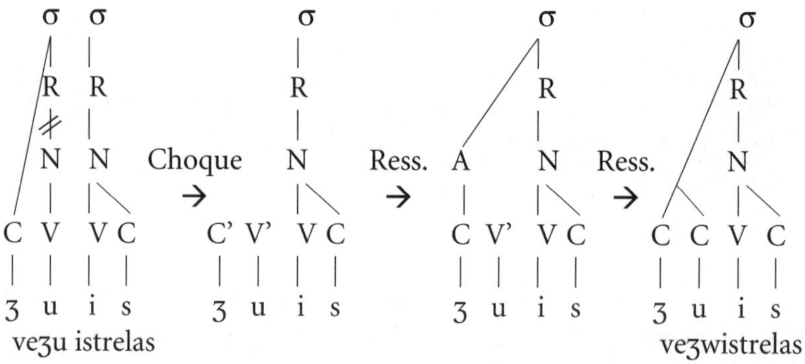

Em (11), o choque produz-se sob a condição de atonicidade máxima (10i). Na ressilabificação, diante da sequência de duas vogais de grau de sonoridade idêntico, o Princípio de Sonoridade aparentemente fica sem ação para designar o pico. Mas é em torno do segundo núcleo que a ressilabificação procede, pois, na sequência de duas vogais da mesma altura, a segunda é a mais sonora, segundo Harris (1983).

A ditongação é uma operação que consiste em levar a vogal mais sonora para a posição nuclear preservada. O ditongo crescente está formado. Se somente a segunda vogal for alta, será ela desalojada para a posição de coda em favor do núcleo mais sonoro, como vimos em (9). Quando ambas as vogais são altas, o núcleo da direita é preservado. Como vimos no capítulo "A sílaba e seus constituintes", o português não possui glide em seu sistema fonológico; é a vogal alta que, na silabificação ou na ressilabificaçao, ou seja, no léxico ou no pós-léxico, converte-se em glide.

Passemos agora a considerar a perda de uma sílaba em sequência de vogais idênticas por **degeminação** nomeada.

DEGEMINAÇÃO (DE)

Como nos demais processos de sândi, o choque de núcleo silábico provoca dessilabação. Nesse caso particular, atua o Princípio do Contorno Obrigatório[5] (PCO), que, na área dos segmentos, toma a seguinte expressão:

(12) No nível melódico, segmentos idênticos adjacentes são proibidos (McCarthy, 1986).

(13) kaza azul > ka[za]zul

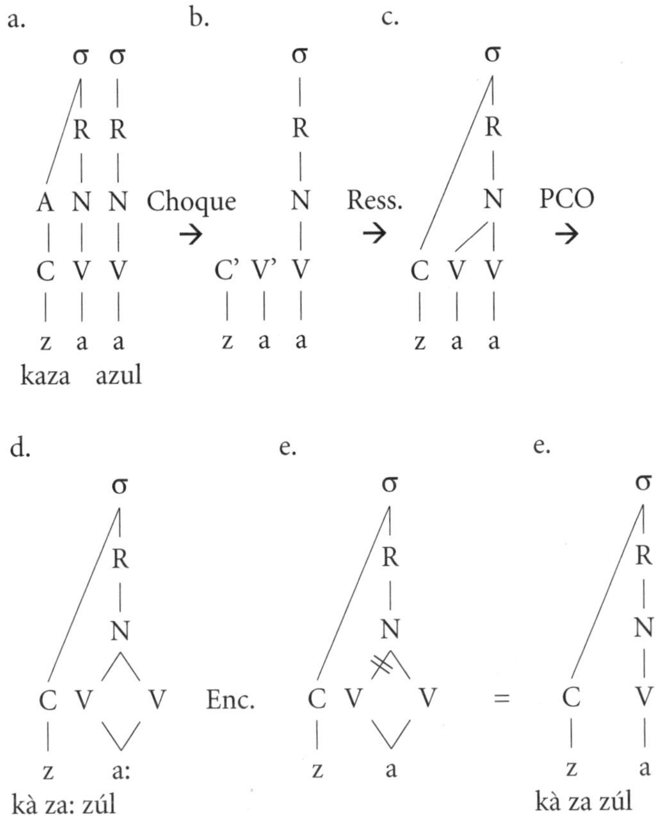

O choque (13a) provoca a perda de um núcleo silábico (13b); a ressilabificação é chamada (13c); o Princípio do Controle Obrigatório (PCO), que proíbe sequência de dois segmentos identicos, atua (13d) e uma regra de encurtamento produz o resultado esperado (13f).

Diferentemente da elisão que, no português brasileiro, atinge de forma geral a vogal <u>a</u>, a degeminação, que é um processo de fusão, ocorre em qualquer sequência de vogais idênticas, atingindo as vogais altas e baixas: (ii), (uu), (aa): *verd[i] [i] scuro > ver[dis]curo, vestid[u] usado > vesti[du]sado, roza amarela > ro[za]marela.*

Quando o acento incide apenas na primeira sílaba, a ressilabificação segue a direção prescrita, da mesma forma que na combinação de sílabas átonas, revelando mais uma vez que a ressilabificação pós-lexical coloca a sílaba formada por sândi na dependência do acento da segunda palavra. Isso está em conformidade com a ideia até aqui desenvolvida de que o sândi, por estar no domínio frasal, segue a direção do acento forte mais à direita. O segundo núcleo silábico é preservado.

(14) ele vài fala(r) agóra → ele vài fa lagóra

(15)

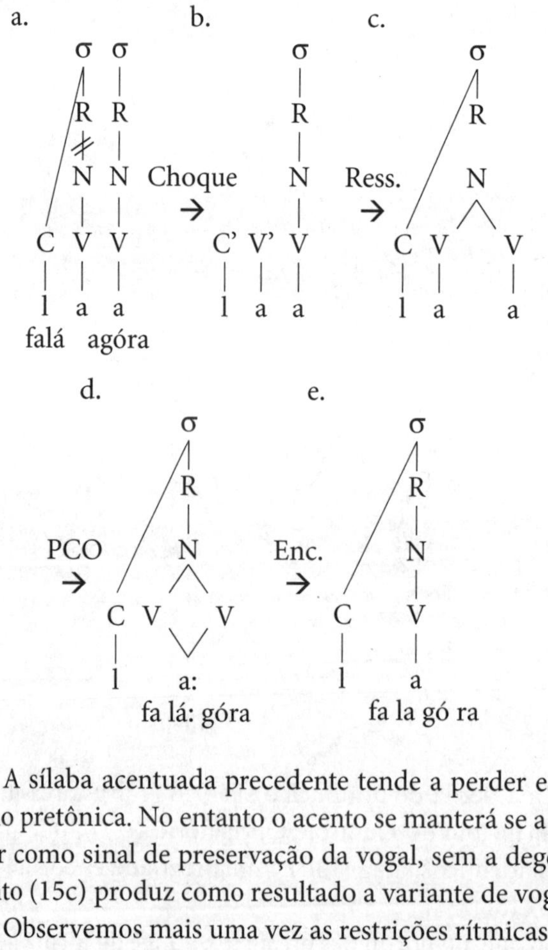

A sílaba acentuada precedente tende a perder esse acento, comportando-se como pretônica. No entanto o acento se manterá se a duração foneticamente persistir como sinal de preservação da vogal, sem a degeminação (15d). O encurtamento (15c) produz como resultado a variante de vogal degeminada.

Observemos mais uma vez as restrições rítmicas:

(16) a. Ambas as vogais tônicas (sem aplicação)
araçá ácido *ara[sá]cido
b. A segunda vogal acentuada (sem aplicação)
imensa área *imen[sá]rea
c. A primeira vogal acentuada (com aplicação)
Obriga os dedos a ficá amontoados
fi[ká]montoados
d. Ambas átonas (com aplicação)
Frutas que eu nunca havia visto
nun[ka]via visto

Se as duas vogais forem acentuadas, a degeminação é banida (16a) pela Condição de Boa Formação (10), assim como (16b), em que a segunda vogal porta o acento final. O acento da primeira vogal (16c) não oferece empecilho (cf. 10II.b). Mas o contexto ideal é a sequência de duas átonas (16d). Daí a seguinte ordem de preferência:

(17) a. DE tende à aplicação geral no contexto de V átona + V átona.
b. DE aplica-se, opcionalmente, no contexto de V tônica + V átona.

Todavia a observação pertinente é a seguinte: a degeminação, assim como a elisão, não se aplica se a segunda vogal for portadora do acento principal da frase. Vejam-se os seguintes exemplos:

(18) a. Com[u] úvas, *comúvas
b. Muita área *muitárea
c. Com[u] uvas maduras > comuvas madúras
d. Muita área verde > muitarea vérde

A Condição (10) considera (18a) malformada, assim como (18b), e as rejeita. Mas (18c) tem o seu aval assim como (18d), em que o adjetivo incorporado à frase passa a ser o portador do acento principal, deixando livre a área do sândi. Por conseguinte o acento principal, ou seja, o acento da frase, é o grande obstáculo não só à degeminação, mas também à elisão, como os exemplos anteriormente citados foram revelando.

A degeminação é, pois, um processo de fusão que produz resultados bem formados, quando ambas as vogais estão destituídas de acento primário ou quando o acento principal não incide sobre elas. A condição (10) deve banir os resultados malformados: *araçá ácido*, **araçácido*; *menina alta*,**meninálta*.

Resumindo até esse ponto: os princípios universais de Licenciamento Prosódico, Sequenciamento de Sonoridade e Contorno Obrigatório, juntamente com as regras de Formação de Sílaba e Apagamento do Elemento Extraviado, sob o controle de Condições de Boa Formação, dão conta dos três fenômenos de sândi que, dada a restrição do acento principal, caracterizam o português: elisão, ditongação e degeminação.

DOMÍNIOS PROSÓDICOS

Uma das noções básicas, fundamentada na relação binária dominante-dominado, é a de constituinte, presente em várias áreas da gramática, com suas próprias regras e características. A primeira observação é que o constituinte prosódico, que conta, para a sua definição inicial de domínio, com informações de diferentes tipos, fonológicas e não fonológicas, não apresenta compromissos de isomorfia com os constituintes de outras áreas. As diferenças basicamente provêm do fato de que as regras que constroem a estrutura prosódica não são recursivas por natureza, pois o sistema fonológico é finito, enquanto são recursivas as do sistema sintático, que não é finito.

Embora não haja consenso sobre a questão de o grupo clítico constituir um dos níveis da *escala prosódica*,[6] como fazem Nespor e Vogel, vamos levá-lo em conta por ser o menor ambiente de aplicação das regras de sândi externo.

(19) Escala prosódica

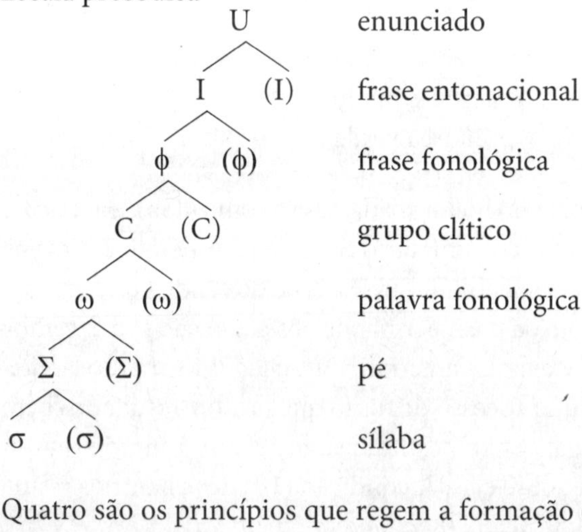

Quatro são os princípios que regem a formação desses constituintes: a) cada unidade da hierarquia prosódica é composta de uma ou mais unidades da categoria imediatamente mais baixa; b) cada unidade de um determinado nível está exaustivamente contida na unidade imediatamente mais alta; c) cada unidade é identificada como um constituinte cuja proeminência relativa é definida pelos nós irmãos, de tal forma que a um deles é atribuído o valor forte (s) e a todos os demais o valor fraco (w) (Nespor e Vogel, 1986: 7).

Comecemos pelo grupo clítico, o nível mais baixo da escala em que o sândi externo ocorre.

Grupo clítico (C)

Independentemente de seu estatuto de nível da escala prosódica que tende a ser obliterado, o grupo clítico é um constituinte prosódico.

Em muitas línguas, os clíticos são incorporados à palavra lexical, formando uma palavra fonológica sujeita às regras fonológicas do componente lexical. No português do Brasil, todavia, os clíticos, que se prosodizam no pós-lexico, são sensíveis, junto a seu hospedeiro, somente a regras fonológicas pós-lexicais, como palatalização da oclusiva dental, nasalização da vogal e neutralização da átona final. Têm eles a peculiaridade de, por exemplo, sofrerem a referida *neutralização*,[7] indepedentemente de sua posição. Proclíticos, assim como os enclíticos, são atingidos pela regra, como vemos em (20).

(20)	$[[ti]\ [iskrévu]_{C}$	te escrevo
	$[iskrévu]\ [ti]_{C}$	escrevo-te
	$[[du]\ [lívru]_{C}$	do livro
	$[[mi]\ [fáli]_{C}$	me fale

Sobre o clítico, vale ressaltar entre suas propriedades: a) a natureza híbrida, pois não pertence a uma classe determinada de palavras morfológicas; b) a impossiblidade de ocorrer sozinho; c) a invisibilidade à regra de acento, a qual não o leva em conta, pois sua anexação a um vocábulo pode extrapolar o limite das três janelas, como se desse domínio não fizesse parte.

Vale observar que Mattoso Câmara dedicou algumas linhas de seu trabalho ao clítico, argumentando em favor da ideia de considerá-lo parte da palavra fonológica adjacente. Trouxe como evidência ocorrências do tipo *sefala*, *olivro*, encontradas em copistas medievais e na escrita de pessoas mal alfabetizadas. Faz a seguinte observação:

> Cabe apenas uma ressalva importante em referência ao vocalismo átono dessas partículas. Se postônicas, elas só podem ter evidentemente o quadro vocálico átono final (/fálasi/ fala-se, etc.). Se pretônicas, nelas não aparecem as vogais médias, que seriam de esperar dessa posição. Elas baixam, ao contrário, ao quadro das vogais átonas finais. E há neutralização entre as vogais médias e as altas correspondentes, em proveito dessas últimas. Assim, se opõem /por'tEla/ portela, substantivo, /purtEla/ por tela ou /sisenta/ se senta e /seseNta/ sessenta (Câmara Jr., 1977: 64).

Esse problema desaparece se a sequência clítico-e-seu-hospedeiro, e vice-versa, for considerada um nível prosódico separado da palavra, seja em termos de grupo clítico seja em termos de locução ou constituinte do nível frasal. Aliás, muitas vezes, Mattoso Câmara refere-se a essa unidade como locução.

É neste nível hierárquico que as regras de sândi externo, degeminação, ditongação e elisão, começam a operar. Note-se que a elisão não ocorre no nível da palavra:

(21) Elisão da vogal /a/

palavra	grupo clítico	
baunilha, *bunilha	para Elisa > pa[re]lisa	EL
seara > s[ja]ra	na esquina > n[aj]squina	DI
álcool > alc[o]l	da Amélia > [da]mélia	DE

Frase fonológica (ϕ)

A frase fonológica é a unidade prosódica constituída de um X, cabeça lexical, N, V ou A, que congrega todos os elementos de seu lado recursivo, palavras fonológicas ou grupos clíticos. Nele exerce um papel particular a proeminência relativa, com que o acento frasal está diretamente relacionado. Assim, línguas com ramificação à direita têm como proeminente o nó forte mais à direita, enquanto línguas com ramificação à esquerda têm a proeminência mais à esquerda.

> Em línguas românicas, adjetivos que são complementos de nome ocorrem à direita do nome no caso não marcado; podem, porém, ocorrer à esquerda. É nesse caso e não no primeiro que ficam eles incorporados à frase nominal. Em outras plavras, categorias sintáticas maiores valem como cabeça de constituinte prosódico somente em posição não marcada (Nespor e Vogel, 1986: 169).

De acordo com a teoria prosódica, uma frase fonológica pode aumentar a sua extensão por incorporação de um complemento não ramificado à direita, fato referido por reestruturação, exemplificado em (22).

Vale observar, mais uma vez, que não existe isomorfia entre frase sintática e frase fonológica, da mesma forma que os demais constituintes prosódicos e sintáticos não são necessariamente isomórficos.

Colchetes rotulados doravante representam fronteiras de constituintes prosódicos ou sintáticos. Por vezes, informações fonéticas também estão entre colchetes.

(22) a. [O dia sombrio]$_{FN}$ [entristecia o solitário viajante]$_{FV}$
[O dia]$_{\phi}$ [sombrio]$_{\phi}$ [entristecia]$_{\phi}$ [o solitário viajante]$_{\phi}$
[O dia sombrio]$_{\phi}$ (reestrutração)
b. ...[como o velho David]$_{FN}$ [tocando harpa]$_{FV}$]
...[como o velho David]$_{\phi}$ [tocando]$_{\phi}$[harpa]$_{\phi}$
\ / \ /
[u] [war]

Como vemos, dentro de frase e entre frases, o sândi pode encontrar o seu contexto.

Frase entonacional (I)

O nível subsequente é a frase entonacional, definida como uma frase ou um conjunto de frases fonológicas (ϕ's) que porte uma linha entonacional. A regra básica de formação de I fundamenta-se na noção de que a frase entonacional é o domínio de um contorno de entoação e que os fins de frases entonacionais coincidem com posições em que pausas podem ser introduzidas (Nespor e Vogel, 1986: 188).

(23) a. Entre frases entonacionais (I's)
[Eduard$\underline{o}$]$_{I}$ [$\underline{e}$spere um pouco]$_{I}$ DI
\ /
[dwis]
[Fizeram uma confusão tremend$\underline{a}$]$_{I}$ [$\underline{e}$ me fecharam a conta]$_{I}$
\ /
[di] EL

b. No interior de frases entonacionais (I's):
[Já o poeta]$_I$ [como você sabe]$_I$ [não precisa mais]$_I$ [ficar tuberculoso e morrer de fome]$_I$
\ /
[zwi]
DI

Como vemos, o sândi ocorre entre I (23a) e no interior de I's (23b). Mas tanto um quanto outro indicam que o sândi tem a propriedade de alterar frases entonacionais. Se essa alteração consiste somente em simplificação ou permite, por outra, a alternativa de alongar o espaço da linha entonacional em busca de outro pouso virtual, não será aqui analisado. O importante para nosso objetivo é reconhecer que o constituinte entonacional (I) é também uma área de atuação do sândi. Por fim o **enunciado**.

Enunciado (U)

O constituinte prosódico mais alto, o enunciado, delimitado pelo começo e fim do constituinte sintático X^n, formado de todos os I's, que correspondem a X^n, é sobretudo identificado pela Proeminência Relativa, que atribui o *status* de cabeça ao forte mais à direita. Congrega U todos os I's correspondentes a X^n na árvore sintática.

(24) [[Esta área toda ociosa]$_I$ [estava abarrotada de mobiliário]$_I$ [que a arquitetura não usa e vende para ninguém]$_I$]$_U$
\ /
[ze] EL

Identificando os U's por limites sintáticos e pela pausa inerente, a reestruturação de U's oferece, pois, contexto para o sândi. A reestruturação deve atender a restrições pragmáticas e fonológicas (25) e (26) (Nespor e Vogel, 1986: 240).

(25) Condições pragmáticas
a. As duas sentenças devem ser pronunciadas pela mesma pessoa.
b. As duas sentenças devem ser dirigidas ao mesmo interlocutor.

(26) Condições fonológicas
a. As duas sentenças devem ser relativamente curtas.
b. Não pode haver pausa entre as duas sentenças.

Observemos o exemplo seguinte, onde dois U's estão claramente delineados pela pausa e introduzido o segundo por *agora* com valor opositivo de *mas*. Ambos os U's, no entanto, são curtos, pronunciados pela mesma pessoa e dirigidos ao mesmo interlocutor. Preenchidas as condições, a reestruturação e o sândi têm vez.

(27) a. Sem sândi
[Sim, passar passa]$_U$ [Agora ocupa a estrada inteira]$_U$
b. Com sândi
[[Sim, passar pá]$_I$ [sagorocupaistradinteira]$_I$]$_U$

Feito esse percurso pela hierarquia prosódica e constatado que o menor domínio de aplicação da elisão de /a/ é o grupo clítico, e que a partir daí ocorre em todos os níveis pós-lexicais da hierarquia prosódica, temos agora a resposta à questão inicialmente implícita: Qual é o domínio do sândi?

O domínio do sândi externo se estende do grupo clítico ao enunciado. Todavia, se considerarmos o sândi como um todo, atuando no léxico e no pós-léxico, sândi interno e sândi externo respectivamente, então o domínio da degeminação e da ditongação estende-se da palavra ao enunciado, enquanto o domínio da elisão, sândi externo, vai do grupo clítico ao enunciado.

Passemos à restrição rítmica várias vezes mencionada.

A RESTRIÇÃO RÍTMICA

Comecemos por dividir os constituintes dessas sentenças, para mais esclarecimentos. Observemos (28), em que (s) indica o cabeça do constituinte e (w) os elementos dominados.

Em (28a) existem duas frases fonológicas que constituem um enunciado (U). No nível de ϕ, o Princípio da Proeminência Relativa (PPR) atribui ao último forte de cada frase o valor mais forte e a tudo que está a sua esquerda o valor fraco (w); no nível de U, o mesmo mecanismo atribui ao último nó forte, portanto a *uvas*, o valor mais forte. Com isso essa vogal encontra-se protegida da síncope ou apagamento pelo acento principal. Isso se repete em (28b). Em (28c, 28d), ao contrário, a síncope ocorre, porque o acento principal mudou para o adjetivo que, por reestruturação, foi incorporado à frase precedente.

(28) a. [[eu comu]$_\phi$[uvas]$_\phi$]$_U$ Protegida por (PPR)
(w s) (s) nível de ϕ (bloqueado)
(w s)$_U$ nível de U (bloqueado)
b. [[Ela mastigava]$_\phi$[ervas]]$_\phi$ Protegida por (PPR)
(w s) (s) nível de ϕ (bloqueado)
(w s) nível de U (bloqueado)
c. [[eu comu]$_\phi$[uvas maduras]$_\phi$]$_U$ Reestruturação
(w s) (w s) nível de ϕ
(w s) nível de U
[eu komuvas madúras]$_U$
d. [Ela mastigava]$_\phi$[ervas]$_\phi$[secas]$_\phi$]$_U$ Reestruturação
(w s) (w s) nível de ϕ
(w s) nível de U
[ɛla mastigavɛrvasékas]$_U$

Por conseguinte, em (28c, 28d), no nível da frase fonológica reestruturada, cria-se ambiente para o sândi, pois a barreira rítmica, presente em (28a, 28b), deixa de existir.

No delinear desta análise foi sendo apontado que a grande barreira ao sândi é o acento principal, ou seja, o acento da frase, o forte mais à direita. Considerando-se que acentos decorrem da organização das sílabas em pés métricos, a explicação à vista é a resistência do pé principal, o último da frase, a alterar o seu limite esquerdo. Vale notar que essa resistência não existe se o sândi consistir em ditongação.

(29) [e ficam jogand<u>wá</u>gua] $_U$
(w s)(s) nível de ϕ
(w s) nível de U

O fato a ser observado é que o pé principal não pode alterar o seu limite esquerdo para abrigar segmentos soltos, isto é, dessilabificados, quando, no processo de sândi, há perda de material fonético, como acontece na degeminação e na elisão, mas pode quando não há perda de material fonético, como ocorre na ditongação exemplificada: jogando água > jogand'água > jogan[dwá]gua.

Portanto, a alteração de limite de pé métrico que não seja o pé principal da frase é permitida à degeminação e à elisão, como vemos a seguir, repetindo exemplos, em que *uvas* se torna *muvas* ritmicamente, pois sobre essa palavra não incide o acento principal da frase.

(30) a. [ko. mu.vas. ma.dú.ras.]$_\phi$ (Como uvas maduras)
(* .) (* .)
b. [mas.t.i. guer.vas. sé.cas.]$_\phi$ (Mastiga ervas secas)
(* .) (* .) (* .)

Por fim, vale ressaltar que o resultado de qualquer processo de sândi é sempre uma sílaba com ataque, o que põe em evidência que as regras de sândi mencionadas são recursos de que a língua se vale para evitar o hiato, sequência de duas vogais heterossilábicas.

(31) casa amarela > ca[za]marela DE
casa humilde > ca[zu]milde EL
casa estranha > ca[zajs]tranha DI

Note-se que dos três processos de sândi, elisão, degeminação e ditongação, os dois primeiros só chegam ao resultado esperado via síncope e ressilabificação, enquanto a ditongação satisfaz a exigência do ataque apenas com a ressilabificação. Por conseguinte, em relação à referida exigência, a ditongação é o sândi não marcado, enquanto os dois outros são marcados, pois, como vimos, a sílaba com ataque emerge prontamente na ditongação, enquanto tem o custo da síncope e da fusão, na elisão e na degeminação respectivamente.

Em suma, os três processos de sândi que decorrem do choque de núcleos silábicos de palavras diferentes, de que resulta sempre uma sílaba com ataque (CV), são o resultado de um processo de ressilabificação que licencia segmentos livres e apaga outros sob certas condições. A degeminação e a elisão são bloqueados pela restrição do acento principal, mas a ditongação é livre, porque não perde material fonético.

NOTAS

1 Este estudo foi realizado sob os auspícios do CNPq.

2 Sobre regras lexicais e pós-lexicais, ver capítulos "A sílaba e seus constituintes" e "Fonologia da nasalização".

3 Diferentemente da palavra lexical, nome, verbo e adjetivo, que carregam um valor semântico, a palavra funcional, também denominada palavra formal, distingue-se por seu conteúdo gramatical. Entre elas, a conjunção, o pronome e a preposição.

4 Denomina-se acento principal o acento preponderante da frase, isto é, o forte mais à direita. Denomina-se acento primário o acento da palavra, a qual, se for extensa, pode exibir também acento secundário.

[5] O Princípio do Contorno Obrigatório atua no nível melódico, ou seja, no nível dos segmentos especificados em traços. Mas não atua no nível em que estão representadas as posições silábicas em termos de CV. Isso quer dizer que, por exemplo, a sequência *aa* que, por PCO, só tem uma matriz fonológica, tem garantidas as duas posições na sílaba. Portanto, o resultado de PCO é sempre uma vogal longa, que pode ser encurtada por uma regra específica.

[6] Cada constituinte prosódico, definido conforme os princípios apresentados, deve ser domínio de regras específicas.

[7] O português possui duas regras de neutralização: a da pretônica, que anula a distinção entre médias abertas e fechadas (ε, ɔ > e o), e a da átona final, que anula a distinção entre médias e altas (e, o > i, u). Na postônica não final, as duas pautas vocálicas, a de cinco e a de três vogais, alternam.

PARTE II

VOGAIS

3

AS VOGAIS ORAIS: UM ESTUDO ACÚSTICO-VARIACIONISTA

Dinah Callou
João Antônio de Moraes
Yonne Leite

Este capítulo trata das vogais orais tônicas, pretônicas e postônicas do português do Brasil sob duas perspectivas: a da fonética experimental e a da sociolinguística quantitativa laboviana.

O sistema vocálico do português do Brasil constitui-se, no contexto de maior estabilidade articulatória – a sílaba tônica –, de sete fonemas vocálicos orais, conforme demostram os pares opositivos: *v/**i**/la*, *v/**e**/-la*, *v/**ɛ**/la*, *v/**a**/la*, *s/**ɔ**/co*, *s/**o**/co*, *s/**u**/co*. Tem-se, assim, um sistema do tipo triangular, uma vez que só existe uma vogal baixa /a/, que ocupa o vértice de um triângulo invertido. A análise mais difundida das vogais do português do Brasil é a de Câmara Jr. (1977), que toma por base de classificação a anterioridade e posterioridade da localização articulatória e a elevação gradual da língua, correspondente ao abrimento bucal, como se vê no Quadro 1:

Quadro 1 – Vogais tônicas do PB segundo Câmara Jr. (1977).

	anteriores	central	posteriores
altas	/i/		/u/
Médias (2° grau)	/e/		/o/
Médias (1° grau)	/ɛ/		/ɔ/
baixas		/a/	
	Não arredondadas		arredondadas

A oposição é gradativa – abrimento mínimo a máximo – e quanto mais alta a vogal, mais fechada ela será, e quanto mais baixa, mais aberta. Para as vogais médias, estabelece ainda graus, considerando as vogais [ɛ] e [ɔ] como de primeiro grau e [e] e [o] de segundo grau (Câmara Jr., 1970: 31). O arredondamento dos lábios, como se pode observar no Quadro 1, não constitui um traço distintivo, pois as vogais anteriores e central são não arredondadas, e as posteriores sempre arredondadas.

No modelo não linear da fonologia autossegmental, que retoma a proposta de oposições graduais do Círculo Linguístico de Praga (Trubetzkoy, 1976: 77), essas distinções de altura são representadas numericamente pelos graus [aberto 1], [aberto 2], [aberto 3]. As distinções entre as vogais médias e as baixas são expressas pelo valor negativo dos traços [aberto 3] de /e/ e /o/ e positivo de /ɛ/ e /ɔ/ (Wetzels, 1992).

Quadro 2 – Representação das vogais tônicas do PB segundo Wetzels (1992).

ABERTURA	i/u	e/o	ɛ/ɔ	a
aberto 1	-	-	-	+
aberto 2	-	+	+	+
aberto 3	-	-	+	+

A classificação proposta por Mateus (1982) para os fonemas do português de Portugal (Quadro 3) utiliza, para a construção da matriz fonológica, o sistema de traços do modelo linear proposto por Chomsky e Halle (1968).

Quadro 3 – Representação das vogais tônicas de PE segundo Mateus (1975).

TRAÇOS	i	e	ε	a	o	ɔ	u
Alto	+	-	-	-	-	-	+
Baixo	-	-	+	+	-	+	-
Recuado	-	-	-	-	+	+	+
Arredondado	-	-	-	-	+	+	+

Funciona, portanto, em sílaba tônica, também em Portugal, um sistema de sete vogais. Lüdtke (1952/1953) e Barbosa (1965), entre outros fonólogos, postulam um sistema quadrangular de oito fonemas vocálicos no português de Portugal, com base numa oposição entre /a/ e /ɑ/, levemente anterior e claro, o primeiro, e, o segundo, posterior "abafado", oposição restrita às terminações -[a]*mos* (pret. perf.) e -[ɑ]*mos* (pres.), na 1ª conjugação verbal. Esse sistema quadrangular não é aceito unanimemente por ser mínimo o rendimento dessa oposição.

No Brasil, o mesmo contraste ocorre esporadicamente e de maneira assistemática na fala de alguns indivíduos, mas seu rendimento é também tão baixo e variável que não se justifica considerar uma oposição atuante no sistema vocálico, tal como os contrastes entre as outras vogais (Câmara Jr., 1970: 32).

Para a maioria dos fonólogos, a diferença entre o vocalismo do Brasil e o de Portugal reside basicamente nas posições átonas. O português de Portugal caracteriza-se por possuir um vocalismo átono muito débil, ao contrário do português do Brasil.

O sistema completo de sete vogais só se manifesta em sílaba tônica. Nas sílabas átonas, ocorre o processo de neutralização, isto é, a perda da oposição, em determinado contexto, entre dois ou mais fonemas. Em posição pretônica, funciona, segundo Câmara Jr. (1977), um sistema de cinco vogais, /i/, /E/, /a/, /O/, /u/, em que /E/ e /O/ representam os arquifonemas resultantes da supressão das oposições das vogais médias de grau de abertura 1 e 2. Assim, em posição pretônica inexiste o contraste entre as vogais médias: *lεvar* ~ *levar*; *mɔrar* ~ *morar*.

A realização dos arquifonemas /E/ e /O/ como vogal média alta [e, o] ou média baixa [ε, ɔ] varia conforme a região geográfica: as regiões Norte/Nordeste privilegiam a realização aberta [ε, ɔ], enquanto a região Sul/Sudeste, a realização fechada [e, o]. Esse condicionamento geográfico não é, porém, categórico. No Nordeste, nem todas as vogais médias se realizam como [ε] ou [ɔ]: *você*, por exemplo, não é pronunciado como *v[ɔ]cê.* E, no Sudeste, a regra de harmonização vocálica (vide item 2) acarreta pronúncias com a vogal pretônica aberta em palavras como *P*[**ε**]*l*[**ε**], *b[ɔ]l[ɔ]ta.* A harmonização vocálica também permite que, em posição pretônica, os fonemas /e/ ou /o/ possam se realizar como [i] ou [u] respectivamente: *m*[*e*]*nino* ~ *m*[*i*]*nino*; *b*[*o*]*nito* ~ *b*[*u*]nito.

Quanto maior o grau de atonicidade, maior o alcance da neutralização: nas sílabas átonas finais, de atonicidade máxima, desaparece a oposição entre as três vogais da série anterior e as três da série posterior, ficando o sistema reduzido a três vogais /I/, /a/, /U/: *fac[i]*, *faç[u]*, *faça*; *pont[i]*, *pont[u]*, *ponta* etc. E mais uma vez, as realizações fonéticas de /I / e /U/ seriam regionalmente determinadas: nos dialetos do Sul, a pronúncia de /I/ e /U/ seria mais baixa que a das outras cidades estudadas, com exceção de Recife (vide Vogais postônicas finais).

A oposição entre as vogais médias e altas pode ser eventualmente anulada pela tendência, já mencionada, a harmonizar a altura das vogais pretônicas médias com a da tônica quando esta é alta, o que ocasiona a variação entre e/i e o/u, como fica patente em exemplos do tipo, *f[e]liz* ~ *f[i]liz*, *c[o]stura* ~ *c[u]stura.* Nesse caso, passa a funcionar um sistema de três vogais, semelhante ao de posição átona final. A realização das vogais pretônicas é um dos aspectos de que se têm servido vários autores para tentar delimitar áreas regionais: as realizações abertas marcariam os dialetos do Norte/Nordeste e as fechadas, as do Sul/Sudeste.

Observe-se, porém, que a realização do arquifonema não corresponde necessariamente a de um dos membros da oposição neutralizada. Como se verá mais adiante (em "Vogais pretônicas e a harmonia vocálica" e "Vogais postônicas finais"), as realizações dos arquifonemas /E/ e /O/ pretônicos e de /I/ e /U/ postônicos finais são mais centralizadas que as das vogais tônicas não neutralizadas.

A CARACTERIZAÇÃO ACÚSTICA

Uma das lacunas mais evidentes na descrição fonético-fonológica da língua portuguesa falada no Brasil diz respeito à caracterização acústica de seus constituintes sonoros segmentais. Em relação à descrição acústica das vogais orais, dispõe-se de dois tipos de trabalho: um que ilustra, por meio de espectrogramas, o sistema vocálico do português, com base em um reduzido número de realizações (Abaurre e Cagliari, 1986); outro que focaliza seja um dialeto (Pagel, 1981), seja um aspecto específico do sistema fonológico – a redução do sistema vocálico nas posições átonas, por exemplo –, amalgamando dados de falantes de diferentes regiões do Brasil (Nobre e Ingemann, 1987). Moraes et al. (1996)[1] tentam suprir essa lacuna, caracterizando o espaço acústico ocupado pelas vogais tônicas orais do português, a partir de uma amostragem maior, regionalmente representativa – dados de fala espontânea de locutores de cinco capitais brasileiras. Para tal, tomam-se por base os dialetos de Porto Alegre (POA), São Paulo (SP), Rio de Janeiro (RJ), Salvador (SSA) e Recife (RE).[2] Através de medições acústicas, de uma análise multivariacional - que leva em conta a distribuição dos valores dos dois primeiros formantes vocálicos por faixa etária - e da comparação dos sistemas vocálicos tônicos do português do Brasil (PB), do português europeu (PE) e das vogais cardeais (VC), aponta-se a direção de uma possível mudança fonética em progresso.

Os formantes são zonas de frequência em que há maior concentração de energia acústica, fenômeno que vai caracterizar alguns sons da linguagem, ditos musicais ou "periódicos", como as vogais, semivogais e algumas consoantes (laterais e nasais). A mais grave dessas zonas de frequência presente em cada vogal é conhecida como primeiro formante (doravante F1), sendo o segundo formante (F2) o que se localiza na zona de frequência imediatamente superior, e assim por diante.

Embora estejam presentes muitos formantes na emissão de uma vogal, o estabelecimento dos dois primeiros deles é suficiente para caracterizar acusticamente um sistema vocálico como o do português, uma vez que F1 se correlaciona de forma bastante evidente com o grau de abertura/fechamento vocálico (quanto maior seu valor, mais aberta será a vogal), e F2, ainda que de forma menos direta, com o grau de anterioridade/posterioridade vocálica (quanto maior seu valor, mais anterior será a vogal).

Pode-se dizer que, em posição tônica, os dialetos diferem basicamente pela anteriorização e abaixamento da vogal alta anterior [i] e pela posteriorização e abaixamento da vogal central baixa [a], enquanto os sistemas átonos diferem do tônico pela centralização das vogais altas [i] e [u] e também pela elevação da vogal central baixa.

Os sistemas das vogais tônicas e átonas (pretônicas e postônicas) do português do Brasil (PB) dos cinco centros urbanos são analisados acusticamente, a seguir, através do estabelecimento dos valores do primeiro (F1) e segundo (F2) formantes vocálicos.

Vogais tônicas

A análise das ocorrências das vogais por cidade (Figura 1) revela que há no sistema tônico uma nítida diferenciação dialetal na realização da série anterior e na vogal central /a/ (vide Anexo 1). Essa diferença torna-se menos marcada na vogal posterior aberta /ɔ/ e é tênue no tocante às posteriores /o/ e /u/.

Figura 1 – Caracterização acústica das vogais tônicas por cidade.

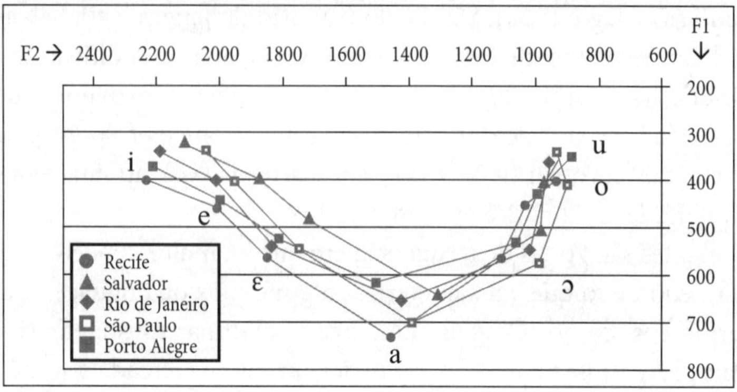

A análise quantitativa limitou-se às vogais /i/ e /a/, por serem essas as que evidenciaram, de forma mais marcante, os processos de anteriorização/posteriorização, no caso do /i/, e de abaixamento/elevação, no caso do /a/. Com relação à altura vocálica, correlacionada a F1 (eixo vertical), observa-se que Recife é a cidade que apresenta as vogais mais baixas. Salvador, por outro lado, as mais altas, na série anterior. O Rio de Janeiro tem a realização mais próxima à da média geral das cinco capitais. São Paulo apresenta uma realização mais alta das anteriores /i/ e /e/, e mais baixa das demais vogais. Porto Alegre, por sua vez, se comporta de maneira inversa, sendo suas vogais /i/ e /e/ mais baixas e, /a/ e /ɔ/, mais altas. Quanto à anteriorização/posteriorização, correlacionadas a F2 (eixo horizontal), Recife, Porto Alegre e Rio de Janeiro apresentam as vogais /i/, /e/ e /ε/ mais periféricas. Salvador e São Paulo têm comportamentos similares, com vogais anteriores mais centralizadas, embora essa tendência seja menos evidente no dialeto paulista, principalmente em relação à vogal baixa /a/ (cf. Anexo 1). Assim, tendo como ponto de referência a média geral para cada vogal, pôde-se caracterizar os dialetos tanto pela anteriorização ou posteriorização das vogais anteriores, quanto pelo abaixamento ou elevação da vogal central /a/.

Figura 2 – Percentual de anteriorização da vogal tônica por cidade.

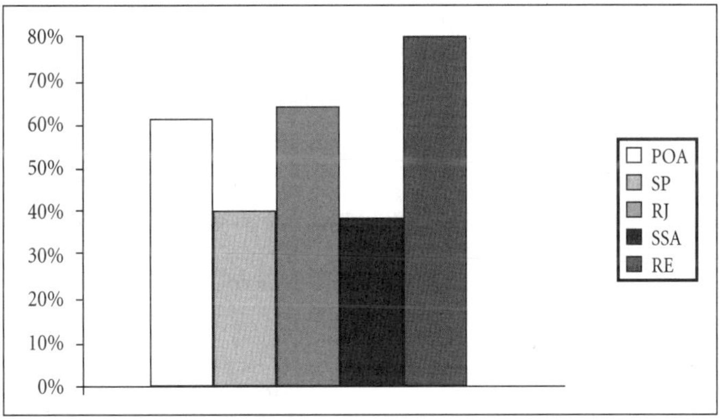

A metodologia utilizada foi a da sociolinguística quantitativa laboviana,[3] que indicou, em relação à vogal /i/, a faixa etária, a cidade e o tipo de sílaba como fatores que determinariam a diferenciação dialetal, no que se refere à anteriorização (F2). Em relação à altura (F1), apenas região e faixa etária parecem ser significativos para estabelecer uma distinção. Como se pode verificar na Figura 1 e pelos resultados quantitativos visualizados na Figura 2, Recife é a cidade que apresenta a vogal mais anteriorizada.

Na análise binária da vogal /a/, foram apontados os mesmos fatores extralinguísticos selecionados para a vogal /i/ como favorecedores do processo de posteriorização, que é traduzido pelos valores mais baixos de F2: região e faixa etária.

Na Figura 3, pode-se constatar que Salvador é a cidade que apresenta maior percentual de posteriorização do /a/, evidenciado também na Figura 1.

Figura 3 – Percentual de posteriorização da vogal /a/ por cidade.

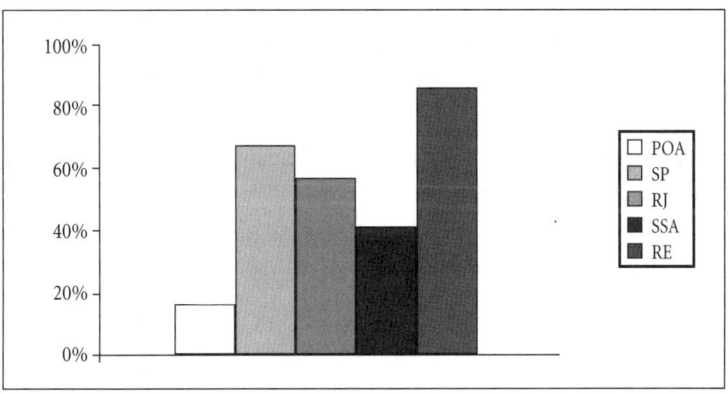

Confirmou-se também uma correlação entre posteriorização e abaixamento da vogal /a/: quanto menor o grau de posteriorização, mais baixa será a realização da vogal /a/.

Em relação à distribuição regional, a Figura 4 evidencia um grande distanciamento, comprovado pela análise estatística, entre Recife, que apresenta um maior grau de abaixamento, e Porto Alegre, que apresenta menor grau. São Paulo, Rio de Janeiro e Salvador apresentam comportamentos intermediários.

Figura 4 – Percentual de abaixamento da vogal /a/ por cidade.

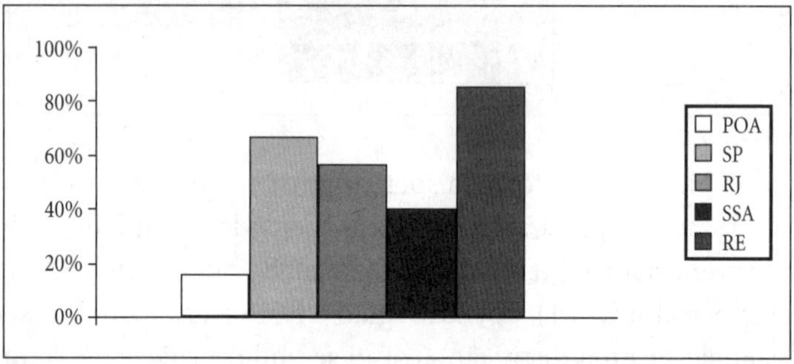

Também nesse caso, quanto maior o abaixamento, mais provável a sua realização anteriorizada.

Comparação entre português do Brasil, português europeu e vogais cardeais

Para que se tenha um ponto de referência que possibilite situar a realização das vogais tônicas e dos processos de mudança que estão ocorrendo no português do Brasil, comparam-se as médias gerais de F1 e F2, obtidas através do cálculo dos valores médios das cinco capitais com os dados de Delgado-Martins (1973)[4] para o português europeu (PE) e os das vogais cardeais, segundo as médias estabelecidas por Catford (1988) (Anexo 4).

A fim de visualizar diferenças e semelhanças dos triângulos acústicos do português do Brasil e do português de Portugal e situá-los com relação ao quadrilátero das vogais cardeais, traçou-se, com base nesses dados, o quadro bidimensional em que se superpõem os três sistemas (Figura 5).

Figura 5 – Caracterização acústica das vogais tônicas em PB e PE em confronto com as vogais cardeais.

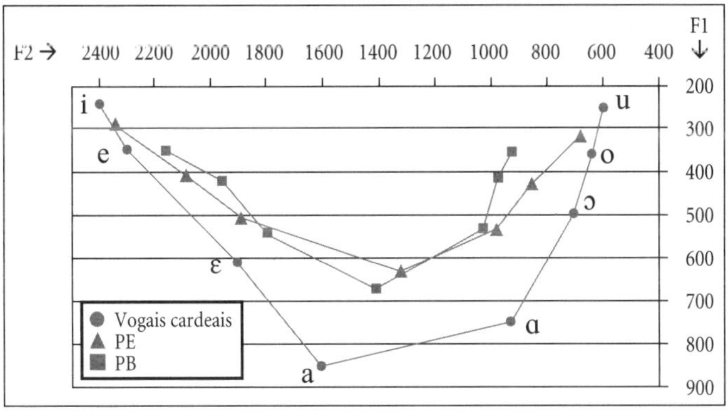

Com relação à dimensão vertical, observa-se que os sistemas do português de Portugal (PE) e do português do Brasil (PB) são bastante similares, exceto no que diz respeito a /i/ e /u/, que, no português do Brasil, apresentam valores significativamente mais baixos que no português de Portugal.

Comparando-se as vogais da língua portuguesa às vogais cardeais (VC), observa-se que 1) as vogais baixas /a/ e /ɛ/ são consideravelmente mais altas, tanto no português do Brasil quanto no português de Portugal e 2) as vogais altas /i/ e /u/, ao contrário, são mais baixas, fenômeno que se observa, sobretudo, no português do Brasil, em que /i/ e /u/ chegam a apresentar alturas similares às das vogais cardeais /e/ e /o/. Pode-se caracterizar essa distribuição como um processo de compactação.

Com relação à dimensão horizontal, verifica-se que os sistemas de PB e PE são bastante diferenciados em seus pontos extremos (vogais /i/ e /u/): o português europeu se aproxima bastante das vogais cardeais, enquanto o português brasileiro se mostra consideravelmente mais centralizado. Essa tendência à centralização se observa igualmente nas demais vogais do português do Brasil, notadamente /o/ e /e/. O português de Portugal apresenta realizações mais periféricas, intermediárias entre o português do Brasil e as vogais cardeais.

Quanto à vogal central /a/, o português do Brasil se aproxima mais da vogal cardeal /a/ anterior, enquanto o /a/ do português de Portugal ocupa posição intermediária entre as cardeais /a/ e /ɑ/.

Observa-se ainda que as vogais do PB e do PE apresentam, com relação à altura, uma notável simetria, não encontrada nas vogais cardeais, em relação às vogais médio-abertas, por ser /ɛ/ muito mais baixa que /ɔ/.

VOGAIS PRETÔNICAS E A HARMONIA VOCÁLICA

Com base nos valores dos formantes F1 e F2 (vide Anexo 2), foram ainda caracterizados acusticamente os sistemas pretônicos dos cinco dialetos citados, conforme se pode ver na Figura 6.

Figura 6 – Caracterização acústica das vogais pretônicas nas cinco cidades.

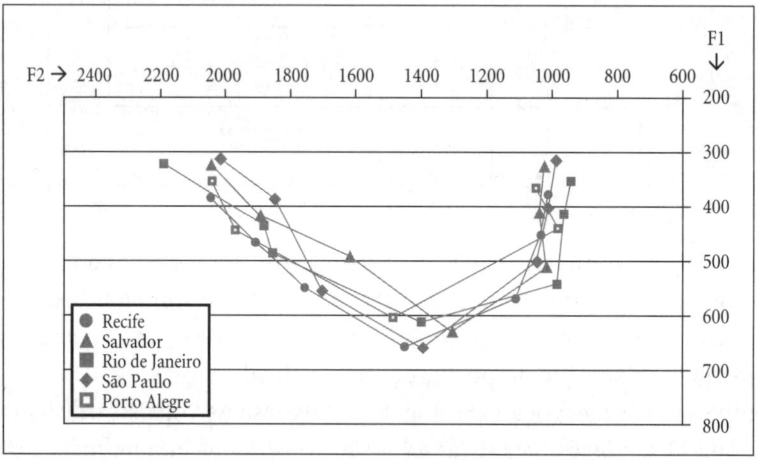

É com relação à altura que se verificam as maiores diferenças nos cinco dialetos. São Paulo tem as vogais altas mais elevadas e o [a] mais baixo, um sistema, portanto, mais polarizado, isto é, que apresenta uma maior distância acústica entre as vogais [i], [a] e [u].

Por outro lado o sistema menos polarizado é o de Porto Alegre, acompanhado de perto por Recife, em que as vogais altas e a baixa estão mais próximas. Contrariamente às expectativas, Salvador não se alinha com Recife, mas sim com São Paulo, e o Rio de Janeiro ocupa uma posição intermediária.

Embora, à primeira vista, se nivelem as pronúncias de Recife e Salvador no que tange à realização aberta das vogais pretônicas [ɛ] e [ɔ], a análise revelou que essas vogais são acusticamente diferenciadas: as vogais médio-abertas de Recife são bem mais baixas que as de Salvador. Por outro lado, as vogais altas de Recife situam-se praticamente na mesma altura das médio-fechadas de outras regiões.

Conforme se viu, tem-se um sistema fonológico de apenas cinco vogais, em posição pretônica, como resultado da neutralização do grau de abertura das vogais médias. A regra de harmonia vocálica, contudo, recupera um sistema de sete vogais fonéticas, como se observou na Figura 6. As realizações dessas vogais são tradicionalmente consideradas as mesmas das do sistema tônico, embora o estudo acústico mostre que são ligeiramente mais centralizadas, evidenciando uma diferenciação acústico-articulatória (Figura 8).

Os estudos já realizados sobre harmonia vocálica mostram, de um lado, essa recuperação do quadro de sete vogais e, de outro, uma baixa produtividade da regra de elevação de *e* > *i* e *o* > *u*, em torno de 30%. Além disso, apontam uma assimetria de comportamento das vogais tônicas /i/ e /u/ como propulsoras do processo de harmonização. As análises das amostras das cinco capitais demonstram que as consoantes adjacentes são também condicionadoras do processo de elevação. A lateral palatal tem o efeito de altear tanto a vogal /e/ quanto a vogal /o/, como em *m[**e**]lhor* ~ *m[**i**]lhor*. Já as consoantes labiais provocam o alçamento apenas de /o/ (Bisol, 1989:187), como em *m[**o**]leque* ~ *m[**u**]leque*.

Na área metropolitana do Rio Grande do Sul, o tipo de consoante adjacente não constitui a variável mais significativa para o alçamento das pretônicas, mas sim a vogal alta da sílaba subsequente. No Rio de Janeiro, tanto as vogais altas quanto as consoantes adjacentes atuam no processo de alteamento. No entanto, o peso relativo de /u/, como desencadeador do processo, é menor que o de /i/, e a vogal alta da sílaba subsequente, quer tônica, quer átona, só é fator preponderante para o alteamento da vogal média anterior /e/. É mais provável, assim, que ocorra uma variação *p[**e**]rigo* ~ *p[**i**]rigo* que *p[**e**]ludo* ~ *p[**i**]ludo*.

O grupo de fatores mais significativo para o alteamento de /o/ é o da natureza da consoante adjacente: em contexto labial ou velar, a variante alta predomina. A questão está, assim, em determinar se a elevação da vogal pretônica corresponde a um único processo ou a dois tipos de processo: um de natureza fonológica, a tradicional harmonia vocálica, alteamento das vogais médias pretônicas ocasionado pela presença de uma vogal alta em sílaba subsequente, não necessariamente a vogal da sílaba tônica; e outro determinado pela natureza articulatória dos segmentos consonantais adjacentes.

Um aspecto a ser também considerado é o que diz respeito à menor força assimilatória do /u/ em relação ao /i/. Esse comportamento assimétrico, segundo Bisol (1989: 186), é de base fonética, uma vez que, "[...] na cavidade oral, o espaço envolvido na articulação das vogais anteriores é maior que o das vogais posteriores. Assim, uma vogal posterior alta é [foneticamente] menos alta que a anterior correspondente", exercendo uma menor força de atração sobre o /e/, pois elevá-lo acarretaria a produção de uma vogal mais alta que o próprio /u/.

No entanto, a caracterização acústica das vogais, descrita nas seções anteriores, mostra que [i] e [u] apresentam praticamente os mesmos valores para o primeiro formante (F1) – parâmetro acústico que, como se viu, reflete o grau de abertura. A vogal [i] apresenta uma média de F1 de 353Hz e [u] de 358Hz, uma diferença, portanto, não significativa, de apenas 5Hz.

Pelo menos nos dados do Rio de Janeiro, a elevação do /e/ é condicionada igualmente pelo /i/ (*p[i]rigo*) e pelo /u/ (*s[i]guro*). O mesmo não se aplica à elevação da pretônica /o/, uma vez que o /i/ teria maior força assimilatória. Como se afirmou anteriormente, é mais provável termos a elevação em *s[u]vina* do que em *c[u]luna*, realização em que a presença do [u] tônico atenuaria a força de elevação da consoante velar.

A explicação acústica de Bisol (1989: 189) para a elevação de /o/, em ambiente de consoantes labiais, sugere que haveria regras diferenciadas quando o condicionador é uma vogal ou uma consoante. Como as consoantes labiais se caracterizam acusticamente por abaixar o valor de F2 da vogal contígua, a expectativa seria a de que a vogal precedida pela consoante labial se aproximasse de [u], já que valores mais baixos de F2 se correlacionam à dimensão posterioridade.

Por outro lado, a fonética acústica permite levantar a hipótese de a baixa produtividade da regra de harmonia vocálica poder ser explicada pela tendência à centralização, no português do Brasil, e pela tendência à elevação, no português europeu. Essas tendências opostas podem ser observadas se confrontados os sistemas de vogais acentuadas do português brasileiro e europeu (cf. "Comparação entre o português do Brasil, português europeu e vogais cardeais", Figura 5).

Tradicionalmente, o termo "harmonia vocálica" se aplica à elevação das vogais /e/ e /o/. No entanto, embora num percentual reduzido, o abaixamento dessas vogais também se verifica, seja por harmonização com a vogal tônica média-baixa, ou por efeito da consoante circunvizinha. Em dialetos como o do Rio de Janeiro, em que a realização fonética do arquifonema /E/ e /O/ é a vogal média fechada, a ocorrência de vogais pretônicas médias abertas só se concretizaria em palavras derivadas, em cuja base houvesse uma vogal média aberta acentuada, do tipo *p[ɛ]zinho*, *p[ɔ]zinho*. Embora essa seja a regra geral, no Rio de Janeiro, contrariando as expectativas, ocorrem, com percentual muito baixo, casos de abaixamento em contexto que não sejam os dos sufixos *-mente*, *-íssimo*, *-(z)inho*. Essa possibilidade de ocorrência poderia sugerir que o abaixamento é um processo em sua fase inicial que generaliza a harmonização vocálica: vogais médias podem se realizar como altas no ambiente de vogais altas e como médias-baixas no ambiente de vogais médias-baixas. Pronúncias como *p[ɛ]netra* e *r[ɛ]lógio* poderiam ser explicadas pela presença de uma vogal média-baixa contígua. Outro fator que condicionaria igualmente o abaixamento da vogal seria a presença de uma líquida adjacente, já atestado historicamente nas línguas românicas, como em *v[ɛ]rão*, *r[ɛ]lações*, *H[ɛ]lena*.

VOGAIS POSTÔNICAS FINAIS

A análise acústica das vogais postônicas seguiu os mesmos procedimentos das vogais tônicas e pretônicas, sendo medidos os formantes F1 e F2 dos cinco dialetos (vide Anexo 3), conforme se pode ver na Figura 7.

Figura 7 – Caracterização acústica das vogais postônicas finais nas cinco cidades.

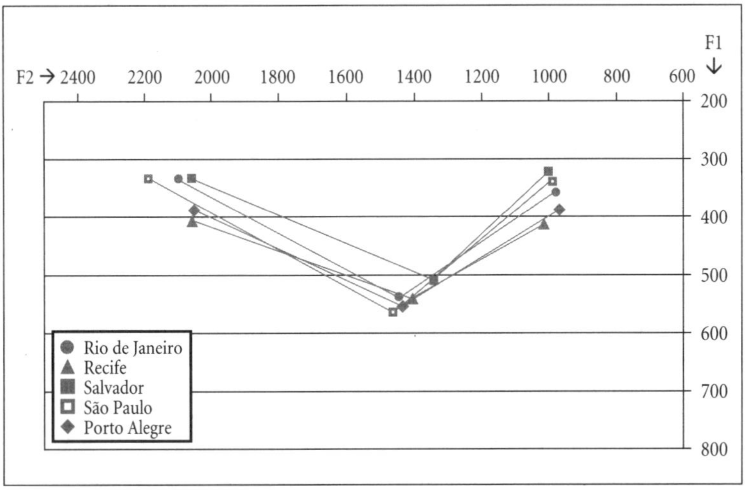

O estudo variacionista confirma uma diferenciação dialetal para as três vogais, [i], [a] e [u], no que se refere a uma regra de abaixamento. Recife e Porto Alegre são as cidades que apresentam um sistema mais compacto, ao abaixar as altas /i/ e /u/, mas não a vogal baixa /a/, em contraste com Rio de Janeiro e São Paulo, que apresentam, comparativamente, um sistema menos compacto, pois as vogais altas /i/ e /u/ não sofrem abaixamento, mas a vogal /a/, sim. Salvador tem um sistema intermediário, com percentual mínimo de abaixamento.

Não se confirma, assim, em termos acústicos em relação às postônicas, o condicionamento regional proposto por Câmara Jr. (1977), a saber: a realização dos arquifonemas /I/ e /U/ seria mais baixa no Sul que nas outras cidades. Recife, situada no Nordeste, e Porto Alegre, situada no Sul, são as cidades que apresentam comportamento semelhante, com maior percentual de abaixamento nas vogais postônicas finais.

A comparação da média geral das vogais do sistema pretônico, com relação ao tônico e ao postônico, demonstra ocorrer, nos sistemas átonos, a posteriorização das anteriores e a anteriorização das posteriores, como se pode ver na Figura 8.

Figura 8 – Comparação das médias dos sistemas tônico, pretônico e postônico.

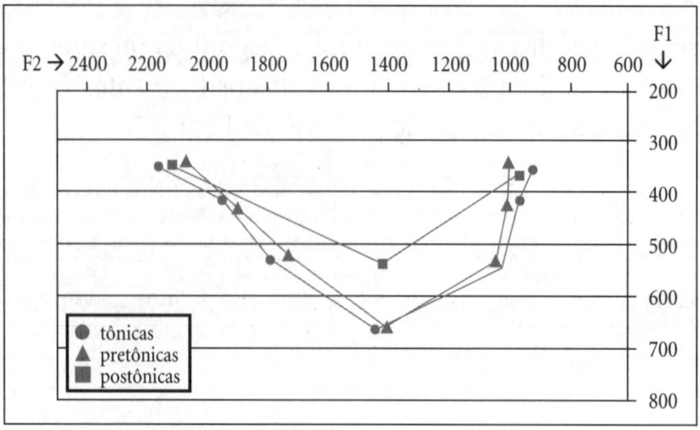

No sistema postônico, observa-se uma elevação acentuada da vogal baixa [a], permanecendo as vogais altas [i] e [u] praticamente inalteradas em relação às pretônicas.

Pode-se então concluir que, com relação às vogais com o traço [- baixo], o processo de atonização se dá na dimensão do eixo horizontal (F2). No eixo vertical (F1), não se verificam, praticamente, alterações: [i] e [u], tanto tônicos quanto átonos, têm *grosso modo* a mesma altura. Para a vogal [a], dá-se o inverso, isto é, a alteração é de grau de abertura. Em outras palavras, o processo de atonização centraliza as vogais altas e eleva a vogal baixa.

Este processo pode ser explicado como sendo decorrente da menor duração observada nas vogais átonas, segundo o modelo clássico "*target undershoot*" (Lindblom, 1963). O mesmo fenômeno – redução no vocalismo átono – ocorre, como mostrou Figueiredo (1994), na fala rápida do português do Brasil.

MUDANÇA EM CURSO?

A comparação entre o sistema vocálico do português brasileiro e o do europeu evidencia uma diferença entre as duas variedades continentais (Figura 5). No português do Brasil, o estudo variacionista aponta para dois processos que diferenciariam os dialetos: o de anteriorização e abaixamento da vogal /i/ e o de posteriorização e abaixamento da vogal /a/ – cf. Figuras 2, 3 e 4.

A metodologia quantitativa de cunho laboviano, ao usar informantes distribuídos por faixas etárias, permite detectar, através do chamado *tempo aparente*, se há uma mudança em progresso – perda/implementação de regra – ou uma estabilidade. No caso de implementação de regra, é a faixa etária dos falantes mais jovens (25-35) que apresenta um percentual maior; no de perda, é a faixa mais jovem que apresenta percentual mais baixo. Quando há estabilidade, o padrão é curvilinear, a faixa intermediária se opondo à dos jovens e à dos mais idosos.

Em relação às vogais, a variável faixa etária mostrou-se relevante. No que se refere ao processo de anteriorização/posteriorização, registra-se uma mudança em curso (padrão linear), traduzida pela diminuição dos valores de F2, nos mais jovens. No que se refere ao processo de abaixamento, no entanto, evidencia-se uma curva de variação estável (padrão curvilinear), com a faixa etária intermediária (36-55) abaixando menos. Na Figura 9, estão representados os dois processos.

Figura 9 – Percentual de anteriorização e abaixamento do /i/.

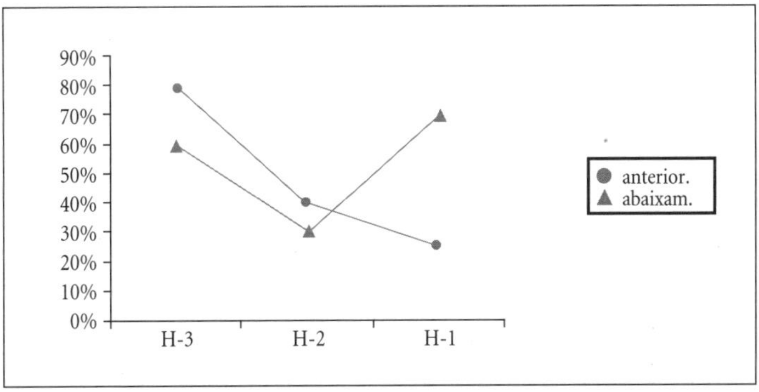

Em relação à vogal /a/, esses mesmos processos podem ser visualizados na Figura 10, que mostra que a maior probabilidade de realização posteriorizada e baixa foi registrada entre os falantes mais velhos do sexo masculino (H3) e os mais jovens (H1), indicativo de variação estável tanto para F1 quanto para F2, o que está expresso pelas linhas superpostas.

Figura 10 – Percentual de posteriorização e abaixamento do /a/.

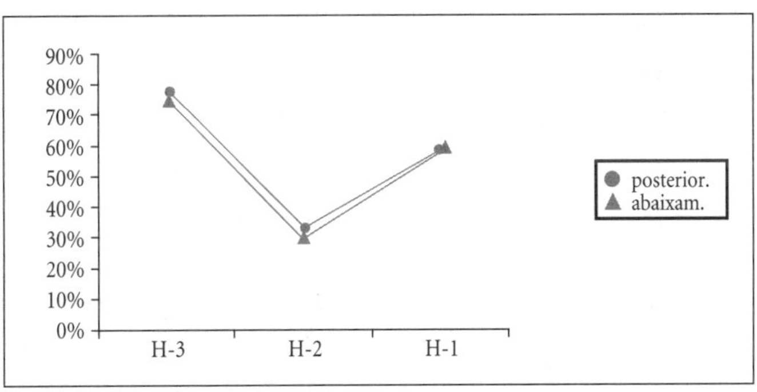

Essa tendência à perda do processo de anteriorização do /i/, somada a uma aparente anteriorização e elevação do /a/, se efetivada, tornaria o sistema do português do Brasil mais "compacto". Desse modo, a mudança em curso caminharia na mesma direção do processo de atonização: menor distância entre as vogais altas e a vogal baixa, isto é, maior compactação.

Anexo 1

VOGAIS TÔNICAS

RECIFE							
	i	e	ɛ	a	ɔ	o	U
1	370/2120	440/1940	560/1760	710/1390	560/1200	450/1160	370/1080
2	390/2403	440/2030	571/2001	747/1635	564/1061	444/990	414/0823
3	433/2182	468/2044	554/1791	733/1355	580/1 069	470/945	425/0916
M	399/2235	449/2004	561/1850	730/1460	568/1110	454/1031	403/0939
SALVADOR							
1	370/2070	420/1880	470/1730	600/1320	480/1000	410/0910	370/0910
2	300/2080	390/1810	470/1630	610/1350	500/1020	400/0910	350/0920
3	290/2180	360/1960	500/1790	720/1240	530/0940	390/1040	320/0960
M	320/21 06	390/1883	480/1716	64311303	503/0986	400/0953	346/0930
RIO DE JANEIRO							
1	370/2130	430/1930	600/1890	740/1420	630/0990	440/0960	380/0900
2	310/2150	360/2020	460/1820	540/1370	450/1070	380/0960	320/0940
3	330/2310	410/2100	540/1790	680/1490	560/1000	410/1010	350/0990
M	336/2196	400/2016	533/1833	653/1426	546/1020	410/0976	350/0943
SÃO PAULO							
1	320/1960	380/1960	490/1740	630/1410	520/0960	370/0790	320/0890
2	310/2080	410/1980	560/1750	710/1420	570/0990	430/0960	330/0990
3	380/2120	420/1920	600/1760	780/1360	620/1 020	430/0990	360/0920
M	336/2053	403/1953	550/1750	706/1396	570/0990	410/0913	336/0933
PORTO ALEGRE							
1	410/2120	490/1990	580/1780	680/1610	610/1140	440/1010	390/0880
2	320/2130	370/1870	460/1740	510/1500	440/0960	380/0920	310/0880
3	390/2390	460/2130	540/1930	660/1430	540/1070	450/1040	370/0930
M	373/2213	440/1996	526/1816	616/1513	530/1056	423/0990	356/0896
M	353/1970	416/1970	530/1793	670/1420	543/1032	419/0973	358/0928

Médias de F1 e F2 (F1/F2) por cidade, faixa etária (1, 2, 3,) e média geral (M)

Anexo 2
VOGAIS PRETÔNICAS

	i	e	ε	a	ɔ	o	U
RECIFE							
1	399/1966	479/1766	547/1675	637/1474	566/1164	481/1085	375/1027
2	350/2137	449/1994	541/1852	694/1588	581/1112	427/1008	351/942
3	401/2054	470/1962	556/1737	642/1287	558/1066	455/1012	404/1076
M	383/2052	466/1907	548/1755	658/1450	568/1114	454/1035	377/1015
SALVADOR							
1	337/1911	416/1865	488/1629	546/1309	478/1048	402/1053	339/1004
2	30812081	413/1873	489/1623	602/1356	515/1038	409/1063	324/1033
3	301/2113	410/1953	486/1614	724/1269	542/982	413/989	313/1037
M	31512035	413/1897	488/1622	62411311	511/1023	408/1035	325/1025
RIO DE JANEIRO							
1	35012146	480/1827	544/1835	663/1438	623/1021	491/979	401/1018
2	29012139	370/1888	413/1996	533/1384	487/1080	329/980	302/937
3	331/2193	448/1936	498/1734	640/1369	514/952	433/955	353/889
M	324/2193	433/1884	485/1855	612/1397	541/991	418/971	352/948
SÃO PAULO							
1	315/1944	372/1889	513/1659	672/1442	459/1175	378/1068	*294/1029*
2	29212032	360/0832	612/1819	669/1499		367/1071	298/988
3	332/2115	422/1831	538/1632	658/1302	546/937	460/917	348/953
M	313/2030	385/1851	554/1703	666/1414	502/1056	402/1019	313/990
1	376/2074	464/1947		589/1421		462/1146	395/1194
2	357/2076	424/2008		544/1623		*376/784*	327/883
3	363/2011	444/1956		678/1421		476/1033	384/1015
M	365/2054	444/1970		604/1488		438/988	369/1031
M	340/2073	428/1902	519/1734	663/1412	530/1046	424/1010	347/1002

Médias de F1 e F2 (F1/F2) por cidade e faixa etária (1, 2, 3) e média geral (M)

Anexo 3
VOGAIS POSTÔNICAS FINAIS

RECIFE				RIO DE JANEIRO				SÃO PAULO			
	I	a	u		I	a	u		I	a	u
1	402/1993	523/1387	404/1011	1	326/2152	636/1399	372/963	1	380/2143	483/1499	352/1032
2	397/2034	540/1505	426/892	2	319/2104	474/1433	319/1071	2	306/2149	593/1471	321/1066
3	393/2132	561/1370	400/1143	3	354/2042	541/1484	366/904	3	308/2280	614/1425	347/873
M	397/2053	541/1421	410/1015	M	333/2099	550/1439	352/979	M	331/2191	563/1465	340/990

SALVADOR				PORTO ALEGRE			
	i	a	u		i	a	u
1	351/1997	490/1313	295/1005	1	460/2138	592/1436	429/1086
2	331/2047	548/1383	346/1004	2	325/1979	481/1468	331/854
3	327/2144	481/1352	326/989	3	397/2032	543/1434	401/974
M	336/2063	506/1349	322/999	M	394/2050	539/1446	387/971

	I	a	u
M	**358/2091**	**540/1425**	**362/991**

Média de F1 e F2 (F1/F2) por cidade e faixa etária (1, 2, 3) e média geral (M)

Anexo 4
VOGAIS CARDEAIS, VOGAIS TÔNICAS DO PORTUGUÊS DE PORTUGAL E DO PORTUGUÊS DO BRASIL

	VC		PE		PB	
	F1	F2	F1	F2	F1	F2
i	240	2400	294	2343	353	2161
e	350	2300	403	2084	416	1950
ɛ	610	1900	501	1893	530	1793
a	850	1610	-----	-----	-----	-----
A	-----	-----	626	1326	670	1420
α	750	940	-----	-----	-----	-----
ɔ	500	700	531	994	543	1032
o	360	640	426	864	419	973
u	250	595	315	678	358	928

F1 e F2 das vogais cardeais e da média das vogais tônicas do português de Portugal (PE) e do português do Brasil (PB)

NOTAS

1 Colaboraram na parte técnica do trabalho os então bolsistas de Iniciação Científica do CNPq, Flávia Regina Reis Donola, Rosemeri Reboredo Martins, Marcelo Luís Motta de Souza e Maria Isabel de Souza.

2 Os dados, totalizando 3.645 realizações de vogais, foram extraídos de 15 inquéritos do Projeto Norma Urbana Culta (Nurc), do tipo diálogo entre informante e documentador (DID) que consiste em entrevistas informais com quinze locutores com formação universitária, três de cada cidade, estratificados por três faixas etárias (25-35 anos, 36-56 anos e 56 anos em diante). Foram analisadas quinze ocorrências de cada vogal por falante, num total de 1.575 vogais tônicas, 1.395 pretônicas e 675 postônicas. A análise acústica foi realizada com o programa de processamento digital da voz Interactive Laboratory System (ILS) no Laboratório de Fonética Acústica da Faculdade de Letras da UFRJ. Este programa computacional decompõe a onda sonora complexa das vogais em suas frequências primárias – os formantes – as quais correspondem às distintas ressonâncias, no trato vocal, ocasionadas, sobretudo, pelos diferentes graus de levantamento/abaixamento e anteriorização/posteriorização do corpo da língua.

3 Para a análise multivariacional, utilizou-se metodologia semelhante à de Labov (1992), tendo sido determinados os valores médios de cada vogal. Os resultados foram submetidos a um processo de normatização que permitiu a análise multivariada do conjunto de dados. Essa normatização, necessária à codificação dos valores contínuos de F1 e F2, consistiu, primeiramente, em agrupar esses valores em faixa de 100Hz, faixas essas que passaram a constituir cada variável dependente. Posteriormente, para processar a análise binária, tomou-se como referência os valores médios de F1 e F2, considerando-se apenas duas variantes para os formantes: uma, acima do valor médio, outra, abaixo desse valor. Quando F1 constitui a variável dependente, F2 passa a ser considerado um grupo de fatores, e vice-versa.

4 A tabela do Anexo 4 reproduz esses valores. Os valores de Delgado-Martins menores que 1Hz foram arredondados. Note-se que o sistema das vogais cardeais, por ser um sistema quadrangular, não estabelece valores para uma vogal baixa central, própria dos sistemas triangulares. Por esse motivo, na referida tabela não constam, no português, os valores formânticos correspondentes às cardeais /a/ e /ɑ/, tendo-se simbolizado por /a/ a vogal central baixa do português que, consequentemente, não encontra correspondente na coluna das vogais cardeais.

4

PRODUÇÃO E PERCEPÇÃO DAS VOGAIS NASAIS

João Antônio de Moraes

As vogais nasais são habitualmente definidas, do ponto de vista aerodinâmico, como aquelas em que o fluxo aéreo escapa concomitantemente pela boca e pelo nariz, como consequência, no nível articulatório, do abaixamento do véu palatino durante sua produção, como pode ser observado esquematicamente na Figura 1 a seguir.[1]

Figura 1 – Posicionamento do véu palatino na articulação de uma vogal oral (em a) e nasal (em b); observe-se a posição abaixada do véu na vogal nasal.

(a) (b)

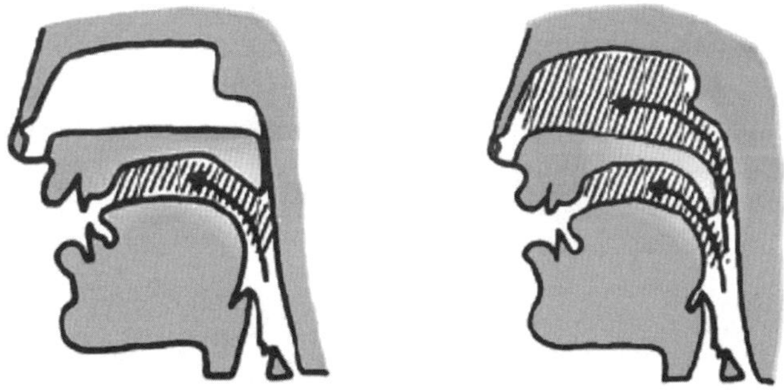

Essas características articulatórias/aerodinâmicas indicam que houve, na produção da vogal, o acoplamento de uma cavidade de ressonância suplementar, a cavidade nasal, o que gera modificações na estrutura acústica da vogal nasal, tais como o amortecimento da intensidade dos formantes vocálicos (para o conceito de formante, ver capítulo "As vogais orais: um estudo acústico-variacionista" deste livro, Parte II), o alargamento de suas bandas de frequência, o deslocamento dos valores de seus formantes em relação aos da vogal oral correspondente e o aparecimento de novas zonas de ressonância, em virtude de alterações que se observam no posicionamento da língua na cavidade oral. A interação complexa dessas pistas acústicas é que será então responsável pela percepção de um som vocálico nasalizado,[2] distinto do oral correspondente.

GÊNESE DA NASALIDADE VOCÁLICA

Em sua origem, a nasalidade vocálica é um fenômeno coarticulatório, que decorre da presença de uma consoante nasal contígua à vogal alvo da nasalização.[3] A consoante da qual se propaga o traço [+ nasal], nas diversas línguas que apresentam o fenômeno, pode ocupar três posições:

a. coda silábica, caracterizando um processo de assimilação regressiva;
b. ataque silábico, em posição intervocálica, o que permite que a nasalidade se propague, regressivamente, para a esquerda;
c. ataque silábico, caracterizando um processo de assimilação progressiva.

As línguas costumam privilegiar um desses processos na construção da nasalidade vocálica contrastiva. Na história do português, os três processos foram atuantes:

a'. lt. campo > cãmpo > port. c[ã^{m}]po
b'. lt. lana > lãna > lãa > port. l[ã]
c'. lt. madre > mae > port. m[ã]e

Sincronicamente, c) e sobretudo b) permanecem produtivos em grande parte dos falares brasileiros, caracterizando a nasalidade alofônica, como se pode observar em:

b". cana > c[ã]na
c". muito > m[ũ]ito

A copresença desses diferentes processos, que reproduzem a gênese da nasalidade contrastiva em estágios anteriores da língua, torna o português excepcionalmente interessante para o estudo da nasalidade vocálica não só do ponto de vista sincrônico (por oferecer amplo espectro de fenômenos de nasalização), mas também diacrônico, pois permite a comparação *in vivo* de um estágio completo do processo com outro, historicamente intermediário: o que ocorre hoje em *cãna* repete o primeiro estágio da evolução ocorrida em *lãna*, por exemplo.

TIPOLOGIA

Embora a nasalização vocálica, sendo um fenômeno coarticulatório, seja muito frequente nas línguas do mundo, relativamente poucas chegam a ter vogais nasais distintivas, isto é, que possam opor vocábulos unicamente pela presença/ausência do traço nasal, como em *lã vs. lá*, por exemplo.[4]

No âmbito das línguas indo-europeias, além do português, apenas o francês e o polonês apresentam nasalidade vocálica distintiva.[5, 6]

Embora, de um ponto de vista perceptivo, tenhamos a tendência a julgar a nasalidade vocálica segundo duas categorias discretas, conforme esteja ela presente (nasal) ou ausente (oral), de um ponto de vista articulatório, podemos supor que haja graus possíveis de nasalização. Na verdade, além de suas diferentes origens, as possíveis gradações fonéticas na intensidade da nasalidade vocálica e sua própria natureza estrutural justificam que se estabeleçam diferentes tipos de nasalidade.

Habitualmente, diferenciam-se dois tipos básicos: a nasalidade contrastiva, ou fonêmica, e a alofônica ou contextual. Na contrastiva, a nasalidade sobre a vogal é o traço distintivo a opor pares mínimos como /lã/ *vs.* /lá/. Duas representações fonológicas têm sido propostas para o fenômeno, consoante se adote a interpretação bifonemática ou a monofonemática das vogais nasais, i.e., se considere que as vogais nasais são geradas por uma derivação fonológica, a partir de vogal oral seguida de consoante nasal na estrutura subjacente – hipótese que será desenvolvida no capítulo "Fonologia da nasalização" deste livro – ou se postule a vogal nasal presente na representação de base, na matriz fonológica, como se pode ver a seguir:

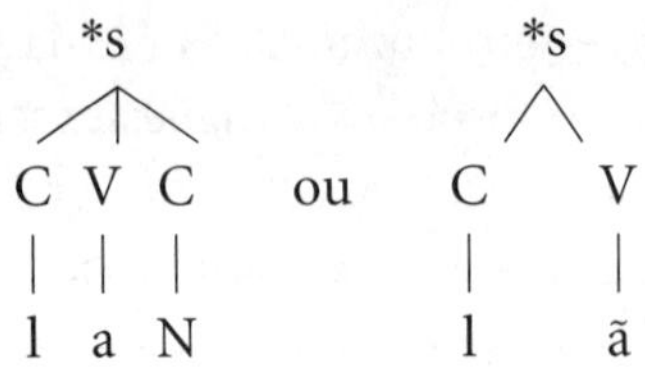

Na nasalidade contrastiva, a realização da vogal como nasalizada é obrigatória na norma culta brasileira, independentemente de fatores como o contexto acentual e o dialeto.

A nasalidade alofônica supõe a presença de uma consonante nasal intervocálica à direita da vogal nasalizada (nasalização regressiva), não podendo, em princípio, opor, por si só, vocábulos,[7] ocorrendo tipicamente em sílaba tônica diante de consoante nasal, como em l[ã]ma. Sua implementação fonética como uma vogal nasalizada é o resultado da aplicação de uma regra variável, sensível a fatores como localização do acento vocabular, natureza da consoante nasal subsequente, natureza da vogal nasalizada e o dialeto.[8]

Em alguns trabalhos (Sousa, 1994), considera-se também nasalidade alofônica a nasalização por espraiamento para a direita do traço [+ nasal] de uma consoante em ataque silábico, como em *m[a]deira*, *n[a]ta*.

Propõe-se aqui considerar, nesses casos, uma terceira forma de nasalização, que nomearemos "coarticulatória". A distinção entre a nasalização alofônica e a coarticulatória repousa no fato de a primeira corresponder a um processo variável de língua para língua e intencional (Solé e Ohala, 1991). Além disso, a vogal é percebida, na nasalização alofônica, como nasal: trata-se de uma nasalidade "macroscópica". Já na nasalidade coarticulatória, temos um processo fonético universal, não perceptível, "microscópico" e independente da língua. A nasalidade coarticulatória, que atinge vogais tônicas e átonas, pode corresponder a uma transição entre:

- consoante em posição de ataque silábico e vogal subsequente (assimilação progressiva): 'm[$^{\tilde{a}}$a]ta
- consoante nasal intervocálica e vogal precedente, se esta não tiver sido previamente afetada pela regra de nasalização alofônica (assimilação regressiva): c[a$^{\tilde{a}}$]'neta
- duas consoantes nasais, uma precedendo, a outra seguindo a vogal (assimilação dupla): m[$^{\tilde{a}}$a$^{\tilde{a}}$]madeira

Se considerarmos que também nas vogais orais, sobretudo nas vogais abertas, o véu palatino se abaixa, ainda que moderadamente, permitindo, numa certa medida, a passagem do ar e sua ressonância na cavidade nasal, poderíamos, a rigor, considerar um quarto nível de nasalidade, a que chamaríamos de "intrínseca", distinta da ausência completa de nasalidade.

Num estudo em que se monitoravam os movimentos do véu do palato na produção das vogais orais e nasais do português (Moraes, 1997b), pôde-se observar uma clara correlação, nas vogais orais, entre abaixamento do véu e grau de abertura vocálica, como se pode ver na figura a seguir:

Figura 2 – Magnitude média relativa da abertura velofaríngea, expressa em porcentagem, medida com o *nasograph* (Ohala, 1971) em vogais orais em posição tônica e átona; tomou-se como referência para a calibragem do aparelho a emissão da consoante [s] (= 0%); as porcentagens negativas significam, portanto, que vogais como [u] ou [i] apresentaram grau de abertura velofaríngea menor que a do [s].

abertura do véu	Tônica			Átona		
-	- 5.6% i		u - 9.5%	- 0.6% i		u - 0.2%
	- 2.4% e		o - 6.4%	3.8% e		o 2.8%
	8.6% ɛ		ɔ 2.2%	9.4% ɛ		ɔ 5.4%
+ ↓		a 19,0%			a 12,0%	

Propomos assim que, do ponto de vista fonético, se considere pelo menos três tipos ou graus de nasalidade, que em ordem decrescente de importância seriam: contrastiva (*c[ã]nto*), > alofônica (*c[ã]ma*) > coarticulatória (*m[a]ta*, ou *c[a]neta*, nos dialetos que não nasalizam alofonicamente as pretônicas).

OBJETIVOS

O estudo experimental da nasalidade vocálica em português justifica-se por permitir uma descrição articulatória, acústica e perceptiva mais precisa dos diferentes tipos de nasalidade vocálica no PB, o que, por sua vez, possibilita uma melhor compreensão do funcionamento de regras de nasalização.

Discutiremos alguns dados sobre a fonética da nasalidade vocálica no PB, procurando não perder de vista a perspectiva fonológica. Serão tratados alguns aspectos gerais da articulação e da acústica das vogais nasais brasileiras; em seguida, com o concurso de testes perceptivos, serão abordadas três questões específicas, de natureza fonológica, a saber:

- Há pistas fonéticas (diferenças na manifestação da nasalidade) a indicar que a nasalidade contrastiva, a alofônica e a coarticulatória sejam processos derivados de regras distintas?
- De que maneira fatores como o timbre vocálico e o acento interagem com a nasalidade?
- Qual das interpretações/representações das vogais nasais, a bifonêmica ou a monofonêmica, é favorecida pelos dados fonéticos? A presença de um apêndice consonantal nasal proeminente seguindo a vogal favoreceria, numa abordagem mais natural, a interpretação bifonêmica.

ARTICULAÇÃO DAS VOGAIS NASAIS

Apresentam-se a seguir dados referentes ao comportamento do véu palatino na articulação dos diferentes tipos de nasalidade mencionados, obtidos num estudo (Moraes, 1997b) em que se utilizou o *nasograph* (Ohala, 1971), dispositivo que monitora os movimentos do véu palatino. O *nasograph* consiste em um tubo de reduzido diâmetro que, introduzido pelo nariz do informante, deve alcançar o início do esôfago. O tubo contém uma minúscula lâmpada, que permanece abaixo do véu palatino, e um sensor, que fica acima dele. Quando o véu se abre, a luz é captada pelo sensor e o sinal é registrado, tendo sido então processado pelo *software* Wintaq, o que permite analisar graficamente o comportamento do véu palatino, isto é, definir o instante do início de sua abertura e sua evolução, assim como avaliar o grau relativo dessa abertura, juntamente com o fluxo aéreo que escapa pela boca e pelo nariz na articulação das vogais nasais (Figuras 3 a 6).

Figura 3 – De cima para baixo: fluxo aéreo oral, fluxo aéreo nasal, abaixamento do véu palatino e forma de onda do vocábulo *ghandi* [ˈgã^{n}di].

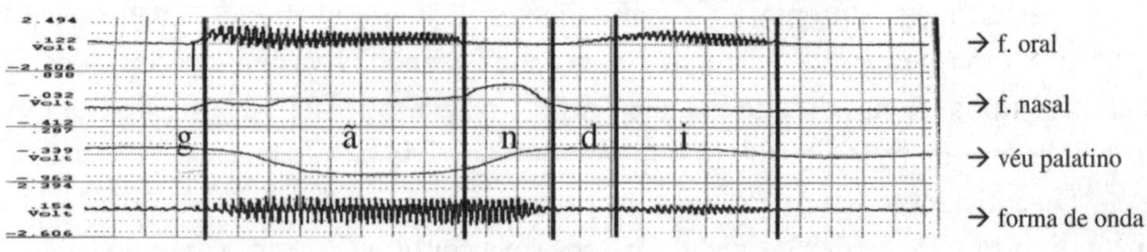

Figura 4 – De cima para baixo: fluxo aéreo oral, fluxo aéreo nasal, comportamento do véu palatino e forma de onda do vocábulo *gana* [‘g**ã**na].

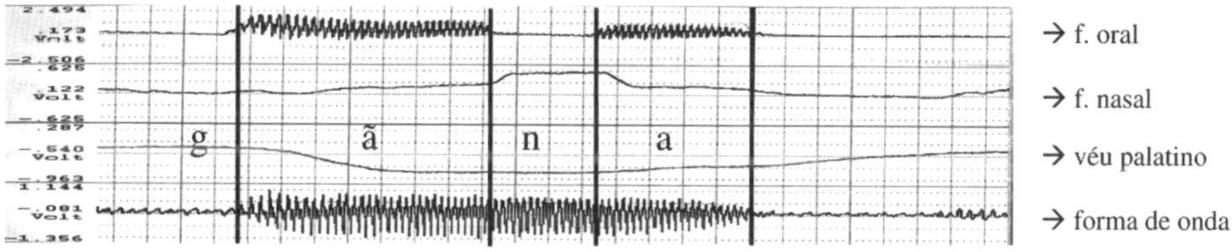

Figura 5 – De cima para baixo: fluxo aéreo oral, fluxo aéreo nasal, comportamento do véu palatino e forma de onda do vocábulo *gado* [‘g**a**du].

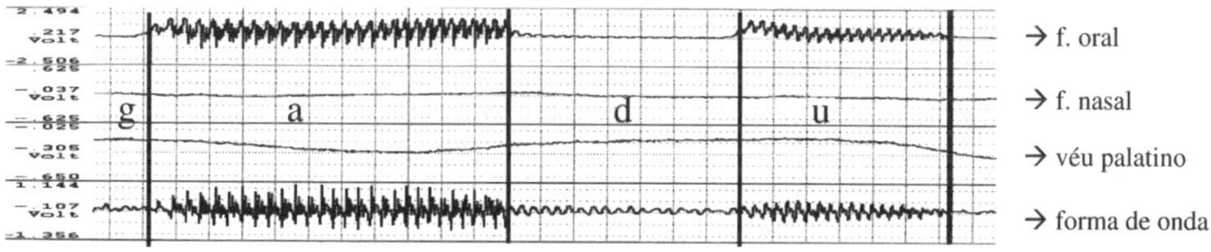

Figura 6 – De cima para baixo: fluxo aéreo oral, fluxo aéreo nasal, comportamento do véu palatino e forma de onda do vocábulo *caneta* [k**a**’neta].

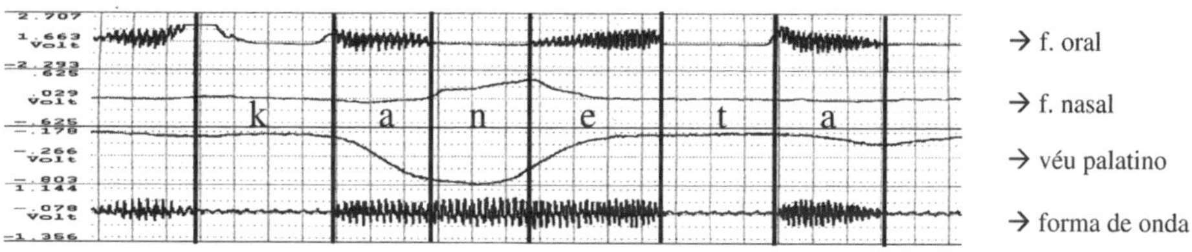

Os resultados do referido estudo articulatório, feito com base no exame de um *corpus* de 112 vocábulos ditos por três informantes, revelam que o grau de abertura do véu palatino é similar na nasalização contrastiva (72.9%), como em *g[ã^{n}]di*, e na alofônica (69.9%), como em *g[ã]na*, não sendo significativa a diferença observada. Vogais orais apresentaram um valor médio referente ao abaixamento do véu de apenas 3.3% (Fig. 7), embora nas vogais baixas, como dissemos, esse valor seja mais elevado, chegando a 19% na vogal tônica [a], como em *g[a]do* (cf. Fig. 2).

Contrariamente ao que ocorre nas vogais orais, não se observou, entre as nasalizadas, relação entre o grau de abertura do véu e a qualidade vocálica. Além disso, os valores obtidos na nasalização coarticulatória foram muito superiores aos encontrados para as vogais orais, o que nos leva a confirmar a existência, de um ponto de vista fonético, de um grau de nasalidade intermediário, distintos dos encontrados, de um lado, na nasalização plena, própria das vogais nasais contrastivas e alofônicas e, de outro, na nasalização muito fraca, intrínseca, observada nas vogais orais.

Figura 7 – Magnitude média da passagem velofaríngea, expressa em porcentagem, por falante, medida em vogais nasalizadas contrastivas, alofônicas, coarticulatórias e em vogais orais. Fal = falante, M = média.

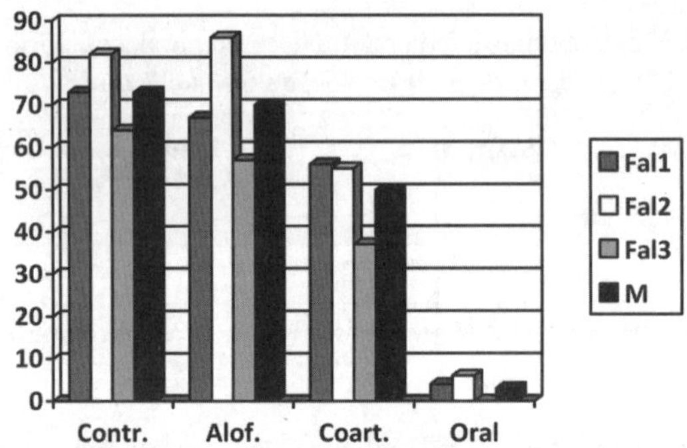

Notou-se também que, em posições átonas, a amplitude do movimento vélico é menor, confirmando uma afirmação corrente, a saber, que as vogais acentuadas são com mais frequência e mais intensamente nasalizadas que as não acentuadas (Fig. 8). A nasalização coarticulatória regressiva, como em *c[a]neta*, apresenta um grau intermediário (49.6%) de abertura do véu, entre o da nasalização alofônica e o da vogal oral.

Figura 8 – Magnitude média da passagem velofaríngea, expressa em porcentagem, em sílabas tônicas (T) e pretônicas (p) em vogais nasalizadas contrastivas, alofônicas e vogais orais.

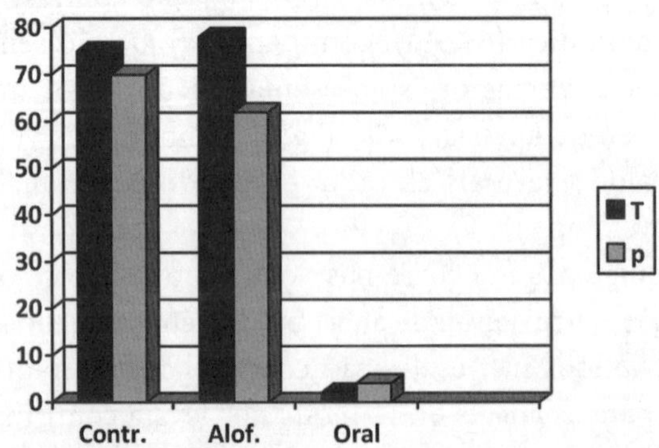

OBSERVAÇÕES SOBRE A ACÚSTICA DAS VOGAIS NASAIS

Perceptivamente bastante nítido, o fenômeno da nasalidade vocálica parece resistir bravamente à descrição acústica. As razões habitualmente apontadas (Maeda, 1993; Huffmann e Krakow, 1993) para justificar tal fato incluem:

(I) as consequências acústicas do acoplamento da cavidade nasal ao trato oral parecem variar, em larga medida, segundo as peculiaridades anatômicas individuais;
(II) as perturbações causadas pela nasalização no espectro básico das vogais orais são relativamente sutis se comparadas com as causadas por outros fenômenos articulatórios, como a labialização, por exemplo;
(III) as características acústicas do acoplamento nasal parecem variar segundo o timbre vocálico afetado, frustrando a expectativa de estabelecer um padrão genérico para a nasalidade.

Malgrado essas dificuldades, a análise acústica da nasalização vocálica em um grande número de línguas (Beddor, Krakow e Goldstein, 1986; Beddor, 1993) sugere uma modificação consistente no primeiro formante oral causada pelo acoplamento nasal, no sentido de uma maior centralização das vogais nasais no espaço acústico: a vogal aberta [a], ao nasalizar-se, reduz seu grau de abertura e, consequentemente, o valor de F1; as demais aumentam seu grau de abertura e o valor de F1.

Em relação ao PB, embora um número não negligenciável de estudos tenha abordado, em maior ou menor profundidade, a questão das marcas acústicas da nasalidade vocálica (Head, 1964; Almeida, 1976; Cagliari, 1977; Machado, 1981; Moraes e Wetzels, 1992; Sousa, 1994; Jesus, 1999; Seara, 2000), ainda pouco se sabe, efetivamente, sobre as características que diferenciam, do ponto de vista físico, as vogais nasais de sua contraparte oral e, com mais forte razão, as distintas formas de nasalidade entre si.

Com base na análise espectral comparativa de vogais orais e nasais, isoladas e hiperarticuladas, nas quais se espera, portanto, uma exacerbação das marcas articulatório-acústicas do contraste nasalidade *vs.* oralidade, três tipos de modificação foram encontrados:

1. na largura de banda dos formantes, maior nas nasais que nas orais correspondentes;

2. na amplitude dos formantes, atenuada nas nasais em relação às orais;
3. nos valores formânticos propriamente ditos, sendo que se pode aí tentar distinguir:
   3.1 características espectrais decorrentes do surgimento de novas zonas de ressonância, tradicionalmente identificadas como os "formantes nasais".
   3.2 alterações decorrentes de modificações na base articulatória da vogal; por exemplo, ao se nasalizar, uma determinada vogal poderia se tornar ligeiramente mais posterior e mais fechada, o que se refletiria naturalmente nos valores médios de seus formantes.

Figura 9 – Superposição, em cada quadro, dos espectros de quatro ocorrências de uma das vogais nasais (linha plena) e de quatro ocorrências das orais correspondentes (linha pontilhada), ditas por informante masculino, carioca; as setas indicam a presença de zonas de ressonância próprias das nasais.

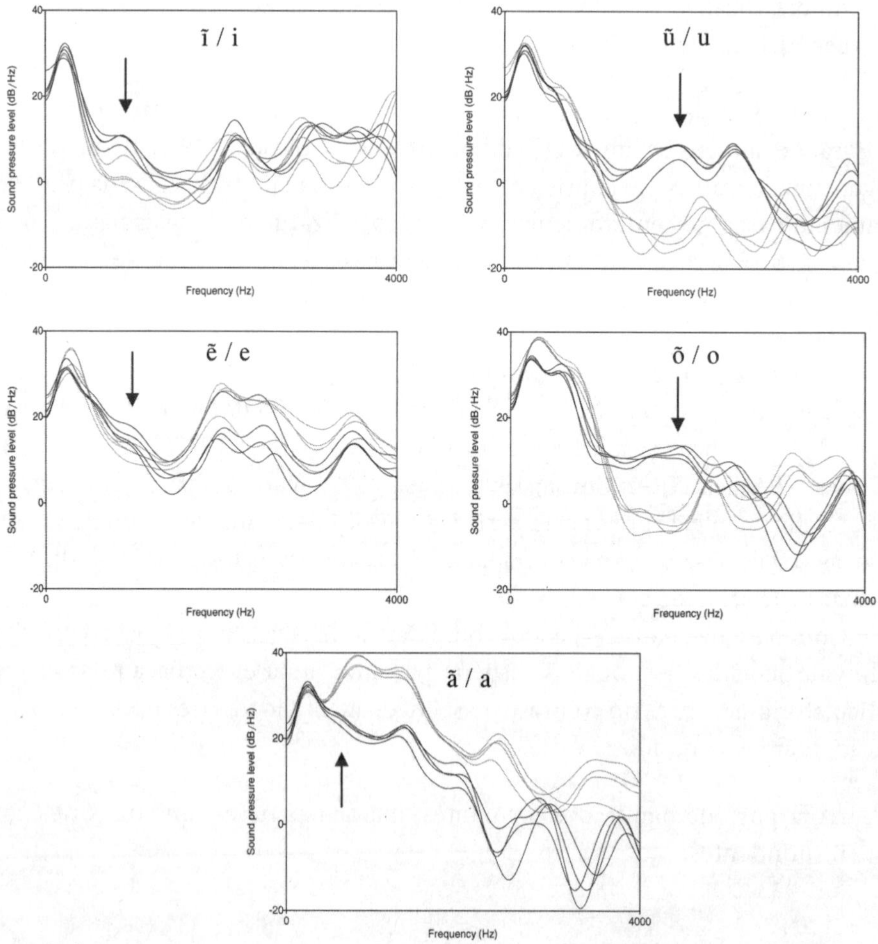

Todas essas características acústicas irão contribuir, em maior ou menor grau, para a percepção de uma vogal nasal.

Em relação ao primeiro tipo de modificações dos valores dos formantes observadas, pudemos identificar o surgimento de uma zona de ressonância na região dos 550 a 850Hz nas vogais nasais anteriores [i] e [ẽ] e na central [ã], e outra na região dos 1.700Hz nas vogais posteriores [õ] e [ũ]. Essas zonas estão indicadas por setas na Figura 9, na qual se pode observar a superposição dos espectros, obtidos pelo método da análise cepstral, de cada vogal nasal e de sua contraparte oral.

Em relação ao segundo tipo dessas modificações formânticas, observou-se, de um lado, que as vogais posteriores, ao se nasalizarem, apresentaram seu F2 ligeiramente menos elevado, sugerindo uma pequena posteriorização de sua articulação; mas o que chama especial atenção é o fato de a vogal central aberta [a], ao se nasalizar, sofrer, na pronúncia carioca, forte alteração em seu grau de abertura, tornando-se do ponto de vista acústico-articulatório a rigor uma vogal central média [ə̃].

Na figura 10 podem-se visualizar os espectros superpostos da vogal nasal [ã] e da oral [a] no quadro da esquerda e, no quadro da direita, os espectros da mesma vogal [ã], superpostos agora aos de [ə], o que claramente evidencia a maior proximidade da vogal nasal com a vogal média.

Figura 10 – Superposição, no quadro à esquerda, dos espectros de quatro ocorrências da nasal [ã] (linha plena) e da oral [a] (linha pontilhada) e, no quadro à direita, das mesmas ocorrências da vogal nasal [ã] (linha plena) e quatro ocorrências da vogal oral [ə] (linha pontilhada).

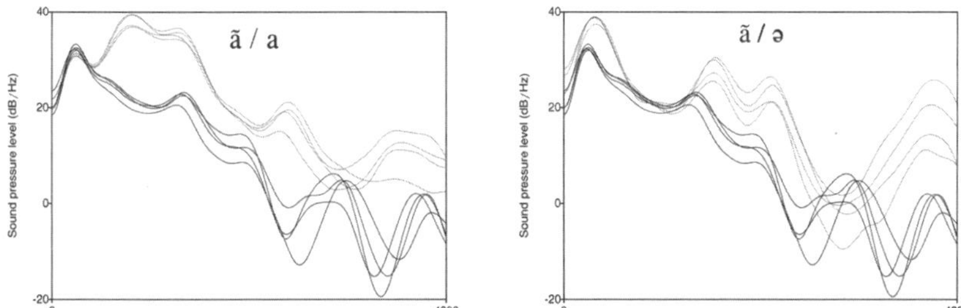

PERCEPÇÃO DOS DIFERENTES TIPOS DE NASALIDADE

Devido às limitações, tanto da análise acústica quanto da análise articulatória, que mostram, em toda a sua complexidade, que os dados fonéticos referentes aos distintos tipos de nasalidade aqui tratados se organizam na verdade num *continuum*, cuja relevância linguística é de difícil avaliação, relataremos aqui resultados obtidos com testes perceptivos (Moraes, 2003). Esses testes visavam verificar até que ponto o ouvido é capaz de identificar os distintos graus de nasalidade descritos, e, mais ainda, se as distinções percebidas são suficientemente claras auditivamente para ensejar sua utilização linguística, em pares opositivos.

A preparação do material para a realização dos testes perceptivos foi feita utilizando-se o programa CSL de análise acústica. Foram gravadas frases naturais, ditas por falante carioca, e nelas se substituiu, pelo processo digital de "cortar" e "colar", a sílaba original de um vocábulo por outra, proveniente de um vocábulo que apresentava, na sílaba em questão, um tipo distinto de nasalidade. A nova forma obtida, oriunda do cruzamento dos dois vocábulos, deveria corresponder a uma das formas de um par mínimo fonológico quanto ao caráter nasal/oral da vogal da sílaba em pauta. Graças a esse artifício, puderam-se obter respostas a indagações do tipo: a sílaba [ca] de *cano*, que apresenta uma nasalidade alofônica, ao ser colada à sílaba [to] de *fato* vai levar à percepção do vocábulo *cato* ou de *canto*? Isto é, a nasalidade alofônica (ou a nasalidade coarticulatória) seriam suficientemente fortes, do ponto de vista perceptivo, para gerar a identificação de uma nasalidade contrastiva, após terem sido anuladas, pelo procedimento exposto, as informações contextuais relevantes (presença de consoante nasal na sílaba subsequente)?

Vinte e três frases foram preparadas e submetidas a um grupo de 25 ouvintes. Serão apresentados a seguir os resultados desses testes, que visavam avaliar, ao ser forçada uma escolha binária, que interpretação, oral ou nasal, é dada às vogais que apresentam, em diferentes contextos de tonicidade e timbre, tanto nasalização alofônica quanto coarticulatória, e, ainda, a relevância perceptiva atribuída ao apêndice nasal que surge entre a vogal nasal contrastiva e a consoante subsequente.

Nasalização alofônica

- Sílabas tônicas

As vogais tônicas nasalizadas alofonicamente, como em *c[ã]ma*, quando inseridas em contexto oral, são majoritariamente interpretadas como verdadeiras nasais fonêmicas, recebendo 62% dos votos a favor da interpretação nasal, e os restantes 38% para a interpretação oral, independentemente do timbre da vogal envolvida. Se observamos, todavia, o comportamento das diferentes vogais separadamente, percebe-se uma forte assimetria entre os timbres, uma vez que o fenômeno ocorre na verdade apenas com as vogais médias e a baixa, (p. ex., de *c[ã]ma*, *c[ẽ]na*, *s[õ]ma*), que são fortemente identificadas como nasais fonêmicas. Assim, a sílaba [kã] de *cama*, quando isolada eletronicamente (cortada) e inserida (colada) no lugar da sílaba [ka] de *capa*, leva à identificação do vocábulo *campa*, com 96% dos votos dos ouvintes, ao invés do original *capa*:

['kã]ma
↓
ele disse ['ka]pa de novo → ['ka]pa → 4%
ele disse ['ka]pa de novo → ['kã^{m}]pa → 96%

O mesmo não ocorre com as altas [i] e [ũ] (de *sino* e *sumo*, por exemplo), como se pode observar na tabela a seguir.

Tabela 1 – Interpretação da nasalidade alofônica de sílabas tônicas em contexto oral. Nas duas colunas centrais estão as formas a serem auditivamente identificadas pelos ouvintes (p. ex., *seda* ou *senda*?); as duas primeiras colunas mostram, respectivamente, o número de votos e a porcentagem que o vocábulo com a vogal oral recebeu e as duas últimas, o mesmo em relação ao vocábulo com vogal nasal.

Votos	Perc.	Oral	Nasal	Votos	Perc.
1	4%	caba	**camba**	**24**	**96%**
7	28%	seda	**senda**	**18**	**72%**
0	0%	soda	**sonda**	**25**	**100%**
21	**84%**	**cida**	cinda	4	16%
19	**76%**	**suga**	sunga	6	24%

Tal fato pode ser interpretado como uma mudança em curso, que ainda não atingiu o sistema integralmente, ou, simplesmente, como uma maior dificuldade de perceber a nasalização em vogais altas.

- Sílabas pretônicas

[ka]'minha (nome diminutivo)
↓
ele disse [ka]'pina de novo → [ka]'pina → 66%
ele disse [ka]'pina de novo → [kã^{m}]'pina → 34%

As vogais pretônicas sofrem uma nasalização claramente menor, mas ainda significativa, se considerarmos especialmente as vogais [ã] e [ẽ], como se pode observar na tabela abaixo:

Tabela 2 – Interpretação da nasalidade alofônica de sílabas pretônicas em contexto oral (ver legenda da Tabela 1).

Votos	Perc.	Oral	Nasal	Votos	Perc.
11	44%	capina	**campina**	**14**	**56%**
6	24%	setado	**sentado**	**19**	**76%**
22	**88%**	**sobrinha**	sombrinha	3	12%
19	**76%**	**citado**	cintado	6	24%
25	**100%**	**sugado**	sungado	0	0%

- Sílabas postônicas mediais

A nasalidade alofônica no contexto postônico medial (testada apenas com a vogal [a]) foi percebida como contrastiva, recebendo 68% dos votos. Se a vogal postônica, habitualmente mais breve, for prolongada para ter uma duração comparável à de uma pretônica, essa porcentagem sobe para 92%.

di'a[fa]no
↓
ele disse ['fa]ta de novo → ['fa]ta → 32% (8% se alongada)
ele disse ['fa]ta de novo → ['fã^{n}]ta → 68% (92% se alongada)

Nasalização coarticulatória

- Sílabas pretônicas

[ka]'minha (verbo 3ª p. s.)
↓
ele disse [ka]'pina de novo → [ka]'pina → 100%
ele disse [ka]'pina de novo → [kã^{m}]'pina → 0 %

O novo vocábulo é percebido, com todas as vogais, como contendo uma vogal oral, como se pode observar na tabela a seguir:

Tabela 3 – Interpretação da nasalidade coarticulatória de sílabas pretônicas em contexto oral.

Votos	Perc.	Oral	Nasal	Votos	Perc.
25	**100%**	**capina**	campina	0	0%
25	**100%**	**setado**	sentado	0	0%
25	**100%**	**sobrinha**	sombrinha	0	0%
25	**100%**	**citado**	cintado	0	0%
25	**100%**	**sugado**	sungado	0	0%

- Sílabas postônicas finais (*cama*)

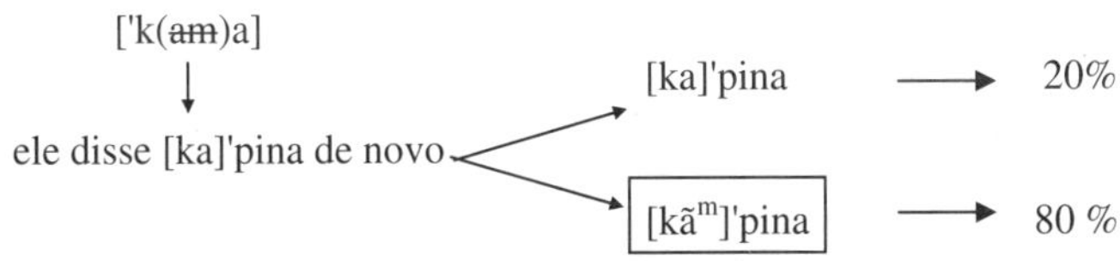

Tabela 4 – Interpretação da nasalidade coarticulatória de sílabas postônicas em contexto oral.

Votos	Perc.	Oral	Nasal	Votos	Perc.
5	20%	capina	**campina**	**20**	**80%**

Relevância perceptiva do apêndice consonantal nasal da nasalidade contrastiva

A análise das vogais nasais fonêmicas como bifonemáticas (V + N) ou monofonemáticas (ṽ) baseia-se, em parte, na eventual presença e importância relativa da consoante nasal, por vezes considerada uma mera transição ("murmúrio nasal") seguindo a vogal nasalizada. Assim, algumas frases foram construídas para testar essa questão específica.

Com base num vocábulo como *mando* [ˈmã$^{(n)}$du], apagou-se eletronicamente o fone [d]. A depender da proeminência perceptiva do apêndice nasal [^{n}], o vocábulo resultante deveria ser percebido como *mão* [mãu], ou como *mano* [ˈmãnu]. A primeira alternativa ([^{n}] percebido como homossilábico) daria respaldo à hipótese do caráter meramente de transição, não fonológico, deste segmento consonantal (interpretação monofonêmica). A segunda alternativa ([^{n}] percebido como heterossilábico) significaria que o apêndice original, em posição de coda silábica, ressilabifica e se transforma numa consoante plena em posição de ataque silábico, caso em que a hipótese bifonêmica seria a preferida.

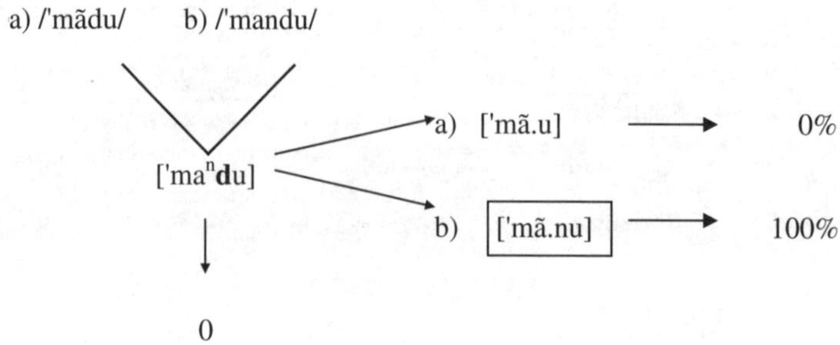

É esta segunda alternativa que se depreende do julgamento dos ouvintes, isto é, o novo vocábulo é identificado como *mano*, e não como *mão*, quer se elimine do vocábulo original uma oclusiva ou uma fricativa, sejam elas sonoras, que apresentam um apêndice nasal mais extenso, ou mesmo surdas, como se pode ver na Tabela 5:

Tabela 5 – Proeminência perceptiva do apêndice consonantal nasal. Na última coluna, o vocábulo original.

Votos	Perc.	Oral	Nasal	Votos	Perc.	Voc. orig.
25	**100%**	**mano**	mão	0	0%	mando
25	**100%**	**mano**	mão	0	0%	manto
17	**68%**	**mano**	mão	8	32%	mancho
23	**92%**	**mano**	mão	2	8%	manjo

Os resultados dos testes perceptivos aqui apresentados podem ser sumariados como segue:

(I) uma vogal não alta que apresente nasalização alofônica é percebida como sendo nasalizada fonemicamente, quando inserida em um contexto oral, seja ela tônica (*c[**a**]na*), pretônica (*c[**a**]ninha*) ou postônica (*diáf[**a**]no*);

(II) uma vogal que apresente nasalização coarticulatória é percebida como uma vogal oral, quando inserida em um contexto oral, se a vogal original for pretônica (*cam[a]da*);

(III) se for postônica (*cam[a]*), contudo, a vogal nasalizada coarticulatoriamente, inserida num contexto oral, é percebida como sendo nasalizada fonemicamente. Esse comportamento *sui generis* da nasalidade coarticulatória em contexto postônico pode ser explicado pelo fato de a vogal [a] postônica ter uma articulação fechada, em relação à mesma vogal em posição tônica ou pretônica, aproximando-se muito do timbre da vogal [ã] nasalizada contrastivamente, o que bastaria para a sua identificação como tal.

(IV) o peso fônico do apêndice nasal [^{n}] diante de consoante (p. ex., *mã[^{n}]do*) é suficientemente grande para gerar, no nível perceptivo, sua ressilabificação, ao se apagar a consoante oral, passando o segmento nasal a ocupar a posição de ataque silábico (*ma[n]o*), o que sublinha sua importância e favorece a interpretação bifonêmica da nasalidade vocálica.

CONCLUSÕES

A visão tradicional da nasalização vocálica no português do Brasil identifica dois tipos de nasalização, a contrastiva e a alofônica, e considera esta última uma nasalização mais fraca, secundária. Os dados aqui apresentados mostram que, do ponto de vista articulatório, há quatro graus de abertura da passagem velofaríngea na produção das vogais no português. Além disso, revelam que a nasalização contrastiva e a alofônica são igualmente intensas, achado corroborado igualmente nos testes de percepção.

Tanto do ponto de vista articulatório quanto do perceptivo, a nasalização fonológica (contrastiva) e a alofônica são processos similares, e deve ser considerado o resultado da aplicação de regras adquiridas de nasalização. Já a nasalização coarticulatória parece ser um fenômeno puramente fonético, de transição.

O peso do acento é crucial tanto do ponto de vista fonético (grau de nasalização alcançado) quanto fonológico, pois a pauta acentual pode determinar, segundo o dialeto, o alcance das regras de nasalização. Da mesma forma, articulações mais abertas das vogais nasais favorecem a percepção da nasalidade. Por fim, a interpretação bifonêmica da nasalização contrastiva é a que encontra maior suporte nos dados fonéticos.

NOTAS

1 Agradeço a Maria Bernadete M. Abaurre, Plínio Barbosa e Dinah Callou pelas valiosas sugestões feitas a versões anteriores deste trabalho.

2 A rigor, vogal *nasalizada* seria o termo mais apropriado, pois *nasal* deveria se referir apenas a consoantes, único caso em que o processo da nasalização é completo, no sentido de todo o ar oriundo de sua articulação passar pelo nariz; a expressão *vogal nasal*, todavia, é já consagrada pelo uso, razão pela qual a utilizaremos como equivalente a *vogal nasalizada*.

3 Uma outra fonte, bastante rara nas línguas, seria a nasalização espontânea (Ohala e Amador, 1981), que pode ter atuado no português numa forma popular como *ingreja*, por *igreja*.

4 As consoantes nasais ocorrem em praticamente todas as línguas do mundo, o que torna a existência da nasalização vocálica, como processo coarticulatório, um quase-universal fonético; vogais nasais contrastivas ocorrem em cerca de 22% de uma amostragem de 706 línguas (Ruhlen, 1978).

5 O português, com cinco vogais nasais, é a língua que apresenta maior variedade delas; o francês tem quatro nasais; o polonês, duas.

6 Para que surjam vogais nasais distintivas, é preciso que as vogais nasalizadas se tornem independentes do contexto "consoante nasal", o que supõe que, na evolução histórica, duas etapas se cumpram: a) a nasalidade sobre a vogal se torne mais forte, claramente perceptível e b) haja, após a nasalização da vogal, queda da consoante nasal *v.g. g[an]so* > *g[ãn]so* > *g[ã]so*, ou pelo menos que sua articulação se torne nitidamente secundária, sendo então considerada redundante *v.g. g[ã*^{n}*]so*.

7 Exceto em casos morfologicamente motivados, como a oposição entre *c[a]minha* verbo e *c[ã]minha* nome diminutivo, essa por ser uma pretônica derivada de tônica nasalizada.

8 No Nordeste, por exemplo, o processo é mais intenso, nasalizando-se tanto tônicas (*c[ã]ma*) quanto pretônicas (*c[ã]mada*). No dialeto carioca, a nasalização atinge sobretudo as tônicas, embora possa também ocorrer, em menor proporção, nas pretônicas.

5

FONOLOGIA DA NASALIZAÇÃO

Leda Bisol

Um dos aspectos polêmicos da fonologia do português é a nasalidade vocálica.[1] Possuir o sistema vogais nasais ou ser a vogal nasal um grupo, vogal oral e consoante nasal, foi, em tempos do primeiro estruturalismo linguístico, uma questão crucial. Com o advento da teoria gerativa, a discussão teve continuidade, mas um sistema único de sete vogais indiscutivelmente desde então se consagra. A Câmara Jr. (1977) deve-se a hipótese de que a vogal nasal é um grupo formado de uma vogal oral e de uma consoante nasal subespecificada, interpretada como arquifonema, na linha de Praga. Foi seguido em Portugal por Barbosa (1962). Do gerativismo clássico a nossos dias, é a hipótese dominante. O que se afirma é que não existe vogal nasal pura no sistema fonológico do português, pois o valor distintivo emerge via VN *versus* V – *senda/seda*, *lomba/loba* – isto é, uma vogal oral seguida de uma consoante nasal *tautossilábica*,[2] que a cobre de nasalidade, contrasta com a vogal oral. Os argumentos que sustentam esta hipótese são os seguintes:

- a *vibrante*, que cria oposições fonológicas entre vogais, *caro/carro*, sempre se realiza como forte depois de consoante, *guelra* e *Israel*, como forte também se realiza depois de vogal nasal: *honra*, *genro*, *tenro*. Isso sinaliza a presença de uma consoante entre a vogal e a vibrante, como a escrita registra.

- a impossibilidade de formar-se um hiato com uma vogal nasal seguida de outra vogal indica que há um obstáculo entre as duas vogais, interceptando-o. Então a nasalidade desaparece de todo como em *bom*, *boa* < /boN/ ou realiza-se como ataque de nova sílaba, como em *valentão, valentona* < /valeNtoN/.
- também o bloqueio ao *sândi*,[3] em sequências de palavras como *lã amarela*, mas não *[*lãmarela*], aponta para a presença de uma nasal interveniente.

A esses argumentos de Câmara Jr., acrescenta-se o do prefixo *in-*, *infeliz*, *incapaz*, que, ao perder o segmento nasal diante de lateral ou vibrante por um processo de assimilação, emerge com vogal oral – *in* + *legal* > *illegal* > *ilegal*; *in* + *regular* > *irregular* – dando sinais de que, na sequência iN, /i/ é uma vogal oral. Também exibe uma vogal oral ao passar a nasal para a posição de ataque: *inadmissível* e *inoperante* (Mateus, 1982). Tais evidências sustentam as análises pautadas pelos critérios de simplicidade e naturalidade que interpretam a vogal nasal como VN tautossilábico.

Os contrastes fonológicos são estabelecidos diretamente através de VN *versus* V, como em (1a), e através de ditongo nasal *versus* ditongo oral, como em (1b).

(1) Contrastes fonológicos

a) senda/seda	b) mão/mau
lança/laça	pão/pau
rim/ri	põe/boi

É na nasalidade exemplificada em (1) que este estudo se detém, embora o português possua outro tipo de nasalidade proveniente da assimilação da consoante nasal da sílaba seguinte, *cama*, *amo*, *lama*, mais perceptível em vogais baixas do que altas.[4]

Com os olhos voltados para os dados de (1), a análise a ser apresentada que se filia à proposta de Câmara Jr. tem as suas peculiaridades, em virtude dos pressupostos teóricos que a sustentam, firmados na teoria da *fonologia lexical*.[5] A afirmação inicial é a seguinte: o português possui dois processos de nasalização que, a partir da mesma base, originam, em níveis distintos, o lexical e o pós-lexical, o ditongo nasal e a vogal nasal respectivamente. O primeiro, de caráter lexical, desassocia a nasal tautossilábica, sem traços articulatórios, para dar lugar à vogal temática e a reassocia à rima, de onde *percola*[6] até os elementos terminais. O segundo é um processo pós-lexical de assimilação de N *in situ*, isto é, situado ao lado da vogal. Este cria vogais nasais; aquele, ditongos nasais.

PRESSUPOSTOS TEÓRICOS

Geometria de traços

É ponto pacífico, na teoria moderna, que os segmentos compõem-se de traços hierarquizados, com uma estrutura arbórea, em que cada nó de traço ou classe de traços está na dependência de nós superordenados. No topo dessa representação geométrica, o símbolo (r), de raiz do segmento, deve estar associado a uma posição na linha temporal, também chamada prosódica ou esqueleto, simbolizada por X, lugar de C ou V.

A raiz (r) é, pois, o início desta representação estrutural, a que se relacionam todos os traços que compõem o segmento, direta ou indiretamente, tal como S na árvore sintática. À raiz, sem intervenientes, o traço nasal está associado, assim como os nós de cavidade oral (CO) e laríngeo, com as ramificações que conduzem aos traços terminais, como (2) delineia.

(2) Geometria de traços esquematizada

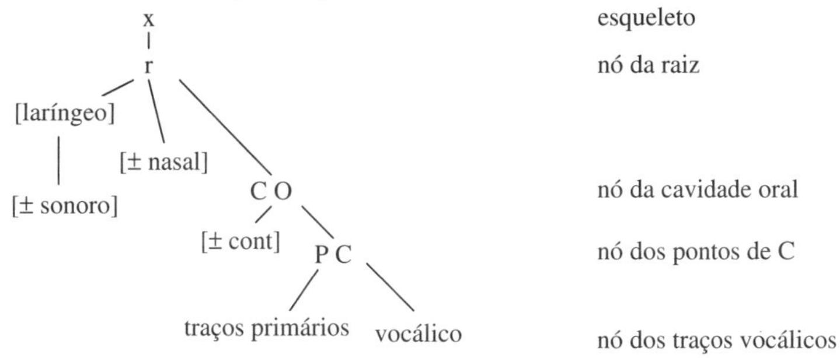

A relação do traço nasal com a raiz (r) é direta, isto é, sem intermediários e sem nós pendentes, o que lhe empresta expressiva independência.

Tomamos a liberdade de repetir o sentido da representação arbórea anteriormente mencionada: cada nó de traço ou de classe tem de ligar-se adequadamente ao nó superordenado, o que significa que o traço [nasal], foco deste estudo, tem de estar associado ao nó da raiz (r), e esta a X, ou seja, C. Somente assim recebe interpretação fonética. De outra forma é apagado por convenção. Existe, na teoria, o Princípio de Licenciamento Prosódico, que dá conta desse apagamento:

(3) Princípio de Licenciamento Prosódico (Itô, 1986):
Todas as unidades fonológicas devem ser prosodicamente licenciadas.

Esse princípio estabelece que o segmento deve estar associado a uma sílaba, a sílaba a um pé e o pé à palavra ou à frase. De outra forma, será apagado pela regra universal de Apagamento do Elemento Extraviado.

Um elemento extraviado ou não licenciado é um elemento livre, tanto por não ter sido inicialmente incorporado à hierarquia prosódica (sílaba, pé, palavra) quanto por ter sofrido um desligamento no processo derivacional. A teoria em pauta prediz que todos os elementos que compõem uma estrutura fonológica estão relacionados uns aos outros por linhas de associação, que se estendem de um nível para outro. A (re)associação, no entanto, pode ocorrer a qualquer passo do processo derivacional, em conformidade com a Convenção Universal de Associação (Clements e Sezer, 1982: 218; Archangeli e Pulleyblank, 1989: 181):

(4) Convenção Universal de Associação
Autossegmentos livres são mapeados em âncoras livres
(I) um a um
(II) esquerda-direita / direita-esquerda

Esses pressupostos sustentam a ideia central deste estudo, aqui novamente posta: a nasalidade em português opera através de dois processos, o de estabilidade de uma nasal *flutuante*[7] e o de assimilação. O primeiro, em que a nasal desassociada é reincorporada à rima, gera o ditongo nasal; o segundo, em que N permanece *in situ*, espraiando-se para a vogal precedente e recebendo os traços articulatórios do segmento vizinho, gera a vogal nasal.

Importa reconhecer que os dois processos de nasalização mencionados pressupõem, na subjacência, uma vogal oral seguida de uma nasal *subespecificada*,[8] isto é, ambos têm a mesma base. Fixemo-nos, por ora, na nasalização por estabilidade, um processo de apagamento com estabilidade, como ocorre na nasalidade do francês, descrita por Piggott (1994).

Línguas como o português, assim como o francês, que apresentam nasalidade local, têm de contar com a Convenção Universal de Associação e a Condição de Estabilidade, já mencionadas, que asseguram que autossegmentos são preservados como flutuantes quando desassociados, até que venham a reassociar-se sob pena de serem apagados, em última instância, se livres permanecerem.

O fenômeno de estabilidade de autossegmentos é bastante frequente em línguas tonais. Apagada a vogal, o tom flutuante reassocia-se a outra vogal. Perdem-se portadores, mas não se perdem os tons: é o que as análises de línguas tonais têm mostrado, desde o estudo de Leben (1973). Não só vogais vizinhas, mas sílabas, rimas ou moras são possíveis receptores de tons flutuantes (Odden, 1995). Nessa linha, o receptor da nasalidade flutuante é a rima, pois inexistem rimas parcialmente nasalizadas como **irmão* ou **irmaõ*, com nasalidade somente sobre o núcleo ou sobre a coda. A rima toda fica envolvida: *irmãõ*.

Fonologia lexical

A fonologia lexical guia os passos desta análise. O ponto principal, presente em todas as propostas dessa teoria, é que existem dois tipos de regra fonológica: lexicais, que interagem com a morfologia, e pós-lexicais, que se aplicam sobre o resultado da sintaxe. Mas o que particulariza o modelo é que as regras fonológicas formam um só conjunto e se dizem lexicais, porque se aplicam no léxico, e pós-lexicais, porque se aplicam em frases ou sentenças, ainda que possam incorrer em palavras também neste nível, mas palavras cuja informação morfêmica é ignorada. Uma regra torna-se pós-lexical porque o seu contexto somente é satisfeito no nível da frase ou porque não atende aos princípios que regem a aplicação lexical. Por conseguinte, satisfeitas as condições, a mesma regra pode aplicar-se no léxico e no pós-léxico, ainda que tenha efeitos diferentes. No entanto o fato de as primeiras, mas não as segundas, estarem sujeitas ao ciclo estrito, que exige ambientes derivados para regras que mudam traços, permite caracterizar as regras lexicais por certas propriedades, assim sumariadas por Kaisse e Schaw (1985):

(5) Regras lexicais
  a. aplicam-se no corpo da palavra somente;
  b. são *cíclicas*;[9]
  c. estão sujeitas ao ciclo estrito;
  d. são preservadoras de estrutura;
  e. podem ter exceções.

O que caracteriza as regras pós-lexicais é ainda uma questão em aberto, mas de modo geral elas têm sido indicadas como se não possuíssem as propriedades mencionadas: não são cíclicas, não se submetem ao ciclo estrito, são insensíveis a informações morfológicas, não são necessariamente preservadoras de estrutura nem apresentam exceções.

A ideia que norteia este trabalho é que o léxico do português possui dois níveis ordenados, o da raiz (nível 1) e o da palavra (nível 2), e que as propriedades relacionadas ao ciclo (5b, 5c) são particulares ao nível 1. O nível 1 é o da derivação e o nível 2, o da flexão, incluindo a composição e a derivação com sufixos produtivos como *-zinho* e *-mente*.

Da vogal temática (VT)

Exemplifica-se em (6) a distinção entre raiz e radical. A introdução da vogal temática forma o radical, a partir da raiz, assim como a introdução de um sufixo pode criar um radical derivado, pronto para receber flexões ou outros afixos. Nestes exemplos, a raiz, a parte constante em uma família de palavra, está assinalada; o radical, raiz + vogal temática, forma a segunda coluna:

(6)	ros + a	rosa	roseira, roseiral, rosinha
	bel + o	belo	beleza, embelezar, belezinha, beldade
	árvor + e	arvore	arvoredo, arbóreo
	europe + o	europeu	europeia, europeizar

Com respeito ao último exemplo, cuja vogal alta final pode ser entendida como vogal temática, vale observar que, ao lado de outra vogal, uma vogal média torna-se alta, o que (7) formaliza como regra espelho.

(7) Elevação de VT

$$\underset{\begin{bmatrix}\text{-ab1}\\ \text{+ab2}\end{bmatrix}}{\text{V}} \rightarrow \text{[-aberto 2]} \;//\; \text{V}\_\_$$

As descrições tradicionais que assinalam o caráter idiossincrático da vogal temática permitem afirmar que essa vogal é introduzida no nível 1, sofrendo apagamento a cada entrada de um afixo, iniciado por vogal. Os argumentos são os seguintes:

(I) nominais deverbais escolhem para nominalizarem-se a vogal temática de nomes: *chorar > o choro*, *vender > a venda*, *sustentar > o sustento*. Por outro lado, pares como *conversa* e *conversadeira* ou *vender* e *vendedor*, com vogal temática intermediária, estão a dizer que VT é introduzida no nível derivacional, por nível 1 referido.

(ii) a vogal temática ou morfema de classe formal é um marcador de classe sob a condição de perifericidade: *casa, boneca, bolo*. Isto é, perde a função marcadora em posição interna como em *matagal* ou *lampadazinha*. Porque a maioria dos sufixos do português por vogal começa (esses casos são menos frequentes, mas existem), justificando a entrada de VT no nível 1: *matagal, ervatário, chuvarada*.

Diferentemente, em raízes de terminação nasal subespecificada, a vogal temática nunca faz parte do processo derivacional do nível da raiz. Por conseguinte, a seguinte condição de boa formação tem de ser considerada:

(8) A vogal temática de itens terminados em nasal subespecificada está sujeita à Condição de Perifericidade Vocabular, ou seja, é introduzida no nível da palavra.

Na verdade, não há indícios de sua presença na morfologia interna de um vocábulo, como há nos demais casos. Somente aparece diante de sufixos do nível da palavra: *mão#zona, limão#zinho, mão#zudo.*

Há, no entanto, palavras sem *vogal temática*,[10] em que os afixos são diretamente ligados à raiz, como *papel*, *café* e *funil*.

Quanto às palavras de terminação nasal e sua relação com VT, é prudente considerar os seguintes grupos:

(i) as que recebem a vogal temática ou morfema de classe formal /o/, *irmão* (irmaN + o), convertida em glide por silabificação;
(ii) as que recebem a vogal temática /a/, *maçã* (masaN + a), submetida a um processo de fusão;
(iii) as que recebem /o/ no singular e /e/ no plural, como *limão/limões*, *coração/corações*, que, como (i), são semivocalizados;
(iv) as que não têm vogal temática, ou seja, morfema de classe formal, como *homem*, *bom* e *cetim*. Este grupo apresenta terminações variáveis, isto é, são vogais nasalizadas que alternam com ditongo (*bõŋ ~ bõw̃*, *aritikuŋ ~ aritikũw̃*, *omẽɲ ~ omẽȷ̃*), independentemente do acento.

(9)

a. Com VT	b. Sem VT
irmaN + o](irmão)	omeN(homem)
irmaN + a](irmã)	armazeN(armazém)
faN + a](fã)	setiN(cetim)
romaN + a](romã)	beN(bem)
maN + o](mão)	foruN(fórum)
limoN + o](limão)	albuN(álbum)

Portanto os nomes de terminação nasal que dispõem, como os demais, de vogais temáticas (9a), formam o verdadeiro ditongo nasal ao tornarem-se altas as vogais médias por (7). Os demais (9b) formam vogais nasais com ditongo alternante.

Das exceções

Antes de dar início às derivações, queremos chamar atenção sobre as exceções. São poucas e as admitimos como palavras com ditongos lexicalizados, isto é, ditongos não gerados. Trata-se de *muito*, *cãimbra/cãibra* e *zãimbo/zãibo*. O primeiro caso (*muito*) é o único exemplo, na língua, de nasalização progressiva. Os demais (*cãimbra/cãibra* e *zãimbo/zãibo*) são casos raros de ditongo no interior de palavra, o qual não se ajusta à rima máxima do português VCC, em que o último C tem de ser /s/. Por essas razões de excepcionalidade, tais palavras são lexicalizadas com ditongo.

Teoria e hipótese apresentadas, passemos à análise.

ANÁLISE

À luz da fonologia lexical, os ditongos nasais podem ser classificados como lexicais e pós-lexicais. Os primeiros são gerados no léxico, como *irmão*, *chorão*, *põe* e *limões*, pois contam com uma regra morfológica: a entrada da vogal temática que toma o lugar de N. Em geral, puxam o acento para a sílaba final, com exceções que podem ser enumeradas: *órgão*, *órfão*, *bênção*, *Cristóvão*, *sótão* e raras palavras mais. Há também variantes como *óregão ~ orégano*, apontando claramente para uma base em comum. Os segundos, em que fonologia e morfologia não interagem, são formados no pós-léxico. Observe-se que a nasalização da vogal não faz diferença entre N morfêmico (10) e N não morfêmico (11), evidência de que se trata de uma regra pós-lexical.

(10)	levem	[ˈlɛvẽɲ ~ ˈlɛve͠j]
	falaram	[faˈlarũŋ ~ faˈlarɐ͠w]
	falarão	[falaˈrɐ͠w]
(11)	homem	[ˈomẽɲ ~ ˈome͠j]
	viagem	[viˈaʒẽɲ ~viˈaʒe͠j]
	bem	[ˈbeɲ ~ ˈbe͠j]
	ariticum	[aritiˈkũŋ ~ aritiˈku͠w]
	fórum	[ˈfɔrũŋ ~ ˈfɔru͠w]
	cetim	[seˈtʃiɲ ~ seˈtʃi͠j]

Em suma, a principal distinção entre ditongo lexical e pós-lexical, em se tratando de nominais, é a presença de VT como marcador de classe nos primeiros e a ausência de VT nos segundos.

Ditongo nasal lexical

Passemos à derivação do verdadeiro ditongo nasal, que denominamos ditongo lexical, precisamente com o sentido de "ditongo gerado no léxico", atentando para os detalhes que lhe dão peculiaridade e sustento.

A suposição básica, já enunciada, é que a forma subjacente do ditongo nasal é uma vogal seguida de uma consoante nasal, não plenamente especificada, tal qual a vogal nasal interna, a que se anexa a vogal temática: VN + V.

É importante notar que N subespecificado somente acontece em posição de coda; na posição de ataque, as nasais do sistema estão plenamente especificadas, e são em número de três, /*m*, *n*, *ñ*/, criando oposições fonológicas do tipo /*kama*, *kana*, *kaña*/ (*cama*, *cana*, *canha*).

(12) Estrutura da vogal nasal

```
Rima
 | \      {#}
 V  C     {C}
    |
 [nasal]
```

Com respeito ao ditongo, *a hipótese é que a nasal com a estrutura (12), entre vogais (VN + V), é desassociada por convenção porque não recebe traços articulatórios, resultando um suprassegmento nasal, flutuante, (N), mas estável graças ao Princípio de Estabilidade, um dos construtos da teoria autossegmental.* Então é introduzida a vogal temática, como marcador de classe, na posição que N deixou disponível na coda. E o traço nasal, reassociado à rima, percola até atingir os segmentos terminais, ou seja, as vogais que a compõem. Exemplifiquemos com a palavra *pão*.

(13)

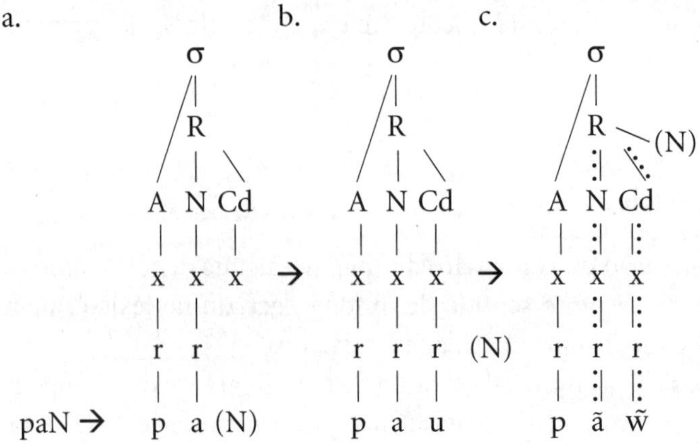

O que se lê em (13) é que a posição de **r** (raiz), que domina N, é desassociada (13a) porque a nasal não possui os traços articulatórios que lhe garantiriam manifestação fonética e justificariam o espaço de (x) na linha temporal. Consequentemente a nasal torna-se flutuante, isto é, livre. E assim se mantém no aguardo de licenciamento (3). Somente se isso não ocorrer, será apagada. É o que reza o Princípio de Estabilidade.

No passo derivacional seguinte, vazia a posição da coda do molde CCVC, no caso CVC, a vogal temática nela se insere (13b). E, por fim, o traço nasal, como um autossegmento, é associado à rima e percola até os elementos terminais, gerando o ditongo nasal (13c).

A análise realizada em (13) levanta, todavia, um problema, pois gera um ditongo nasal em um sistema vocálico que não possui vogais nasais subjacentes. Esperar-se-ia que esse procedimento fosse bloqueado pelo Princípio de Preservação de Estrutura, mas isso não acontece, pois esses ditongos são preservados sem variação, com o papel contrastivo, exemplificado em (1).

A hipótese, já consagrada, de que a vogal nasal é a sequência tautossilábica VN, em que V recebe de N a nasalidade, tem por ponto de partida o fato já referido de que o português não possui vogal nasal em seu sistema subjacente, mas tão somente sete vogais orais, o que pressupõe a presença no sistema do seguinte filtro ou restrição:

(14) Restrição da vogal nasal

*V
|
N

(Leia-se: é proibida uma vogal ligada a N por uma só linha de associação.)

Interpretada a vogal nasal bifonemicamente, e desenvolvida a análise anteriormente exposta, o ditongo nasal é gerado com linhas duplas de associação, ou seja, (15a) é bem formado, mas não (15b).

(15) a. mãõ   b. *mão   ou   *maõ
   \/ | |
 [nasal]   [nasal]   [nasal]

O proibido é a vogal nasal simples, mas não a vogal nasal com dupla ligação, seja o segundo elemento um glide como em *mão*, seja uma consoante como em *senda*.

Tal argumento fundamenta-se na convenção referida por Restrição de Ligamento, (*Linking Constraint*), segundo a qual "linhas de associação em descrição estrutural são interpretadas exaustivamente" (Hayes, 1986: 331).

Lembremo-nos de que N tautossilábico se torna flutuante somente em posição final de itens lexicais com vogal temática, mas não em itens derivados, nos quais permanece *in situ* para receber, por *default*, o traço que lhe garante manifestação fonética.

É preciso, pois, fazer distinção entre item lexical identificado como não derivado e item derivado. No último, a nasal é licenciada, manifestando-se como coronal na posição de ataque: *irmana*, derivada de *irmaN*; *manual*, de *maN*; *lanígero* de *laN* ou *panífício* de *paN*. Os traços articulatórios estão ausentes na subjacência e são preenchidos por regra de redundância, quando a coda se converte em ataque. O redundante ou "*default*" é o traço coronal. Somente na formação do ditongo fonológico, um processo lexical que ocorre no nível da palavra, a nasal é totalmente absorvida, como se observa em (13), porque não recebe, como segmento independente, traços articulatórios. Em sistemas de nasalidade local, uma nasal sem traços articulatórios é apagada, ou seja, desassociada (Piggott, 1987).

Porque as regras de acento fazem parte destas derivações, tomemo-las como (16), considerando que o português organiza as sílabas de suas palavras em pés binários de cabeça à esquerda, e é sensível ao peso da sílaba final. O asterisco indica a posição em que incide o acento.

(16) Regras de *acento*[11]

I) Atribua um asterisco (*) à sílaba pesada final.

II) Nos demais casos, forme um pé de duas sílabas de cabeça à esquerda do tipo (*.), junto à borda direita da palavra.

Do ditongo *ão*

Nas derivações que se sucedem, a desassociação da raiz de N de que resulta uma nasal flutuante será referida por CDN, Convenção de Desassociação de N, que somente ocorre no nível 2, mas a nasal (N) está presente no ciclo 1 do nível 1, para sustentar a derivação concernente àquele nível. No nível 2, o da palavra, no entanto, quando ainda permanece subespecificada, tem de ser apagada, pelas razões inicialmente expostas. Por AVT, indicamos a Adjunção da Vogal Temática, o morfema marcador de classe; por RNP, a Reassociação da Nasal à rima, com Percolação; por CAA, Condição de Apagamento do Acento, na passagem do ciclo, desde que o sufixo não receba acento próprio, como reza a teoria métrica; por SIL, Silabificação, que se aplica iterativamente, e por AC, Acentuação.

(17)	(irmão)	(irmandade)	(irmãos)
Léxico	[irmaN]$_{N,\ VT(o)}$	[[irmaN]dade]$_{N}$	[irmaN]$_{N,\ VT(o),\ pl}$
Nível 1	[irmaN]	[irmaN]	[irmaN]
Ciclo 1			
AVT (8)	(VT não satisfeita)		
SIL	[ir.maN.]	[ir.maN.]	[ir.maN.]
AC(16i)	(*)	(*)	(*)
Ciclo 2			
Afix.	—	[[ir.maN.]dade] (*)	
CAA		[[ir.maN.]dade]	
SIL		[[ir.maN.]da.de.]	
AC(16ii)	—	(* .)	
Nível 2			
Morfologia:			
AVT (8)	[[ir.'maN.]o]		[[ir.'maN.]o]
Flexão			[[[ir.'maN]o]S]
Fonologia:			
CDN	[[ir.'ma]o] <N>		[[[ir.'ma]o]S] <N>
SIL e (7)	[[ir.'ma]u.] <N>		[[[ir.'ma]u]S.] <N>
RNP (13c)	[[ir.'mã]ũ.] [N], rima		[[[ir.'mã]ũ]S.] [N], rima
Convenção *bracketing*	[ir.'mã.ũ] [N], rima	[ir.maN.'da.de.]	[ir.'mãũS.] [N], rima
Pós-léxico			
Expansão de N		[ir.mãN'da.de]	
Implementação de N		[ir. mãn.'da.de.]	
Outras regras ...			
Saída	[ir.'mɐ̃w̃]	[ir.mɐ̃n.'da.dʃi.]	[ir.'mɐ̃w̃s.]

A primeira e a terceira entradas são identificadas como itens lexicais, por conseguinte são candidatas à perda de N (CDN) no nível 2 e a receber a vogal temática, cuja condição de perifericidade está satisfeita, tornando-se na silabificação automaticamente vogal alta, uma vez que vizinha com V, regra (7). Com a associação da nasalidade à rima, de onde percola até os segmentos terminais, capazes de portar nasalidade, gera-se o ditongo nasal. A segunda, como item derivado, desenvolve a nasalidade por assimilação, que será discutida em "Vogal nasal" em termos de EN, Expansão da Nasalidade e IN, Implementação da Nasal.

O ditongo nasal que contrasta com o ditongo oral – *pãw̃/paw*, *mãw̃/maw* – é, pois, gerado no léxico, no nível da palavra.

Tornar-se glide uma vogal por ditongação é consequência natural da silabificação. Vogais entram na coda porque satisfazem a Condição de Coda como soantes, e realizam-se em nível de superfície como glide. Isso é um universal linguístico. Porque ditongos nasais tomam nasalidade por linhas duplas de associação, não são atingidos pelo filtro (14).

Por vezes, em se tratando de acentuação, itens com ditongos verdadeiros estão marcados no léxico profundo por *extrametricidade*[12] (EX):

(18)

	(órfão)
Léxico	[ɔrfaN]$_{\text{N, VT(o), EX}}$
Nível 1 (da raiz)	[ɔrfaN]
Ciclo 1	
AVT (8)	(VT não satisfeita)
SIL	[ɔr.faN.]
EX	[ɔr.fa<N>]
AC(16ii)	(* .)
AEE	['ɔr.faN.]
Nível 2 (da palavra)	
Morfologia:	
AVT	[['ɔr.faN.]o]
Fonologia:	
CDN	[['ɔr.fa]o] <N>
SIL e (7)	['ɔr.fa]u.] <N>
RNP (13c)	[['ɔr.fã]ũ.]
	[N], rima
Convenção de *Bracketing*	['ɔr.fãũ.]
	[N], rima
Saída	['ɔr.fɐ̃w̃.]

Leia-se: AVT, adjunção da vogal temática; SIL, silabificação; EX, extramétrico; AC (acento); AEE (adjunção do elemento extraviado); CDN, condição de desassociação de N; RNP, reassociação de N com percolação.

Da terminação oN

De nominais com oN acentuado, derivar-se-ia o ditongo nasal *õw*, que a língua apenas reconhece em monossílabos como variante da nasal final: *tom*, *bom*, *som* ou onomatopaicos, como em *bombom*. Raros nomes próprios, que são empréstimos, como *Gaston*, o exibem. Insere-se na nasalidade *in situ*, como veremos.

Mas dessa terminação geram-se dois ditongos lexicais, *ãw̃* e õj̃s: *limão*, *limões*, *coração*, *corações*.

Não é difícil argumentar em favor de uma regra de dissimilação que relacione oN com *ão*, presente tanto na diacronia quanto na sincronia, como os exemplos abaixo sugerem:

(19)	Diacronia	Sincronia
	conclusione > conclusão	algodão, algodoeiro
	tabelione > tabelião	limão, limonada
	opinione > opinião	gatão, gatona

Pode-se descrever essa relação através da regra (21), a partir de (20), que representa o sistema vocálico do português:

(20) O sistema vocálico

		lab	lab	
	cor/dor	cor/dor	cor/dor	dor
	i/u	e/o	ɛ/ɔ	a
Aberto 1	-	-	-	+
Aberto 2	-	+	+	+
Aberto 3	-	-	+	+

Quando ambas as vogais compartilham os traços de labialidade e nasalidade, o processo de dissimilação consiste em desassociar o traço labial da vogal nuclear. O resultado que seria uma vogal desconhecida pelo sistema fonológico é fixado, em função do Princípio de Preservação de Estrutura, como /a/ que, em razão da nasalidade, realiza-se como [ɐ̃].

(21) Dissimilação Labial (DL)

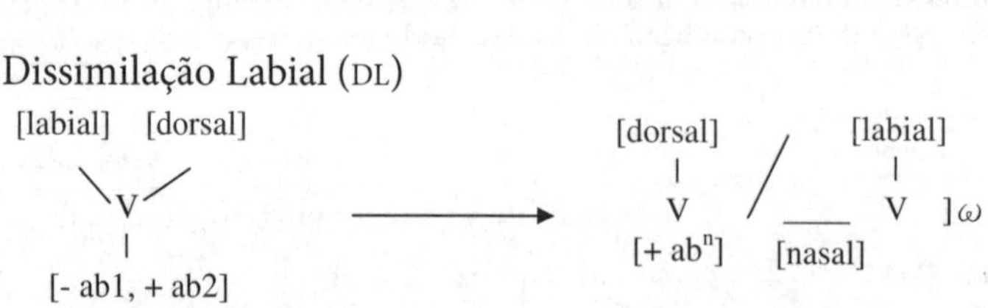

A regra (21), que desassocia o traço labial de V1, uma vogal média posterior, em contexto nasal, seguida de outra vogal posterior, ambas labiais, pressupõe a seguinte restrição, com caráter de língua particular, que tem o papel de Condição de Boa Formação (CBF):

(22) Restrição do ditongo nasal
Proíbem-se ditongos nasais formados por duas vogais labiais.

Então aceita-se a variante da vogal nasal que se manifesta como ditongo em (23a), mas não se aceita o ditongo nasal relacionado a duas vogais labiais subjacentes (23b):

(23)				
a)	VN	bom	tom	som
		[bõŋ ~ bõw̃]	[tõŋ ~ tõw̃]	[sõŋ ~ sõw̃]
b)	VN + V	*lim[õw̃]	* feij[õw̃]	*naç[õw̃]
		(*)	(*)	(*)

As palavras em discussão não são atingidas pelo filtro (22) no plural em que em vez de /o/ entra a vogal temática /e/. A vogal temática é um morfema de classe formal, exigido por condição morfológica de boa formação.

Nessa perspectiva, palavras como *limão/limões* (24a) possuem o morfema de classe formal /o/ no singular e o morfema de classe formal /e/ no plural, enquanto as palavras exemplificadas em (24b, 24c) contrapõem /e/ a zero.

(24)	a) sing. pl.	b) sing. pl.	c) sing. pl.
limoN >	limão / limões	rapaz > rapazes	coronel > coronéis
feijoN >	feijão / feijões	flor > flores	fácil > fáceis
leoN >	leão / leões	mar > mares	funil > funis

Há algumas palavras com o ditongo ãw̃ que mostram invariavelmente o glide coronal ao invés do glide dorsal, e que para isso devem ser marcadas: *pão ~ pães, nação ~ nações, alemão ~ alemães.*

Tem sido observado que a fala popular privilegia o plural *õjs*, e que algumas destas formas já estão incorporadas à fala culta, como se o morfema de classe /e/ estivesse estendendo o seu domínio.

Vejamos, agora, em (25), a derivação. Os itens da primeira e da terceira coluna são candidatos à perda de N da borda, no nível da palavra, enquanto o item da segunda coluna desenvolve, no ciclo 2 do nível 1, uma nasal que, ao adquirir o *status* de ataque, torna-se coronal por *default.*[13]

(25)	(limão)	(limonada)	(limões)
Léxico	[limoN]$_{N,\ VT(o)}$	[[limoN]ada]$_{N}$	[limoN]$_{N,\ VT(e),\ pl}$
Nível 1	[limoN]	[limoN]	[limoN]
Ciclo 1			
AVT (8)	(VT não satisfeita)		
SIL	[li.moN.]	[li.moN.]	[li.moN.]
AC (16i)	(*)	(*)	(*)
Ciclo 2			
Afix.		[[li.'moN]ada]	
CAA		[[li.moN.]ada]	
SIL/default		[[li.mo.n]a.da]	
AC (16ii)		(* .)	
Nível 2			
Morfologia:			
AVT (8)	[[li.'moN.]o]		[[li.'moN.]e]
Flexão			[[[li.'moN.]e]S]
Fonologia:			
CDN (13a)	[[li.'mo.]o] <N>		[[[li.'mo]e]S] <N>
SIL e (7)	[[li.'mo]u.] <N>		[[[li.'mo]i]S.] <N>
RNP (13c) e CBF	*[[li.'mõ]ũ.] / [N], rima		[li.'mõ]ĩ]S.] / [N], rima
DL(21)	[[li.'mã]ũ] / [N], rima		-----
Convenção de *Bracketing*[14]	[li.'mãũ] / [N], rima		[li.'mõj̃S] / [N], rima
Saída	[li.'mẽw̃]	[li.mo.'na.da.]	[li.'mõj̃s.]

Leia-se: AVT, adjunção da vogal temática; SIL, silabificação; AC, acento; CAA, condição de apagamento de acento; CDN, condição de desassociação de N; RNP, reassociação de N com percolação; CBF, condição de boa formação; DL, dissimilação labial.

Essa derivação que segue o mesmo procedimento de (17) apresenta uma peculiaridade: a presença da CBF que proíbe o ditongo nasal õw, motivando a dissimilação labial que produz [ẽw̃] no singular.

Sequência de vogais idênticas

Tomemos para exemplo duas vogais baixas. Quando da sequência de dois <u>a</u> em que a vogal baixa não se ajusta à posição de C da rima, mas à de núcleo já ocupada, o Princípio do Contorno Obrigatório (OCP)[15] funde as duas vogais idênticas, provocando o alongamento da vogal, que preenche a posição de X vazia do molde CCVC.

Em (26), que expõe apenas o nível 2, a vogal temática na alínea a) *vale* por morfema de feminino também; na alínea b), apenas como marcador de classe:

(26)	a. (irmã)	b. (fã)
Léxico	[irmaN]$_{N, [+fem]}$	[faN]$_{N, VT(a)}$
Nível 2	[ir.ˈmaN]	[ˈfaN]
Morfologia:		
AVT (8)	[[ir.ˈmaN]a]	[[ˈfaN]a]
Fonologia:		
CDN (13a)	[[ir.ˈma]a] <N>	[[ˈfaN]a] <N>
SIL/OCP	[[ir.ˈma]:] <N>	[[ˈfa]:] <N>
RNP (13c)	[[ir.ˈmã]:] [N], rima	[[ˈfã]:] [N], rima
Convenção de *Bracketing*	[ir.ˈmã:] [N]	[ˈfã:] [N]
Saída	[ir.ˈmɐ̃:]	[ˈfɐ̃:]

Leia-se: AVT, adjunção da vogal temática; CDN, condição de desassociação de N; SIL, silabificação; OCP, proibição de sequência de segmentos idênticos; RNP, reassociação de N com percolação; *Convenção de Bracketing*, apagamento de colchetes.

Embora o sistema fonológico do português não possua vogais longas, a vogal /a/ nasalizada, que resulta da fusão de dois <u>a</u> cria, sem restrições, uma vogal longa que não precisa, ainda que possa, ser encurtada. É que a restrição de vogal longa somente incide sobre o sistema das vogais fonológicas, o qual não inclui vogais nasais. Apesar de não ser gerado um ditongo, gera-se a estrutura correspondente com duas posições na rima, assim como a nasalidade com linhas duplas de associação, lexicalmente legitimada.

Do ponto de vista fonético, a vogal nasal é efetivamente mais longa que a oral (27%) no contexto tônico e (74%) no contexto átono, segundo Moraes e Wetzels (1992). A supressão da nasal subjacente acarretaria, pois, o alongamento compensatório da vogal nasal e/ou a presença de um apêndice consonântico.

VOGAL NASAL

Não há no processo de nasalização do português o espraiamento a longa distância que outras línguas revelam, envolvendo a palavra inteira, como o warao com espraiamento para a direita ou o capanahua com espraiamento para esquerda (Piggott, 1987). Também não se assemelha ao guarani que acumula dois processos: uma vogal acentuada espraia nasalidade para ambos os lados, como em *afĩ'ã* (espirrar); uma obstruinte pré-nasalidade a espraia para a esquerda, como na palavra *pãnã^{m}bɨ* (borboleta), como se lê em Kiparsky (1985).

Em português, a nasalidade estende-se apenas para a vogal vizinha, mas diferentemente da nasalização por estabilidade de uma nasal flutuante, contemplada na seção precedente, a nasalidade por assimilação, que cria a vogal nasal, não desassocia o autossegmento N, que ocupa uma posição X no eixo temporal, o qual se manifesta com os traços articulatórios do segmento vizinho.

Partimos do pressuposto de que a nasalização da vogal final em palavras sem VT, *homem*, *cetim* e *hífen*, que pode criar um ditongo variável, afilia-se à regra da nasalização da vogal no interior da palavra, como em *senda*, *campo* e *manso*.

Vale observar que as regras ortográficas, neste particular, apresentam indícios fonológicos, pois representam o verdadeiro ditongo por duas vogais, *pão*, *põe*, e por vogal e consoante nasal as demais vogais nasalizadas, como em *campo* ou *bem*, que pertencem ao segundo grupo.

Na perspectiva da fonologia lexical, esse processo de expansão de nasalidade, que cria a vogal nasal e o ditongo variável, aplica-se tardiamente, ou seja, no pós-léxico, de acordo com Lee (1995) e Wetzels (1997).

Por outra, vale observar que a diferença básica entre a nasalidade local e a nasalidade por espraiamento reside no fato de que a primeira somente forma ditongo, enquanto a segunda cria variantes: uma vogal nasal ou uma vogal seguida de um glide consonântico ou vocálico.

Tanto a nasal interna (VN) em *canto* e *censo*, por exemplo, quanto a final que forma ditongo variável (VN em *jovem* e *cetim*) têm realização fonética, ficando livre da Convenção de Desligamento (CDN), como foi observado. A primeira permanece *in situ* porque recebe os traços articulatórios da consoante seguinte ou da vogal precedente, assim como a segunda, que se superficializa tanto como glide consonântico quanto como glide vocálico, de acordo com os traços articulatórios da vogal precedente. Em ambos os casos, uma vogal oral, seguida de uma segmento nasal tautossilábica, é por esse coberta de nasalidade.

Considerando-se que somente nome, verbo e adjetivo são categorias do componente lexical (Kiparsky, 1982b), a regra de Espraiamento da Nasal (EN) que se aplica também em palavras funcionais como *entre*, *ante* e *sem*, deve ser pós-lexical. Por outro lado, considerando-se que a nasalidade da vogal não precisa de informação morfológica, pois o contraste fonológico está garantido no léxico pela sequência VN *versus* V (*seNda/seda*; *riN/ri*), o Princípio de Simplicidade que reza "*the optimal grammar is the simplest*" (Chomsky e Halle, 1968: 334), também leva a pressupor que a regra de Espraiamento de Nasalidade é pós-lexical.

(27) Expansão de N(EN) – pós-lexical
Espraie N sobre a vogal tautossilábica

Da implementação de N

É importante observar que uma das características da vogal nasal interna e das terminações nasais de itens sem vogal temática são as formas variantes que manifestam, e que dizem respeito à realização de N, cujo preenchimento por assimilação é uma regra tardia. É, pois, no componente pós-lexical que se situa essa variação, atribuída à especificação de N. Em (28a), a nasal adquire os traços da obstruinte seguinte ou da vogal precedente. Diante de líquidas tende a tomar os traços da vogal precedente. Em todos os casos, pode ser suprimida sem perda do espaço temporal; em (28b), concorda com a vogal precedente, manifestando-se como glide vocálico ou consonantal.

(28) a. Nasal interna	b. Nasal externa
káNto > ˈkɐ̃ntʊ ~ ˈkɐ̃:tʊ (canto)	ómeN > ˈomẽɲ ~ omẽȷ̃ (homem)
táNgo > ˈtɐ̃ŋgu ~ ˈtɐ̃:gʊ (tango)	setíN > seˈtĩɲ ~ seˈtĩȷ̃ (cetim)
séNso > ˈsẽɲsu ~ sẽnsu ~ sẽ:sʊ (censo)	béN > ˈbẽɲ ~ bẽȷ̃ (bem)
óNsa > ˈõŋsa ~ ˈõnsa~ ˈõ:sa (onça)	bóN > ˈbõŋ ~ ˈbõw̃ (bom)
KáNpo> ˈkɐ̃mpu ~ ˈkɐ̃:pu (campo)	fóruN > ˈfɔrũŋ ~ ˈfɔrũw̃ (fórum)

Por conseguinte a regra que implementa N na posição de coda silábica, criando variantes, é pós-lexical.

Exemplifiquemos em (29) a nasalização por espraiamento: palavra de terminação nasal do tipo *homem* e *viagem* que, como *fértil* e *réptil*, não atrai acento final, é marcada por extrametricidade, passando a receber acento por (16ii).

Lembremos que EN está por expansão da nasalidade, em outros termos, nasalidade por assimilação, e IN por implementação da nasal, que se dá por assimilação dos traços articulatórios da consoante seguinte ou da vogal precedente.

(29)	(campo)	(homem)	(tom)
Léxico:	[kaNp]$_{N,\ VT(o)}$	[omeN]$_{N,\ EX\ [-VT]}$	[toN]$_{N,\ [-VT]}$
Nível 1			
AVT	[kaNpo]	—	—
SIL	[kaN.po.]	[o.meN.]	[toN.]
EX	—	[o.me<N>]	—
AC	(* .)	(* .)	(*)
AEE	—	[ó.meN.]	—
Pós-léxico:			
EN (29)	['kã N.po.]	['o.mẽN.]	['tõN.]
IN	['kã m.po.]	['o.mẽɲ.] / ['omẽj̃.]	['tõŋ / tõw̃.]
Apag. de N (opc.)	['kã:po]	n/a	n/a
Nucleação (opc.)	—	['o.mĩɲ.]	—
Outras regras			
....			
Saída	['kɐ̃^{m}.pʊ. / 'kɐ̃:pʊ.]	['õ.mẽj̃. / 'õ.mẽɲ. / 'õ.mĩɲ.]	['tõŋ. / 'tõw]

Leia-se: AVT, adjunção da vogal temática; SIL, silabificação; EX, extrametricidade; AC, acento; AEE, adjunção do elemento extraviado; EN, expansão da nasalidade; IN, implementação de N.

Da mesma forma que *homem*, derivam-se *líquen*, *viagem*, *folhagem* e mais itens com N final em sílaba não acentuada. As variantes assim se formam: o ditongo, por assimilação mútua, quando N nasaliza a vogal e a vogal nasalizada cria o glide; a sequência vogal mais consoante nasal, quando N adquire os traços articulatórios do segmento vizinho; a perda opcional da vogal subjacente por nucleação do glide; e, por fim, o apagamento de N, que pode ocorrer interna ou externamente, criando-se uma vogal nasal de uma só posição, quando o princípio de preservação de estrutura está desativado, isto é, no pós-léxico. As de terminação acentuadas, como *amém*, *também*, *vintém*, assim como *rum*, *bom*, *cetim*, *jardim* e outras, sem marca de extrametricidade, recebem acento final e desenvolvem processo semelhante ao exemplificado com a palavra *tom* em (29). A única diferença entre as duas é que as primeiras podem perder de todo a nasalidade enquanto as segundas a mantêm por mérito do acento.

O elemento nasal, que propicia a nasalização da vogal em VN, continua sem ponto de articulação em todo o processo lexical, identificando-se apenas como uma soante nasal. Somente no pós-léxico, a assimilação de ponto de articulação da consoante seguinte ou da vogal precedente tem vez, oferecendo-lhe condições para manifestar-se como segmento. Esses três fatos dão margem à variação pós-lexical da sequência VN com N *in situ*: se a nasal extramétrica não for reassociada, a variante com vogal não nasal emerge: *óme* [*ómi*] ← *omeN*; [*'fɔru*] ←*'fɔruN*. A perda de N extramétrico que só ocorre em sílabas átonas é comum em variedades populares, embora tenda a generalizar-se na terminação *eN*, sem distinção de registro ou dialeto.

Terminações nasais de verbos

O verbo *pôr* e seus derivados, *compor*, *pospor*, *pressupor* e outros, desenvolvem um ditongo fonológico da categoria desenvolvida em (13), apresentando itens que pressupõem a presença de uma nasal subjacente e da vogal temática: *compõe*, *componho*, *pressupõe*, *pressuponho* etc. Esses verbos são tidos, na gramática tradicional, como irregulares da segunda conjugação, que se caracterizam pela vogal temática e̲. Essa vogal aparece dentro de nominais derivados: *poente* (onde o sol se põe), *poedeira* (galinha que põe), *poedouro* (lugar onde a galinha põe) (Luft, 1979: 128). A vogal temática desse verbo, /e/, marcadora da segunda conjugação, dá lugar à vogal /i/, junto de V, da mesma forma que em nominais, pela regra (7).

(30)	(põe)
	[poN]$_{\text{V, VT(e)}}$
Nível 2	
Morfologia:	
AVT	[[poN]e]
CDN (13a)	[[po]e]
	<N>
Fonologia:	
SIL e (7)	[[po]i.]
	<N>
AC (13i)	(*)
RNP (13c)	[['põ]ĩ.]
	[N], rima
Convenção de *Bracketing*	['põĩ.]
	[N]
Saída	['põj̃]

Leia-se: AVT, adjunção da vogal temática; CDN, condição de desassociação de N; SIL, silabificação; AC, acento; RNP, reassociação de N com percolação.

Temos em (30) um verdadeiro ditongo lexical, gerado como os nominais do tipo *irmão*, *limão*, no léxico, e que apresenta a peculiaridade de consonantizar o glide intervocálico para formar *componho*, *compunha* etc. Mas as formas verbais também apresentam terminações variáveis, semelhantemente aos nominais.

Quanto às terminações nasais de verbos com N morfêmico, diferentemente dos nomes com vogal temática e do verbo *pôr*, anteriormente exemplificado, a nasalidade se forma por expansão de N, como ocorre com nomes sem vogal temática, vistos em (29). As terminações átonas são atingidas por (31), que atribui extrametricidade a verbos:

(31) I. Marque como extramétrica a sílaba final da primeira e da segunda pessoa dos tempos do imperfeito.

II. Nos demais casos, marque o segmento final com *status* de flexão.

É sabido que, embora a estrutura do verbo contenha os morfemas [raiz + VT + MT + NP], respectivamente, radical, morfema modo-temporal e morfema número-pessoa, nem todos os verbetes apresentam suas posições plenamente preenchidas. Em (32a), falta o morfema modo-temporal. Em (32b), a vogal temática é apagada.

(32)	a)	b)
	Pres. Ind. (falam)	Pres. Subj. (falem)
Léxico:	[fal]$_{V,\ VT\ (a)}$	[fal]$_{V,\ VT\ (a)}$
Nível 1		
AVT	[fala]	[fala]
Nível 2		
Morfologia:		
Flexão: MT	—	[[fala]e]
Flexão: NP	[[fala]N]	[[[fala]e]N]
Fonologia:		
Apag. de VT	—	[[fa.le]N]
SIL	[[fa.la]N.]	[[fa.le]N.]
EX	[[fa.la.]<N>]	[[fa.le.]<N>]
AC (16ii)	(* .)	(* .)
AEE	[[ˈfa.la]N.]	[[ˈfa.le]N.]
Convenção	[ˈfa.laN.]	[ˈfa.leN.]
Pós-léxico:		
EN (29)	[ˈfa.lãN]	[ˈfa.lẽN]
Implementação de N:		
Opção 1	[ˈfa.lãw̃]	[ˈfa.lẽj̃]
Opção 2	[ˈfa.lũŋ]	[ˈfa.lĩɲ]
Opção 3	____	[ˈfa.lẽɲ]

Na opção 1, a nasalidade cobre a vogal e essa expande seu traço articulatório por um processo de assimilação mútua, criando um glide nasal. Na opção 2, derivada de 1, o glide sofre um processo de nucleação, provocando o apagamento da vogal básica do ditongo, e a nasalidade na coda superficializa-se como consoante. Na opção 3, a nasal expande sua nasalidade para a vogal e vem à superfície como consoante com o traços articulatórios da vogal. Entre essas regras não existe relação de ordem. Trata-se de três variantes que correspondem a processos comuns de assimilação e que se manifestam também em não verbos, como vimos em páginas anteriores.

Por fim, temos os tempos de futuro, que desenvolvem na terceira pessoa do plural um ditongo por expansão de N, morfema de número e pessoa, seguindo o mesmo procedimento descrito em (32), com a única diferença de o futuro do presente preservar o ditongo, em virtude do acento.

(33)	Futuro do presente	Futuro do passado
EN	[fa.la.ˈraN]	[fa.la.ˈri.aN]
IN	[fa.la.ˈrɐ̃w̃]	[fa.la.ˈri.ɐ̃w̃]

Na verdade, em todos os casos de nasalidade espraiada, a que nos temos referido por EN, expansão de N, o ditongo que emerge em posição final, diferentemente do verdadeiro ditongo descrito inicialmente, é o resultado de uma assimilação mútua: N nasaliza a vogal e a vogal nasalizada expande seus traços para N, criando o glide.

DA RESSILABIFICAÇÃO

Ao chegarmos ao fim deste estudo, um fato curioso chama atenção. Trata-se da ressilabificação, que dá margem ao surgimento de uma consoante palatal no ataque, mas que é bloqueada no caso de uma consoante velar.

(34)				
a.	vem agora	veɲ agora	>	vẽ.ɲa.go.ra
b.	sem armas	sẽɲ armas	>	sẽ.ɲar.mas
c.	bom amigo	bõŋ amigo		*bõ.ŋa.migo

Poderíamos dizer que a consoante palatal da coda naturalmente se transfere para a posição de ataque da sílaba seguinte, porque é uma consoante do sistema (34a, 34b), enquanto a nasal velar, que não possui esse *status*, é bloqueada (34c). Esse argumento não seria sustentado pela fonologia lexical, que, no pós-léxico, sem o controle de Princípio de Preservação de Estrutura, onde o processo ocorre, dá liberdade à criação de segmentos novos, mas tem o aval de estudos mais recentes, como o de Beckman (1998), que mostram que as posições fortes responsáveis pelo sistema, como ataque para as consoantes e sílaba tônica para as vogais, resistem a modificações, isto é, tendem a manter-se fiéis à estrutura subjacente. Disso se infere que um ataque com um segmento não reconhecido pelo sistema seja bloqueado.

Para finalizar, consideremos ainda a fusão de vogais idênticas, para a qual a vogal nasal final constitui um obstáculo, uma das evidências já referidas de que a vogal nasal é o grupo VN.

(36)			
a.	casa amarela	>	ca[za]marela
b.	araçá azedo	>	ara[ˈsa]zedo

c. eu me senti encabulada > sen[tĩɲ]cabulada
d. lã amarela *[lã]marela

A degeminação que funde as duas sílabas, final de um vocábulo e inicial de outro, se as vogais forem idênticas, apagando limites, está aplicada em (36a-c). Essa fusão dá-se automaticamente quando ambas as vogais são átonas (36a); o acento da primeira vogal (36b) tende a não fazer objeções nem a nasalidade da segunda (36c), mas a nasalidade da primeira vogal, sim, faz obstáculo (36d), mostrando que entre as duas vogais algo se interpõe. Eis aí uma das evidências da nasalidade bifonêmica, apresentada por Câmara Jr.: entre as duas vogais existe N, o interceptor.

Em suma, a principal diferença entre os dois tipos de nasalidade, a do ditongo e a da vogal nasal, ambos VN na subjacência, reside no fato de que o verdadeiro ditongo nasal, de formação mais subjacente, é gerado no comportamento lexical, pois conta com um elemento morfológico, a vogal temática, enquanto a vogal nasalizada, presente em todo o processo derivativo como VN, torna-se uma vogal nasal somente no componente pós-lexical, pois prescinde de informação morfológica.

NOTAS

1 Este estudo foi realizado sob os auspícios do CNPq.

2 Diz-se que dois segmentos são *tautossilábicos* se pertencerem à mesma sílaba.

3 Sândi é um termo da gramática do sânscrito para designar alterações morfofonêmicas de condicionamento fonológico. É sempre um caso de alterações por juntura de morfemas no interior da palavra ou por juntura de palavras no nível da frase, sândi interno e sândi externo respectivamente.

4 Para nasalidade heterossilábica, ver "Vogal nasal".

5 Fonologia lexical é uma teoria sobre interação de regras morfológicas e fonológicas que se deve a Kiparsky (1982) e Mohanan (1982). O pressuposto básico é a organização do léxico em dois componentes, o lexical e o pós-lexical, cujas regras se distinguem por certas propriedades. Regras lexicais, às quais a morfologia fica visível, têm propriedades cíclicas e são preservadoras, enquanto regras pós-lexicais, que não têm acesso à morfologia, desconhecem o ciclo e podem criar alofones.

6 Percolação e espraiamento são processos de assimilação de traços. No espraiamento, a expansão do traço tem uma direção explícita, direita/esquerda, vice-versa ou ambas, cuja extensão pode ser limitada; na percolação, o traço impregna todos os canais que lhe são abertos, em toda a sua extensão.

7 Na teoria autossegmental, em que linhas de associação são elos estruturais entre traços ou entre traços e determinadas posições, um autossegmento (ou um segmento) desassociado fica *flutuante* na derivação enquanto não ocorrer a sua reassociação. Somente se não for reassociado será apagado por convenção, no fim do processo derivacional.

8 Subespecificação é uma teoria sobre eliminação de traços redundantes com vistas à simplificação e generalização de regras. Existem subespecificações parciais e subespecificações radicais. As primeiras eliminam redundâncias, respeitando os traços fonológicos; as segundas deixam o segmento minimamente representado por um traço, garantindo-lhe distintividade.

[9] O ciclo pressupõe uma derivação por estágio criado por regras morfológicas de formação de palavra, em que as regras fonológicas, chamadas cíclicas, voltam a ser aplicadas em sequências que vão se diferenciando por acréscimo de morfema ou pela aplicação de uma regra fonológica.

[10] Vogal temática é o afixo que, como uma categoria formal, identifica um paradigma verbal ou nominal. Exemplo: -a em *louvar*, -e em *vender*, i em verbos; -a em *casa*, -o em *bolo*, -e em *leque* (nomes).

[11] O acento decorre da organização das silabas em pés métricos. A sílaba que for cabeça do pé métrico é candidata a ser a portadora do acento da palavra.

[12] Extrametricidade é o recurso que a teoria autossegmental oferece para proteger do apagamento elementos da borda de um domínio. Tem por fim ajustar a palavra prosódica ao domínio das regras gerais do acento ou da silabificação, com vistas à generalização.

[13] *Default* é um termo do inglês para designar uma regra de redundância ou preenchimento de estrutura que substitui o vazio de uma representação estrutural pelo traço mais geral daquela categoria. A nasal subespecificada, por exemplo, quando silabificada na posição de ataque, manifesta-se como coronal, o traço *default*.

[14] Por convenção, os colchetes que expressam informação morfológica são apagados totalmente no fim do componente lexical. A isso se chama *Convenção de Bracketing*.

[15] O Princípio do Contorno Obrigatório, OCP, proposto para proibir sequência de tons idênticos, deve-se originalmente a Leben (1973). Estendido para segmentos por McCarthy (1986), vem sendo discutido como restrição universal.

6

NASALIZAÇÃO FONÉTICA E VARIAÇÃO

Maria Bernadete M. Abaurre
Emilio Gozze Pagotto

Investigamos, neste capítulo, o âmbito de aplicação da regra variável de nasalização fonética nos *corpora* representativos das cinco capitais estudadas no Projeto da Gramática do Português Falado.[1]

A nasalidade no português do Brasil (PB) tem já sido tema de vários trabalhos, que adotam abordagens estruturalistas, gerativistas representativas do modelo padrão e, nos últimos anos, abordagens não lineares (cf., dentre outros, Abaurre, 1973; Bisol, 1998, 2002; Brasington, 1971; Cagliari, 1977, 1982; Head, 1964; Leite, 1974; Lipsky, 1975; Magalhães, 1990; Câmara Jr., 1969, 1970, 1977; Moraes e Wetzels, 1992; Parkinson, 1983; Perini, 1971; Quicoli, 1990; Saciuk, 1970; Wetzels, 1991, 1997). Quer se voltem mais para os aspectos fonológicos, quer mais para os aspectos fonéticos, esses estudos têm-se limitado à consideração de dados que apenas exemplificam a pronúncia de dialetos específicos (representada, muitas, vezes, pela pronúncia do próprio autor), sem uma preocupação com a constituição de *corpora* representativos, do ponto de vista de um controle estatístico, do fenômeno em questão. Um estudo mais abrangente da nasalização em diferentes dialetos do PB faz-se, pois, necessário, para uma melhor compreensão da correlação entre a aplicação da regra de nasalização fonética e um determinado conjunto de variáveis linguísticas e extralinguísticas.

Ainda à guisa de introdução, recordemo-nos de que há dois contextos gerais para a ocorrência da chamada nasalização vocálica em português. Em um desses contextos, a ocorrência de um elemento vocálico nasal resulta em contraste potencial entre palavras da língua, opondo-as pelos seus significados (cf. *junta:juta*, *cinto:cito*, *lenda:leda*). No outro contexto não há contraste possível, ocorrendo uma nasalização puramente fonética (cf. *uma*, *fino*, *cama*). A observação desse fato levou estruturalistas (cf. Câmara Jr., 1970) à conclusão de que há, na língua, dois tipos de nasalidade: a nasalidade fonológica, com função distintiva, e a nasalidade fonética (não distintiva).

Não nos ocuparemos, aqui, da nasalidade distintiva em PB, do tipo *junta:juta*, fenômeno por definição categórico em todos os dialetos. Os aspectos fonológicos da nasalização são tratados por Bisol (ver o capítulo "Fonologia da nasalização" deste livro). O escopo deste trabalho, como já indicamos, é a nasalidade fonética que, por ser fenômeno variável, manifesta-se de forma diferente em diversos dialetos do PB, prestando-se, por conseguinte, a uma análise de cunho variacionista. Por sua natureza variável, essa regra contribui para a caracterização das diferenças dialetais em PB, como procuraremos demonstrar para as cinco capitais aqui consideradas.

DADOS

O *corpus* que serviu de base para este trabalho é constituído de 30 inquéritos do projeto, sendo que de cada inquérito se analisaram 10 minutos de gravação, totalizando-se assim 300 minutos nos quais foram observados 9.570 dados. Destes, 4.946 foram casos de nasalidade fonológica, em que a vogal observada se realizou sempre nasal, conforme o esperado. Estes dados não foram, portanto, objeto de análise, uma vez que, como já se mencionou, são representativos de um fenômeno categórico.

Analisamos, aqui, os 4.624 dados restantes, representativos da nasalidade não fonológica, ou seja, casos em que a vogal pode nasalizar-se por processo de assimilação. Nesses casos, no quadro da fonologia autossegmental, interpreta-se a nasalização como sendo desencadeada por uma consoante nasal intervocálica a partir da qual o traço nasal espalha-se para o(s) elemento(s) vocálico(s) da sílaba precedente; portanto, são casos em que a vogal se encontra contígua a uma consoante nasal no ataque da sílaba seguinte.

Para o processamento dos dados, foi utilizado o programa Varbrule.

Dos grupos de fatores condicionadores

a. Variável dependente: tipo de vogal

A variável dependente é a possibilidade de realização nasal da vogal que se encontra diante de consoante nasal. As variantes diferem segundo cada vogal. Assim, temos como variantes:

/a/ [a]
[ɐ]
[ɐ̃]

/e/ [e]
[ɛ]
[i]
[ẽ]
[ĩ]

/i/ [i]
[ĩ]

/o/ [o]
[ɔ]
[u]
[õ]
[ũ]

/u/ [u]
[ũ]

Tal quantidade de variantes possíveis se dá em função das diversas regras que atuam na realização de vogais átonas, como é o caso de /e/ e /o/ e, no caso do /a/, em razão da possibilidade de haver centralização e levantamento da vogal, sem que o traço de nasalidade se manifeste foneticamente. Evidentemente, não é objetivo do presente trabalho estudar todas as possibilidades de realização das vogais. Tais possibilidades nos interessarão a partir do fenômeno de nasalização, na medida em que nele interferirem. Na maior parte da nossa análise, tais variantes serão reunidas sob os rótulos *nasal* ou *não nasal*, sendo desmembradas quando for o caso.

b. Variáveis independentes (linguísticas)
Foram levados em conta os seguintes fatores, subdivididos em subfatores:[2]
1. Posição do vocábulo no grupo de força;
2. Presença de juntura entre a vogal e a consoante nasal;
3. Natureza do ataque silábico;
4. Ponto de articulação da nasal que segue a variável;
5. Classe morfológica do vocábulo em que se encontra a variável;
6. Acento na classe dos verbos;
7. Distância da variável (X) em relação à tônica (T).

c. Variáveis independentes (extralinguísticas)
Foram controlados os fatores que norteiam a formação do banco de dados do Projeto Nurc, ou seja, o tipo de entrevista, a região geográfica, gênero e faixa etária.

ANÁLISE DOS RESULTADOS

As variantes a serem analisadas a seguir foram reunidas sob os rótulos de *nasal* e *não nasal*. Foram consideradas realizações nasais as seguintes variantes: [ɐ̃], [ẽ], [ĩ] [õ] [ũ]; foram consideradas não nasais as seguintes variantes: [a], [e], [ɐ], [i], [o], [ɔ], [u]. Pressupõe-se que a nasalização, como processo assimilatório de espraiamento de traço, tenderá a ocorrer em todas as vogais, indistintamente. Vale lembrar, no entanto, que um dos grupos condicionadores é a própria natureza das vogais. Assim, /a/, /e/, /i/, /o/, /u/ foram colocados como fatores condicionadores, a fim de se testar até que ponto uma vogal tenderia a se nasalizar mais do que outra.

Resultados gerais

As rodadas foram feitas sempre com todos os fatores linguísticos e um grupo extralinguístico. Após todas as rodadas, foram descartados os seguintes grupos de fatores:

1. Posição do vocábulo no grupo de força;
2. Tipo de inquérito;
3. Faixa etária do informante.

Observe-sc que o fato de haver sido descartada a faixa etária como fator relevante para a aplicação da regra indica que se está diante de um quadro de variação estável, sem indicação de processo de mudança em curso.

Os resultados gerais estão apresentados na Tabela 1 a seguir:

Tabela 1 – Resultados gerais de nasalização.

A.	%
2.868/4.624	62

Dos resultados de peso relativo, três fatores, localizados em três grupos diferentes, mostraram-se muito significativos:

1. o fato de a vogal estar localizada em juntura de palavra;
2. o fato de a vogal estar seguida de uma consoante palatal;
3. o fato de a vogal estar em sílaba tônica.

Tais resultados encontram-se na Tabela 2, que segue:

Tabela 2 – Resultados de nasalização nos fatores mais relevantes.

	A.	%	Peso Relativo
Juntura de palavra	17/918	2	.01
Nasal palatal	511/511	100	-
Sílaba tônica	1.815/1.968	92	.93

Temos aqui confirmadas pelo menos duas hipóteses fortes a respeito da nasalidade fonética em português: o fato de a vogal se encontrar em sílaba tônica favorece quase categoricamente a nasalização, o mesmo acontecendo quando a vogal vem seguida de uma consoante nasal palatal. Por outro lado, percebe-se que o fato de a vogal se encontrar em uma juntura de palavra impede fortemente o processo de assimilação.

Observe-se que são muito mais numerosos os casos de vogais acentuadas não nasalizadas (153/1.968 casos) do que de vogais em juntura de palavra nasalizadas (17/918 casos). Isso indicaria que a restrição à nasalização imposta pela juntura de palavra é mais forte do que o condicionamento exercido pela sílaba acentuada.

A Tabela 3, a seguir, apresenta somente os dados de sílaba acentuada (um total de 1.968), distribuídos segundo o nível morfológico em que a variável se encontra. Desta maneira, se poderá visualizar claramente como atuam os fatores *sílaba acentuada* e *juntura de palavra.*

Tabela 3 - Frequência de nasalização em contextos de sílaba tônica, em função do nível morfológico.

	Raiz	Juntura morfológica	Juntura de palavra	Sufixo	TOTAL
Sílaba tônica	99% 1394/1401	99% 330/333	5% 7/150	100% 84/84	92% .93 1815/1968

À exceção da juntura de palavra, em todos os outros contextos morfológicos a nasalização é praticamente categórica quando a vogal é acentuada. É no contexto de juntura de palavra que se concentram quase todos os casos de não nasalização de vogais acentuadas (apenas em 7 dados ocorreu nasalização).

É preciso ressaltar, porém, que a nasalização de vogais acentuadas não foi absolutamente categórica: há um total de 10 dados em que tal nasalização não ocorreu (7 no contexto de raiz - 1.394/1.401 - e três no contexto de juntura morfológica - 330/333). Estatisticamente, são insignificantes, mas podem conter alguma indicação para as análises que se seguirão. Um exame detalhado desses casos mostra que foram registrados somente com vogais altas /i/ e /u/, como se pode ver a seguir:

...nós não v[i]*mos nada...*
...que nós v[i]*mos...*
...v[i]*mos aqui quanto às dimensões...*
...ele sempre vai num dia que eu não tenho al[*u*]*no...*
...a salada se res[u]*me a alface e tomate...*
...fazer [u]*ma cena...*
...[u]*ma situação síntese...*
...os cost[u]*mes eram muito...*
...ele se acost[u]*ma*

Daqui talvez possamos levantar a hipótese de que tais vogais tenderiam a inibir o processo de nasalização nos outros contextos, o que será observado mais adiante.

Em função dos resultados descritos nesta seção, optamos por excluir todos os dados em que a vogal se encontrasse em um dos três contextos de nasalização ou não nasalização quase categórica; ou seja: a sílaba acentuada, a juntura de palavra e a consoante nasal palatal seguinte. O objetivo é trabalhar a força dos fatores condicionadores somente no que chamaremos de contextos de variação, isto é, aqueles em que o processo não está sujeito a tais forças categóricas.

Resultados em contextos de variação

Nosso universo reúne agora um total de 1.685 dados. Os resultados gerais estão apresentados na Tabela 4:

Tabela 4– Aplicação da nasalização em contextos de variação.

A.	Percentual
845/1.685	50%

Aqui, diferentemente dos resultados iniciais, percebe-se um equilíbrio maior entre as realizações nasais e não nasais. O peso relativo registrado é aquele obtido sem a atuação de nenhum dos fatores condicionadores. Será bastante interessante observar o que controlaria a regra de nasalidade em um universo aparentemente tão equilibrado.

Rodados novamente os pesos relativos com todos os grupos de fatores conjuntamente, foram descartados os mesmos grupos da rodada geral:

1. Tipo de inquérito;
2. Faixa etária;
3. Posição da palavra no grupo de força.

O fato de o grupo *posição da palavra no grupo de força* ter sido dispensado nos remete a resultados já mencionados e que serão reafirmados a seguir, os quais dizem respeito ao controle da regra no nível lexical: a assimilação da nasalidade é processo de nível intravocábulo, não se submetendo a forças que atuam em planos mais altos, como o da sentença.

O tipo de vogal foi um dos últimos fatores selecionados, e os resultados na tabela a seguir mostram não haver muita diferença entre uma vogal e outra, no que diz respeito ao processo de nasalização.

Tabela 5 – Tipo de vogal.

	A.	%	Peso Relativo
/a/	189/514	37	.46
/e/	129/240	54	.54
/i/	220/463	48	.43
/o/	240/356	67	.62
/u/	67/112	60	.51
TOTAL	845/1.685	50	

O que se percebe na Tabela 5 é uma pequena diferença que distancia a vogal /o/ das demais no que diz respeito à nasalização. Em função dos 10 casos de contextos tônicos que não apresentaram nasalização, esperava-se que as vogais que menos nasalizassem fossem /i/ e, especialmente, /u/. O que se percebe na Tabela 5 não é exatamente o esperado: se, por um lado, a vogal /i/ apresenta o mais baixo índice de nasalização, o mesmo não ocorre com a vogal /u/.

Tais resultados nos levam a manter a decisão de trabalhar com as vogais conjuntamente, examinando a força de outros grupos de fatores, que se mostraram mais relevantes.

A atuação da morfologia

O grupo de fatores considerado mais relevante foi o nível morfológico em que se encontra a variável. Foi o que apresentou a gradação mais proporcional de pesos relativos segundo cada subfator. Os resultados estão na Tabela 6 a seguir:

Tabela 6 – Tipo de juntura.

	A.	%	Peso Relativo
Raiz	799/1314	61	.58
Juntura morfológica	41/351	12	.25
Sufixo	5/20	25	.51
TOTAL	845/1685	50	

Destaque-se o fato de que há uma forte inibição da nasalização no contexto de juntura morfológica, o que repete os resultados de juntura de palavra, embora não com o efeito radical lá registrado (cf. Tabela 2). Observe-se que são somente 41 casos de realização nasal em um total de 351 ocorrências da variável, a um peso relativo de .25. Já os outros dois contextos, se não chegam a polarizar fortemente, caracterizando-se como *condicionadores* no sentido de implementarem a regra, não atuam restringindo a nasalização. O que se pode deduzir da Tabela 6 é que o processo de assimilação tende a ocorrer internamente nos níveis, mas sofre a restrição interníveis, como é o caso de juntura morfológica. O contexto de raiz, se não atua como um condicionador, tal como o contexto de juntura, libera, por outro lado, a aplicação da regra. É nestes contextos, provavelmente, que encontraremos mais transparentemente a atuação dos outros fatores condicionadores. O outro grupo de fatores que poderia ser relacionado a este destacado é a classe da palavra onde se encontra a variável.

O grupo de fatores *classe de palavra* não está entre os mais significativos (em ordem de relevância, seria o quarto), mas também não é o último. Os resultados são os que se seguem na Tabela 7:

Tabela 7 – Classe de palavra.

	APL	%	Peso Relativo
Substantivo	434/797	54	.55
Adjetivo	225/412	55	.49
Verbo	166/268	62	.63
Advérbio	16/188	9	.21
Outras	4/20	20	.16
TOTAL	845/1685	50	

O que se pode observar pela tabela é que, se o substantivo e o adjetivo têm um comportamento mais neutro com relação à regra, o verbo favorece a nasalização enquanto o advérbio e o subgrupo *outras* (preposição, pronome, conjunção) atuam no sentido contrário. A questão aqui é: seria realmente relevante a classe gramatical, ou estes resultados poderiam estar escondendo a atuação de algum outro fator relevante que eventualmente não foi controlado? É bastante provável que, no caso dos advérbios, o que esteja condicionando seja o sufixo *-mente*. De fato, não é possível olhar para os níveis morfológicos apenas quantitativamente, uma vez que eles podem esconder fenômenos muito específicos com os quais é preciso tomar muito cuidado. Como estamos no terreno da morfologia, cruzemos os grupos de fatores: posição da variável quanto ao nível morfológico (junturas) e classe da palavra onde se encontra a variável. Vejamos como se comportam as classes, ao serem desvendadas as estruturas morfológicas onde as variantes se encontram.

Tabela 8 – Classe de palavra e tipo de juntura.

	Verbo	Substantivo	Adjetivo	Advérbio	Outras	TOTAL
Raiz	68% 154/227	63% 414/653	55% 219/396	40% 10/25	15% 2/13	61% 799/1314
Juntura	29% 12/41	14% 19/138	50% 2/4	4% 6/163	40% 2/5	12% 41/351
Sufixo	- 0/0	17% 1/6	33% 4/12	- 0/0	0% 0/2	25% 5/20
TOTAL	62% 166/268	54% 434/797	55% 225/412	9% 16/188	20% 4/20	50% 845/1685

O que a tabela confirma, de um lado, é o fato de que a juntura morfológica tende a inibir o processo de nasalização. Vemos ainda que, se tomamos a raiz como o contexto não inibidor da nasalização, confirma-se também o condicionamento pela classe de palavra. Assim, a suspeita anterior de que a baixa nasalização no advérbio se devia exclusivamente ao processo de derivação com o sufixo *-mente* se vê em parte frustrada, uma vez que dos 25 casos em que a vogal se encontrava na raiz somente em 10 (40%) ocorreu nasalização. O mesmo se observa na classe aqui denominada de *outras*, que apresenta igualmente baixo índice de nasalização.

Novamente a pergunta se coloca: haveria algum efeito real da classe da palavra, ou esta encobre algum outro fenômeno? Por outro lado, o efeito da juntura é algo que se aplicaria indistintamente ou seria necessário precisar classes de sufixos com as quais a nasalização seria inibida?

Um exame mais detalhado dos dados – um a um – mostrou alguns padrões que é interessante assinalar:

1. No caso dos advérbios, todos os casos de juntura morfológica eram constituídos da derivação com o sufixo *-mente*.
2. No caso dos substantivos, dos 138 casos de juntura morfológica, 110 foram casos de derivação com o sufixo *-mento* (havendo muitas repetições do mesmo item lexical); desses 110, em somente 14 ocorreu nasalização. Os outros casos de juntura morfológica em substantivos foram ocorrências envolvendo às vezes sufixos (*vent*[ẽ]*nia*), às vezes prefixos (*aut*[o]*móvel*) e às vezes uma composição de raízes (*ginec*[ɔ]*mastia*), em que predominantemente não ocorreu nasalização – das 28 ocorrências, em somente 5 se deu nasalização.
3. No caso dos verbos, das 41 ocorrências de juntura morfológica, 33 foram casos de sufixo *-mos*; 3 foram casos de cliticização (*levant*[a]*-nos*) e os restantes, junturas de afixos formando o radical do verbo (*como d*[e]*marcando*). Assim, dos 12 casos de nasalização em juntura nos verbos, registrados na Tabela 8, 11 se deram com o sufixo *-mos*.

A atuação de fatores fonéticos

Ainda há dois grupos de fatores de natureza eminentemente fonética cuja atuação deve ser examinada: a natureza do ataque silábico e a relação com o acento.

A NATUREZA DO ATAQUE SILÁBICO

Basicamente o que se está investigando aqui é até que ponto o fato de haver uma consoante nasal no ataque da sílaba condiciona a nasalidade da vogal. Assim, da mesma maneira que temos uma assimilação regressiva no caso da regra de nasalização das vogais tônicas, teríamos aqui uma assimilação progressiva. Os resultados são os seguintes:

Tabela 9 – Natureza do ataque silábico.

	A.	%	Peso Relativo
Consoante Nasal	270/316	85	.84
Glide	13/20	65	.68
Consoante não nasal	456/1.043	44	.44
Consoante nasal em juntura	1/4	25	.33
Ataque vazio	50/125	40	.29
Ataque ramificado	36/118	31	.26
Consoante não nasal em juntura	10/33	30	.23
Glide em juntura	9/26	35	.22
TOTAL	845/1.685	50	

O que vemos na Tabela 9 é que temos de um lado a consoante nasal no ataque (como em *m*[ẽ]*nutenção*) condicionando fortemente a nasalização da vogal e, do lado oposto, o ataque vazio e o ataque ramificado bloqueando a aplicação da regra. No meio do caminho, o ataque preenchido por uma única consoante não nasal com um peso relativo próximo de .44. Que propriedades fonéticas estariam sendo responsáveis por esse papel do ataque vazio e do ataque ramificado?

Os resultados da Tabela 9 podem ser observados também pela informação morfológica que contêm: todos os fatores em juntura apresentam baixa aplicação da nasalização (o glide, a consoante nasal e a consoante não nasal). É preciso esclarecer que esses são casos em que a juntura está à esquerda da variável, como em *com os*[a]*migos*. Desta forma, são casos em que fonologicamente temos um ataque vazio (antes da ocorrência da ressilabificação). Pode-se ver, assim, que o seu comportamento é bastante próximo de ataques foneticamente vazios (cuja nasalização ficou em 40%, ou .29). O que a tabela mostra é que o condicionamento pela natureza do ataque silábico obriga-nos a tomá-lo numa perspectiva fonológica, e não puramente fonética.

PONTO DE ARTICULAÇÃO DA NASAL SEGUINTE

Mesmo com a retirada das consoantes palatais deste grupo de fatores, ele foi selecionado pelo programa, ainda que num grau de significância bem inferior ao da natureza do ataque silábico. Vejamos os resultados:

Tabela 10 – Ponto de articulação da nasal subsequente.

	A.	%	Peso Relativo
Bilabial	420/1078	39	.43
Dental	425/607	70	.62
TOTAL	845/1.685	50	

Ainda que não seja um forte condicionamento, aparentemente as consoantes dentais têm uma influência mais forte sobre a nasalização do que as consoantes bilabiais. Se lembrarmos que as consoantes palatais condicionam categoricamente a nasalização em português, podemos formular a hipótese de que quanto mais posterior a consoante nasal, maior será o espraiamento da nasalidade. Assim, as labiais constituiriam um ponto de menor condicionamento de nasalidade e as palatais, o ponto de maior condicionamento. Esta hipótese poderia ser acrescida da informação acerca do comportamento das vogais. Ainda que não conclusivamente, notamos que a vogal /u/ e em especial a vogal /o/ apresentaram maiores índices de nasalização. Teríamos assim uma correlação mais forte entre espraiamento da nasalização e ponto de articulação. Só não é perfeita em função dos resultados da vogal /e/ (cf. Tabela 5), muito próximos de /u/. Voltaremos a esta questão mais adiante.

DISTÂNCIA DA VARIÁVEL COM RELAÇÃO À SÍLABA TÔNICA

Como já vimos, o processo de assimilação da nasalidade é categórico quando a vogal é acentuada (desde que não em juntura de palavra). Podemos agora checar até que ponto a distância da vogal com relação à sílaba acentuada exerce pressão sobre o processo de assimilação da nasalidade. Evidentemente, o grupo de fatores em questão envolve também a possibilidade de a vogal ser portadora de acento secundário.

A Tabela 11 apresenta os resultados:

Tabela 11 – Posição da vogal (X) com relação à sílaba tônica (T).

	A.	%	Peso Relativo
X_ _ _T *como qual m[ẽ]nifestação*	44/57	77	.71
X_ _ _ _T *d[e]masiadamente*	5/8	63	.64
X_T *come o c[ẽ]marão*	211/323	65	.58
XT *exat[a]mente*	490/1.072	46	.50
X_ _T *não m[ẽ]nipulou*	62/110	56	.40
TX *que ér[a]mos nós*	33/115	29	.26
TOTAL	845/1.685	50	

Este foi o terceiro grupo de fatores selecionado pelo programa.[3] O que se pode perceber pela Tabela 11 é uma polarização entre vogais pretônicas e vogais postônicas. Aparentemente, as vogais postônicas sofrem menos o processo de assimilação da nasalidade. Por outro lado, os contextos mais distantes da tônica tendem a nasalizar mais do que os contextos próximos da sílaba acentuada. O que poderia explicar o resultado parece ser o acento secundário da palavra. As sílabas postônicas em português tendem a ser mais enfraquecidas que as sílabas pretônicas. Por outro lado, é nas sílabas pretônicas mais distantes das acentuadas que o acento secundário tenderá a incidir, muitas vezes por retração. Desta forma, estaríamos recuperando a relação entre acentuação e assimilação de nasalidade em português.

É importante lembrar aqui que a estrutura métrica da sentença não foi selecionada como relevante, dentre os grupos de fatores controlados, ao passo que a distância da sílaba com relação à sílaba acentuada tem atuação no processo de assimilação da nasalidade, como se viu anteriormente. Como se trata de processos que envolvem acentuação, talvez fosse de esperar que ambos estivessem atuando na aplicação da regra, o que não ocorreu. O fato só reforça a restrição lexical que sofre o processo de espraiamento da nasalidade, já apontado neste trabalho: porque a posição do vocábulo no grupo de força está ligada a processos fonéticos no nível acima da palavra, não exerce influência significativa no processo; por outro lado, como a relação com a sílaba acentuada se dá no interior da palavra, pode exercer influência no processo.

ACENTO NA CLASSE DOS VERBOS

O último grupo de fatores linguísticos selecionados foi a posição do acento quanto ao nível morfológico nos verbos. É sabido que os verbos apresentam em português uma fonologia muito particular com relação a processos de assimilação. Vamos aos resultados:

Tabela 12 – Localização do acento nos verbos.

	A.	**%**	**Peso Relativo**
Raiz	33/54	61	.47
Vogal temática	116/187	63	.46
Sufixo	17/27	63	.85
TOTAL	166/268	62	

O que se pode ver pela Tabela 12 é que, se formos considerar os pesos relativos, o acento nos sufixos será dado como forte condicionador da nasalização. Observe-se, a propósito, que a proporção de nasalização em todos os três contextos é relativamente a mesma (em termos percentuais, algo em torno de 63%); os pesos relativos é que apresentaram diferença. Isto pode indicar alguma sobreposição de fatores relevantes que porventura esteja interferindo aqui.

Desvendando alguns mistérios

Como se pôde ver, estamos diante de um processo no qual interagem fatores de cunho morfológico e fatores de cunho fonético. Basicamente o que estamos procurando agora é verificar como estas duas forças combatem. A nossa hipótese básica é que a regra de nasalização sempre será sensível à juntura morfológica, enquanto o contexto de raiz liberará a variável para a atuação de outros fatores. Vejamos então o cruzamento da atuação da natureza do ataque silábico com o nível morfológico. Atente-se para o detalhe de que o próprio grupo de fatores *natureza do ataque silábico* contempla informações de cunho morfológico, uma vez que prevê a distinção entre o ataque preenchido em função de juntura – tanto morfológica quanto de palavra – e o ataque no interior de um mesmo morfema.

Tabela 13 – Tipo de juntura e natureza do ataque silábico.

	Raiz	Juntura	Sufixo	TOTAL
Consoante nasal	88% 261/296	35% 6/17	100% 3/3	85% 270/316
Glide	85% 11/13	0% 0/5	100% 2/2	65% 13/20
Consoante não nasal	59% 430/727	9% 26/301	0% 0/15	44% 456/1.043
Vazio	39% 41/106	47% 9/19	—	40% 50/125
Ataque ramificado	33% 36/110	0% 0/8	—	31% 36/118
Cons. nasal em juntura	33% 1/3	0% 0/1	—	25% 1/4
Cons. não nasal em junt.	33% 10/33	— 0/0	— 0/0	30% 10/33
Glide em juntura	35% 9/26	— 0/0	— 0/0	35% 9/26
TOTAL	61% 799/1.314	12% 41/351	25% 5/20	50% 845/1.685

A Tabela 13 apresenta os resultados de nasalização segundo o tipo de juntura e a natureza do ataque silábico. O que se vê na coluna das junturas morfológicas é que, em todos os casos, a realização não nasal foi predominante, o que indica que o nível morfológico governa a regra. Neste sentido, não se espera que a raiz exerça aqui um forte controle, sobrepujando-se ao controle da natureza do ataque. Se observarmos a linha referente ao ataque nasal, perceberemos que tal é o caso: no contexto de raiz, temos 88% dos casos como realização nasal (veja-se, a propósito, que o mesmo ataque em juntura morfológica apresenta somente 35% de realização nasal).

Vemos assim, que a atuação do fator *natureza do ataque silábico* deve ser checado na raiz. Comparando-se os pesos relativos já indicados na Tabela 9 e repetidos na tabela 13 com os percentuais observados, o que temos é que o ataque preenchido por consoante nasal condiciona fortemente a nasalização da vogal. Esta situação se opõe àquela do ataque vazio: aqui é o contexto para a inibição do processo de nasalização. É preciso atentar ainda para outro detalhe: há ainda três contextos que poderiam ser apontados como de ataque vazio, ao menos do ponto de vista fonológico: trata-se dos casos em que o preenchimento do ataque se dá por consoante que antecede a palavra onde se encontra a variável, constituindo caso de juntura de palavra (*com os*[a]*migos*). Aqui, da mesma maneira como se apontou para os dados totais, o nível morfológico delimita claramente o processo: consoante nasal, consoante não nasal ou glide no ataque da sílaba por efeito de juntura parecem não produzir sobre a nasalização o mesmo efeito que produzem quando se encontram fonologicamente inscritos no começo da sílaba.

INTERAÇÃO ENTRE TIPO DE JUNTURA E PONTO DE ARTICULAÇÃO DA NASAL SEGUINTE

A Tabela 14 a seguir apresenta os resultados da nasalização segundo o tipo de juntura e o ponto da consoante nasal que segue a variável.

Tabela 14 – Tipo de juntura e ponto da consoante nasal subsequente.

	Raiz	Juntura	Sufixo	TOTAL
Bilabial	53% 383/720	11% 34/340	17% 3/18	39% 420/1078
Dental	70% 416/594	64% 7/11	100% 2/2	70% 425/607
TOTAL	61% 799/1314	12% 41/351	25% 5/20	50% 845/1.685

O que chama a atenção nesta tabela é o fato de que a juntura morfológica não consegue deter o processo de nasalização em face da consoante nasal dental. Os dados, neste caso, não são muito numerosos. Já o contexto de raiz se submete ao controle pela natureza da consoante seguinte: as dentais acarretam mais nasalidade.

INTERAÇÃO ENTRE TIPO DE JUNTURA E A POSIÇÃO DA VARIÁVEL COM RELAÇÃO AO ACENTO

O cruzamento entre esses dois grupos se mostrou relevante, apontando para uma maior nasalização quanto mais distante à esquerda do acento (X_ _ _T) e uma menor nasalização à direita do acento (T X).

Tabela 15 - Tipo de juntura e a distância da variável com relação à sílaba acentuada.

	Raiz	Juntura	Sufixo	TOTAL
X_ _ _T	77% 43/56	100% 1/1	— 0/0	77% 44/57
X_ _ _ _T	63% 5/8	— 0/0	— 0/0	63% 5/8
X_T	68% 211/310	0% 0/13	— 0/0	65% 211/323
XT	60% 458/768	10% 30/302	100% 2/2	46% 490/1.072
X_ _T	56% 62/110	— 0/0	— 0/0	56% 62/110
TX	32% 20/62	29% 10/35	17% 3/18	29% 33/115
TOTAL	61% 799/1.314	12% 41/351	25% 5/20	50% 845/1.685

Se tomamos unicamente o contexto de raiz, percebemos que, à exceção da posição XT (*exat*[a]*mente*), as demais mantêm a mesma proporção de nasalização que os resultados globais. Assim, na raiz, a posição mais suscetível de nasalização é X_ _ _T (*m*[ẽ]*nifestação*) com 77%; enquanto a menos sensível à nasalização é TX (*ér*[a]*mos*), com 32%. Isto confirma a relevância da posição da variável com relação ao acento.

Porém, tal atuação da posição do acento não é forte o suficiente para se sobrepor à atuação da juntura morfológica. Ao comparar os percentuais de cada uma das posições no contexto de juntura, mais uma vez percebemos que a juntura inibe fortemente a nasalização: veja-se, por exemplo, o contexto XT que apresenta 60% de nasalização nas raízes e 10% nas junturas morfológicas. Isto nos leva de novo a concluir que o tipo de juntura atua como a restrição maior, sendo que o contexto de raiz libera a atuação de outros fatores, no caso, fatores de natureza fonética.

ANÁLISE DOS DADOS NO CONTEXTO DE RAIZ

A fim de nos assegurarmos dos resultados, fizemos uma nova rodada de pesos relativos no Varb2000. Isolamos apenas os dados de contexto de raiz - o total de 1.037 dados.

Do ponto de vista dos fatores linguísticos, os resultados foram praticamente os mesmos: descartou-se a posição do vocábulo no grupo de força e a posição do acento na classe dos verbos. Quanto aos fatores extralinguísticos, foram selecionados o gênero e a região geográfica, tendo sido descartados os demais fatores, repetindo as rodadas anteriores, o que aponta para uma grande regularidade na atuação dos grupos de fatores condicionadores.

No caso dos fatores linguísticos, os pesos relativos permanecem praticamente os mesmos, e, quando os pesos se alteram, permanecem as mesmas proporções, o que demonstra o quanto os dados estão distribuídos de maneira equilibrada. Trabalhando exclusivamente no contexto de raiz, temos mais segurança para observar de que maneira se dá a atuação dos fatores extralinguísticos.

Nasalização segundo o gênero

São estes os resultados segundo o gênero:

Tabela 16 – Nasalização segundo o gênero.

	A.	%	Peso Relativo
Feminino	241/438	55	.42
Masculino	558/876	64	.54
TOTAL	799/1.314	61	

Como se pode perceber, a atuação do fator gênero não chega a ser muito forte. O que há é uma ligeira inibição da nasalização nos informantes do sexo feminino.

Nasalização e região geográfica

Como já dissemos, a região geográfica foi o terceiro grupo de fatores selecionados. É importante lembrar que estamos trabalhando aqui somente com dados do contexto de raiz e, portanto, com o conjunto de dados em que a variação é maior. Vejamos os resultados:

Tabela 17 – Nasalização segundo a região geográfica.

	A.	%	Peso Relativo
Recife	166/227	73	.66
Salvador	190/275	69	.57
Rio de Janeiro	174/295	59	.52
São Paulo	130/239	54	.43
Porto Alegre	139/278	50	.34
TOTAL	799/1.314	61	

A observação dos pesos relativos corresponde a uma viagem do Norte do país em direção ao Sul. É importante ressaltar que a região não controla completamente o fenômeno, não é mais forte que os fatores linguísticos, uma vez que não há fatores com peso relativo maior do que fatores linguísticos já examinados aqui. Mas a tabela não deixa de apresentar fatos já referidos na literatura sociolinguística e dialetológica no Brasil, que apontam para uma divisão do país na altura da Bahia. Se compararmos os dois extremos numéricos (pesos .66 e .34), veremos que eles correspondem aos extremos geográficos das regiões que foram consideradas. Em comparação com o condicionamento por gênero, o de região geográfica é mais forte. O Brasil se divide também pela nasalidade.

CONCLUSÃO

O processo de assimilação da nasalidade por vogais que precedem consoantes nasais pode ser assim resumido:

1. Em sílabas acentuadas, a nasalização ocorre quase categoricamente; tal assimilação é bloqueada somente no contexto de juntura de palavra, o que caracteriza o processo como intralexical.
2. A nasalização ocorre em 100% dos casos quando a consoante que segue a vogal é nasal palatal. O ponto de articulação da nasal subsequente continua relevante mesmo quando se consideram as outras consoantes; parece haver uma hierarquização na assimilação da nasalidade segundo o ponto de articulação, do mais posterior para o mais anterior: palatais > dentais > labiais.
3. Desconsiderando a atuação categórica dos fatores mencionados em 1 e 2, vemos uma hierarquização entre fatores de natureza morfológica e fatores de natureza fonética. O contexto de juntura morfológica atua como um forte ini-

bidor do processo de assimilação. Já o contexto interno à raiz da palavra libera a atuação de outros fatores. Além disso, aparentemente há uma correlação entre as classes da palavra e o processo de nasalização. Tudo isso, acrescido do que já foi apontado em "A atuação da morfologia", demonstra a forte vinculação do processo de nasalização com as propriedades morfológicas do léxico da língua.

4. A presença de uma consoante nasal precedendo a variável condiciona fortemente a nasalização. O ataque silábico vazio, por sua vez, inibe a assimilação da nasalidade. Já o ataque preenchido por consoantes não nasais não chega a inibir a nasalização. Tudo isto mostra que o processo de assimilação da nasalização se dá em duas direções e que existe uma espécie de necessidade de que o ataque da sílaba esteja preenchido para que tal processo se dê. Mas vale lembrar que ataques ramificados inibem fortemente a nasalização da vogal.
5. A região geográfica é também determinante para a descrição do processo de nasalização. Norte e Sul se opõem: Recife e Salvador nasalizam mais; São Paulo e Porto Alegre nasalizam menos. O Rio de Janeiro está no meio do caminho.

Anexo

GRUPOS DE FATORES USADOS NA CODIFICAÇÃO

a. **Variável dependente: tipo de vogal**
foram codificadas as seguintes possibilidades de realização:

/a/ [a]
[ɐ]
[ɐ̃]
/e/ [e]
[ɛ]
[i]
[ẽ]
[ĩ]
/i/ [i]
[ĩ]
/o/ [o]
[ɔ]
[u]
[õ]
[ũ]
/u/ [u]
[ũ]

b. Variáveis independentes (linguísticas)

Foram levados em conta os seguintes fatores, subdivididos em subfatores:

1. Posição do vocábulo no grupo de força
   a. primeira posição
      Ex: *exat*[a]*mente aquela* (Inq. 291)
   b. posição medial
      Ex: *que ele ch*[ẽ]*ma aqui* (Inq. 278)
   c. posição final
      Ex: *comigo de m*[ẽ]*nhã* (Inq. 360)
2. Presença de juntura entre a vogal e a consoante nasal
   j. juntura morfológica
      Ex: *v*[ẽ]*mos ver* (Inq. 234)
   p. juntura de palavra
      Ex: *Ess*[a] *menina* (Inq. 360)
   r. vogal interna à raiz
      Ex: *mas não g*[ẽ]*nhou* (Inq. 045)
   s. sufixo
      Ex: *que é a testoster*[õ]*na*
3. Natureza do ataque silábico
   v. vazio
      Ex: [ẽ]*nualmente* (Inq. 131)
   p. consoante não nasal
      Ex: *eu digo os c*[a]*marins* (Inq. 234)
   n. consoante nasal
      Ex: *pela m*[ẽ]*nutenção* (Inq. 328)
   g. *glide*
      Ex: *as comidas bai*[ẽ]*nas* (Inq. 328)
   c. *glide* em juntura
      Ex: *auto*[a]*nálise* (Inq. 045)
   a. consoante não nasal em juntura
      Ex: *tem os* [a]*migos* (Inq. 045)
   b. Consoante nasal em juntura
      Ex: *condicion*[a]*mentos* (Inq. 045)
   d. Ataque ramificado
      Ex: *dr*[ẽ]*ma* (Inq. 234)
4. Ponto de articulação da nasal que segue a variável
   b. bilabial
      Ex: *são depart*[a]*mentos* (Inq. 231)

d. dental
Ex: *pela m*[ẽ]*nutenção* (Inq. 049)
p. palatal
Ex: *comigo de m*[ẽ]*nhã* (Inq. 045)

5. Classe morfológica do vocábulo em que se encontra a variável
s. substantivo
Ex: *fiz minhas* [ẽ]*mizades* (Inq. 231)
a. adjetivo
Ex: *aquela vida cotidi*[ẽ]*na da gente* (Inq. 045)
v. verbo
Ex: *não pass*[ẽ]*mos uma noite* (Inq. 328)
c. advérbio
Ex: *exat*[a]*mente aquela* (Inq. 291)
o. outras
Ex: *nad*[a] *na história* (Inq. 291)

6. Acento na classe dos verbos
r. acento na raiz
Ex: *eles ch*[ẽ]*mam teatro* (Inq. 234)
v. acento na vogal temática
Ex: *nos visit*[ẽ]*mos muito pouco* (Inq. 045)
a. acento no sufixo
Ex: *que poderí*[ẽ]*mos ter* (Inq. 405)
/ - não se aplica aos não verbos

7. Distância da variável (X) em relação à tônica (T):
0. variável na própria sílaba tônica
Ex: *indi*[ẽ]*na* (Inq. 291)
1. X T
Ex: *exat*[a]*mente* (Inq. 405)
2. X _T
Ex: *come o c*[ẽ]*marão* (Inq. 291)
3. X _ _T
Ex: *não m*[ẽ]*nipulou* (Inq. 278)
4. X _ _ _T
Ex: *como qual m*[ẽ]*nifestação* (Inq. 234)
5. T X
Ex: *que ér*[a]*mos nós* (Inq. 234)
6. T_X
Ex: *botar clínic*[a] *médica* (Inq. 231)

7. X _ _ _ _T
   Ex: *d*[e]*masiadamente*

c. **Variáveis independentes (extralinguísticas)**

Foram controlados os fatores que norteiam a formação do banco de dados do Projeto Nurc, ou seja, o tipo de entrevista, a região geográfica, gênero e faixa etária.

8. Gênero
   f. feminino
   m. masculino
9. Faixa etária
   1. 1ª faixa (25 a 35 anos)
   2. 2ª faixa (36 a 55 anos)
   3. 3ª faixa (56 em diante)
10. Tipo de inquérito
   e. EF
   1. DID
   2. D2
11. Região
   p. Porto Alegre (POA)
   s. São Paulo (SP)
   r. Rio de Janeiro (RJ)
   1. Salvador (SSA)
   2. Recife (RE)
12. Informante
   b. EF/049 – SSA
   d. DID/231 – SSA
   e. L2, D2/098 – SSA
   m. L1, D2/098 – SSA
   z. EF/379 – RJ
   n. DID/328 –RJ
   k. L2, D2/335 – RJ
   w. L1, D2/335 – RJ
   a. EF/405 – SP
   i. DID/234 – SP
   x. L1, D2/360 – SP
   y. L2, D2/360 – SP

p. DID/ 045 – POA
q. EF/278 – POA
h. L2, D2/291 – POA
g. L1, D2/291 – POA
r. DID/131 – RE
c. EF/337 – RE
t. L1, D2/005 – RE
s. L2, D2/005 – RE

13. Informante
A. EF/289 – POA
B. DID/006 – POA
C. L1 D2/120 – POA
M. L2 D2/120 – POA
D. L1 D2/095 – SSA
Q. L2 D2/095 – SSA
E. DID/138 – SSA
F. EF/020 – SSA
G. L1 D2/151 – RE
H. L2 D2/151 – RE
I. DID/191 – RE
X. L1 D2/396 – SP
Y. L2 D2/396 – SP
O. DID/250 – SP
L. EF/388 – SP
N. L1 D2/158 – RJ
W. L2 D2/158 – RJ
P. DID/164 – RJ
Z. EF/286 – RJ

NOTAS

1 Agradecemos à colega Giselle Machline de Oliveira, que, com sua leitura atenta, críticas e sugestões valiosas, em muito contribuiu para a versão final deste texto. À sua memória dedicamos este trabalho.
Na codificação dos dados para este trabalho, os autores contaram com o auxiliar de pesquisa Sérgio Crisóstomo L. Lima, a quem agradecem pela colaboração.

2 Para a explicitação dos subfatores considerados, consultar o anexo deste capítulo.

3 Não foi registrado, para o subconjunto de dados com os quais estamos trabalhando, nenhum dado no contexto T_X, que havia sido incluído como um dos subfatores (cf. Anexo).

PARTE III

CONSOANTES

7

CONSOANTES EM CODA SILÁBICA: /s, r, l/

Dinah Callou
João Antônio de Moraes
Yonne Leite

Além das consoantes nasais, objeto de estudo do capítulo "Fonologia da nasalização", apenas três fonemas, /s/, /r/ e /l/, podem ocupar a posição de coda silábica, como em *mas, mar, mal.* Por seu polimorfismo, essas consoantes prestam-se, exemplarmente, à caracterização de fenômenos variáveis no português do Brasil. A variação pode ser explicada pelo maior espaço articulatório existente para as possíveis realizações dos segmentos fônicos, uma vez que os contrastes atuantes em outras posições aí se anulam, acarretando uma latitude articulatória mais ampla. Esse maior espaço articulatório abrange tanto a dimensão vertical (grau de abertura), quanto longitudinal (ponto de articulação). Assim, as realizações do /r/ como uma vibrante ou fricativa e do /l/ como consoante ou semivogal são variações que se verificam no eixo vertical. Já as realizações alveolar, velar ou aspirada do /r/, alveolar, pós-alveolar ou aspirada do /s/ e alveolar ou velar do /l/ se devem a um deslocamento na dimensão longitudinal. Procura-se apontar aqui (I) os fatores sociais e estruturais condicionantes dessas variações; (II) a natureza da mudança; (III) o estágio em que o(s) processo(s) se encontra(m); e (IV) sua distribuição geolinguística.

A primeira referência à palatalização do S na língua portuguesa remonta a fins do século XVI e início do XVII, conforme apontou Verney (1736). No português brasileiro, já na década de 1950, Serafim da Silva Neto julgava difícil determinar se essa pronúncia palatalizada – restrita, de início, à região do Rio de Janeiro – seria um fenômeno diretamente relacionado ao dialeto padrão de Lisboa ou se consistia num processo que se operou independentemente cá e lá.

A posteriorização do R e a velarização do L, fenômenos comuns a várias línguas, são consideradas, no âmbito da língua portuguesa no Brasil, exemplos de pronúncias regionais que poderiam ser explicadas antes pelo enfraquecimento da articulação que pela interferência de fatores externos. A vocalização do L em coda silábica é considerada uma inovação do português do Brasil (Révah, 1958; Teyssier, 1976; Cunha, 1986), embora Demasi (1995) chame a atenção para o fato de não se poder considerar esse processo uma inovação total e absoluta, já que o fenômeno é muito antigo, registrado ainda no latim – *cauculus* por *calculus* (Väänänen, 1975) – e ratificado na evolução de outras línguas românicas: lat. *alteru* > port. *outro*, fr. *autre*, prov. *autre*; lat. *altariu* > port. *outeiro*; fr. *autel*, prov. *autar*.

Kolovrat (1923) levanta a hipótese de a vocalização do L poder ser explicada pelo fato de essa consoante ser, em latim, *dura* (velar), diante de consoante ou em final de palavra, e, do ponto de vista acústico, em geral, grave. Grafias do tipo *autis*, *auta*, *cauculus*, *calculis* fariam supor também que o timbre do L fosse semelhante ao do /u/. Em latim, a vocalização parece ter tido início entre os séculos VI e VII da nossa era. Em francês, ocorre, com frequência, no século XII, após todas as vogais, embora rara depois de /i/ e /u/, independentemente do ponto de articulação da consoante subsequente. Kolovrat (1923: 93) lembra ainda que, numa passagem de Barcley, gramático do século XVI, se pode ler: "Mas se for uma consoante que se siga imediatamente ao l, pronuncia-se este l como um u, por exemplo, em *loyalment*, *principalment* pronunciados *loyaument*, *principaument*."[1] Também menciona exemplos do italiano – não anteriores ao século IX (*dolce* > *duse*), e do espanhol *(alteru > outro, alteru sic > otrosi)*. Em território português, o primeiro exemplo referido de vocalização do *l* diante de consoante data de 775, na palavra latina *saltu*, transcrita *sauto*. Na língua portuguesa, especificamente, a primeira ocorrência remonta ao século XIII, no *Auto da partilha*: "*ou*tros perdamentos".

Todos esses aspectos podem ser vistos dentro de um quadro mais amplo de tendências para um enfraquecimento consonantal, que pode levar à perda da consoante e, consequentemente, ao padrão silábico ideal CV. Os processos de mudança das três consoantes, embora similares em sua direção, apresentam motivações sociais e/ou estruturais distintas. Por exemplo, a mudança em relação ao R poderia, segundo Labov (1994), ser classificada como "de baixo para cima", isto é, abaixo do nível de consciência do falante, tendo como ponto de partida a fala popular; enquanto a palatalização do S poderia ser considerada uma mudança "de cima para baixo", isto é, consciente, monitorada, por imitação talvez da linguagem da corte.

DISTRIBUIÇÃO DAS VARIANTES POR ÁREA GEOGRÁFICA: /L/, /S/ E /R/

Em termos gerais, as consoantes L, S e R, em coda silábica, podem ser realizadas de formas distintas. As figuras a seguir apresentam os percentuais de ocorrência das variantes de cada uma das consoantes. Esses percentuais foram obtidos a partir da análise de dados, estratificados por idade, gênero e origem geográfica, extraídos do *corpus* do Projeto Norma Urbana Culta (Projeto Nurc). Os dados perfazem um total de 4.300 ocorrências de R, 9.000 de S e 5.600 de L.

A consoante lateral pode ser realizada como alveolar [l], velar [ɫ], glide velar [w], ou zero [Ø], como se pode ver na Figura 1. Observe-se que há sempre predominância da vocalização.

Figura 1 – Realização do L em posição de coda.

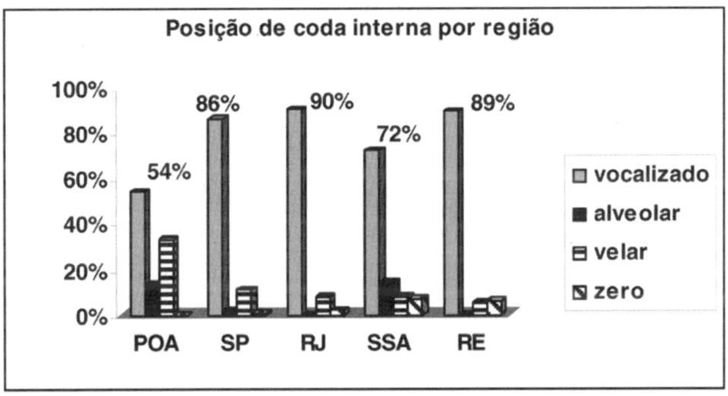

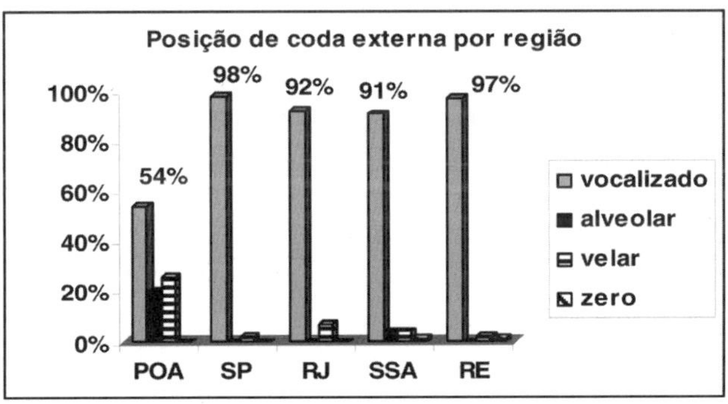

Porto Alegre apresenta o menor percentual da variante vocalizada, majoritária nas demais capitais, e o maior percentual da lateral velar, cuja ocorrência é bem baixa nas demais cidades. Registrou-se ainda um percentual de 20% de lateral alveolar, pronúncia quase inexistente nas outras cidades. Em coda externa, o percentual de uso da vocalização aumenta, exceto em Porto Alegre, que mantém a mesma frequência da posição interna. O apagamento do L, na fala culta, é bastante raro, praticamente inexistente em todas as cidades. Pode-se dizer que há uma linha divisória que opõe Porto Alegre às demais cidades estudadas. Na próxima seção será desenvolvida uma análise específica da vocalização do L.

O R pode realizar-se como vibrante alveolar [r], tepe [ɾ], vibrante uvular [ʀ], fricativa velar/uvular [x], aspiração [h] ou zero [Ø] (Figura 2). Embora as variantes ocorram em todas as áreas, há uma oposição nítida entre Porto Alegre e São Paulo, de um lado, e Rio de Janeiro, Salvador e Recife, de outro. Examinados os percentuais de realização em posição interna, fica evidente que Porto Alegre e São Paulo privilegiam quantitativamente o uso do tepe alveolar, enquanto Rio de Janeiro e Salvador fazem maior uso da fricativa velar e Recife, por sua vez, da aspiração, também presente no Rio de Janeiro e Salvador. Assim, em posição interna, pode-se dizer que há uma nítida oposição entre os dialetos do Sul e os dialetos do Rio de Janeiro, Salvador e Recife, em que ocorrem majoritariamente as variantes posteriores, fricativas velar e glotal (aspiração).

Em posição externa, em Porto Alegre, praticamente não ocorre a variante zero, aumentando, porém, o percentual de uso da fricativa velar. Em São Paulo, Rio de Janeiro. Salvador e Recife, a variante zero supera todas as demais, havendo, em contraposição, uma significativa diminuição do tepe em São Paulo e das fricativas velar e glotal (aspiração) no Rio de Janeiro, Salvador e Recife.

Figura 2 - Realização do R em posição de coda.

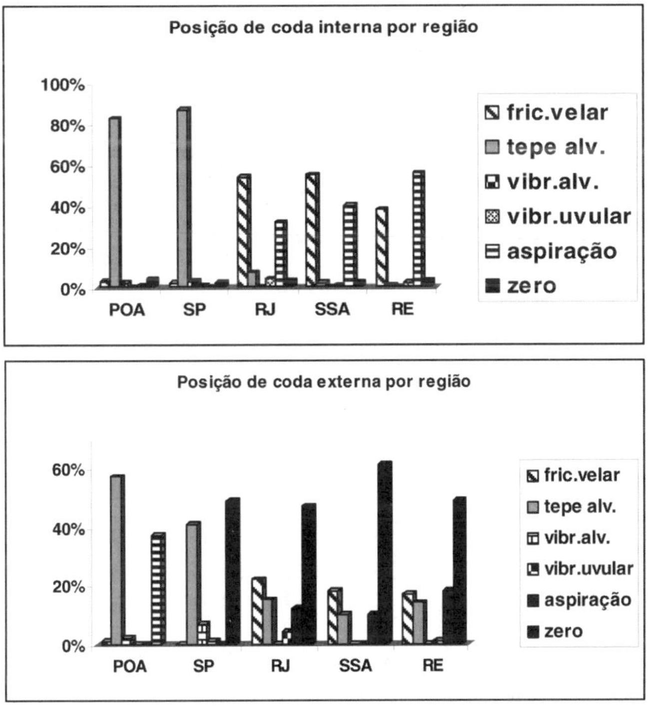

Na seção "O caso do R: mudança de baixo para cima?" apresenta-se uma análise do processo de enfraquecimento do R, destacando a variável gênero como condicionante do uso das variantes e apontando os princípios gerais que regem a mudança de modo e ponto de articulação.

Na Figura 3 apresentam-se as várias realizações do S: fricativa alveolar [s], alvelopalatal [ʃ], aspiração [h] e zero [ø]. Os percentuais de ocorrência deixam claro que a palatalização não se encontra no mesmo estágio em todos os dialetos; é pouco frequente nos dialetos do Sul e se aplica preferencialmente em contexto interno de vocábulo - *pasta*, *vespa*, *asno*, *transparente* - em oposição ao contexto final - *vez*, *atrás*, *óculos*, *livros*. A mudança pode ser considerada completa no Rio de Janeiro, e quase completa em Recife, em contexto medial.

Figura 3 – Realização do s em posição de coda.[2]

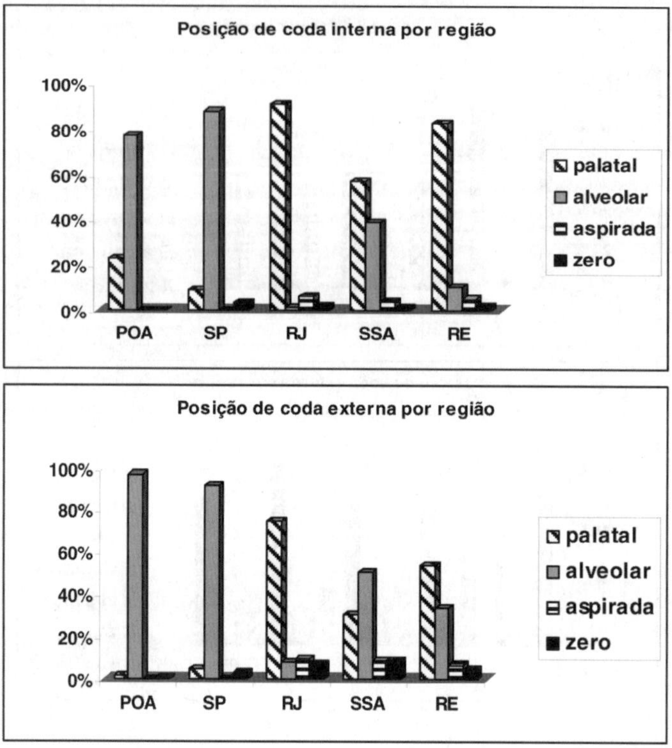

A realização palatal, como se pode ver, predomina no Rio de Janeiro e em Recife. Na seção "O caso do s: uma mudança de cima para baixo?" discute-se a natureza e extensão do processo.

A VOCALIZAÇÃO DO L

A vocalização do L é um processo histórico característico do português do Brasil. No Rio de Janeiro (RJ), em São Paulo (SP), Salvador (SSA) e Recife (RE) esta mudança está quase completa, em posição final de vocábulo. Em posição interna, em Salvador, o processo encontra-se em estágio menos avançado e, em Porto Alegre (POA), o processo é neutro em ambos os contextos, como se pode ver na Tabela 1 e na Figura 4. O fato de em posição externa a frequência e o peso relativo de vocalização serem, em geral, maiores poderia ser considerado uma evidência de o processo de mudança ter tido início em posição final de vocábulo.

Tabela 1 – Vocalização em posição interna e final (percentagem e peso relativo).

	Coda interna			Coda externa		
Vocalização	Ocorrência	%	P.R.	Ocorrência	%	P.R.
RJ	249/278	90	.90	209/226	92	.93
SP	250/290	86	.87	237/242	98	.94
RE	226/253	89	.90	313/323	97	.97
SSA	207/288	72	.72	240/265	91	.91
POA	116/215	54	.54	138/255	54	.55

Figura 4 – Percentual de vocalização por contexto e por região.

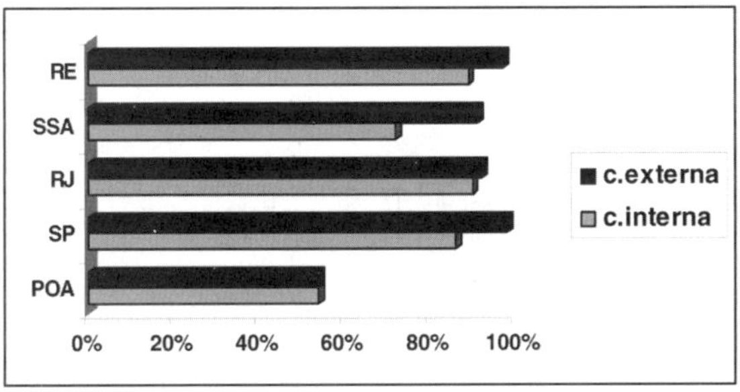

Este processo recria o ditongo [ow], como em *colcha* [ˈk**ow**ʃa], ditongo esse quase desaparecido na fala em decorrência da monotongação: *trouxa* [ˈtr**o**ʃa]. A vocalização também aumenta o número de ditongos decrescentes não previstos pela norma-padrão, como em *sol* [sɔw], *azul* [aˈzuw].

A análise variacionista permite determinar que esse processo não é aleatório, e sim motivado por fatores de natureza tanto linguística (estrutural) quanto extralinguística (social). Os fatores que propiciam a vocalização do L são a natureza da vogal precedente e da consoante subsequente, como já observado em latim: depois da vogal [a] e antes da consoante [t] (lat. *alteru* > port. *outro*). Os dados atuais confirmam que a vocalização se dá prioritariamente após uma vogal baixa (manual → manuˈaw) e em menor escala após a posterior alta arredondada (sul → suw). Em posição de coda interna, nos dialetos que ainda mantêm a realização velarizada, um processo assimilatório se faz evidente: a velarização (posteriorização) é quase categórica quando a consoante subsequente é uma velar (folga → ˈfɔwga).

Atualmente, essa vocalização é sensível também a fatores sociais, como faixa etária e gênero. Os homens e as mulheres se comportam distintamente não apenas quanto à frequência de uso, mas também em termos de distribuição por faixa etária. A Figura 5 opõe duas capitais, uma do Nordeste – em que a vocalização é predominante, chegando a 100% entre os jovens e, nos homens mais velhos, se limitando a 9% –, outra do extremo sul do país – em que a distribuição é mais equilibrada (cf. Fig. 1), não indo além de 80%, entre os jovens. Em Porto Alegre, entre os homens, a curva é de mudança em progresso e, entre as mulheres, de variação estável, embora na faixa mais jovem haja uma confluência de usos. Nas duas cidades, já na década de 1970 – época em que foram feitos os registros magnetofônicos –, as mulheres da última faixa etária apresentam percentual de ocorrência praticamente idêntico.

Figura 5 – Vocalização em Salvador e Porto Alegre, em posição de coda externa, no que se refere a faixa etária e gênero.

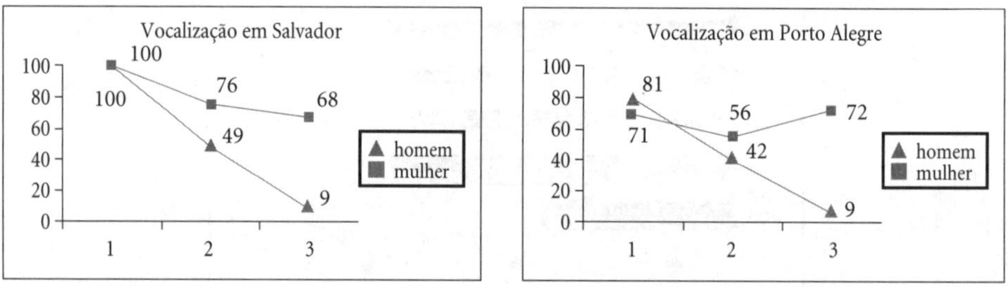

Collischon e Costa (2005: 14) afirmam que pesquisas mais recentes, como as de Quednau (1993), Tasca (1999) e Espiga (2001), já mostraram que a vocalização é hoje praticamente categórica na capital gaúcha – embora a realização velarizada e alveolar sejam registradas ainda em outras cidades do Sul do país –, o que confirma a mudança em progresso assinalada na década de 1970.

Uma assimilação acústica?

A velarização do L, quando seguido por uma consoante velar (*alga*, *qualquer*), pode ser explicada como um processo de assimilação articulatória. Para as vogais que precedem a consoante, no entanto, a mesma explicação de ajuste articulatório da configuração do trato vocal não se aplica. Talvez o processo se deva mais às propriedades acústicas que propriamente articulatórias.

Lass (1984: 78) propõe uma explicação de natureza acústica para o arredondamento das vogais anteriores seguidas por um L velarizado em alguns dialetos do alemão austríaco. A hipótese se concentra no fato de (I) os sons posteriores ou velarizados apresentarem tonalidade mais grave, isto é, um segundo e terceiro formantes mais baixos, e (II) o arredondamento de vogais anteriores terem o efeito de abaixar o seu segundo formante. O processo de arredondamento de vogais anteriores seguidas por uma lateral velarizada poderia ser visto como um ajuste do segundo formante da vogal ao da consoante subsequente e interpretado, assim, como uma assimilação acústica. Enquanto nos dialetos germânicos a assimilação é regressiva, a ser verdadeiro esse paralelismo, a assimilação acústica, em português, seria progressiva. De fato, nos dialetos do português do Brasil, depois da vogal arredondada posterior [u] é menos frequente o glide posterior arredondado [w] que depois de vogais baixas (ca[w]da mais provável que cu[w]to).

Uma representação autossegmental

Em qualquer dos modelos lineares, em que não há uma organização interna na representação dos sons, seria bastante complexo formalizar a cadeia de mudanças, em que uma lateral velarizada passe a um glide posterior arredondando: ɫ *velar* → w. No modelo gerativo linear, seria necessário mudar todos os traços do segmento da etapa anterior e a mudança poderia ser aleatória, nada impedindo formalmente que um ɫ velar tivesse como próxima etapa de mudança uma fricativa álveo-palatal (ʃ).

No modelo não linear, em que há uma organização interna e hierarquizada dos sons, a formalização do processo torna-se bastante simples e natural. Quednau (1993) estabelece como forma de representação para a mudança *ɫ* → *w* um segmento complexo,[3] o ɫ velarizado. Neste modelo, o *ɫ* velarizado apresenta um nó consonantal e um nó vocálico, como se pode ver no Gráfico 1, a seguir.

Gráfico 1 – Representação do processo de vocalização do *l* (Quednau, 1993).

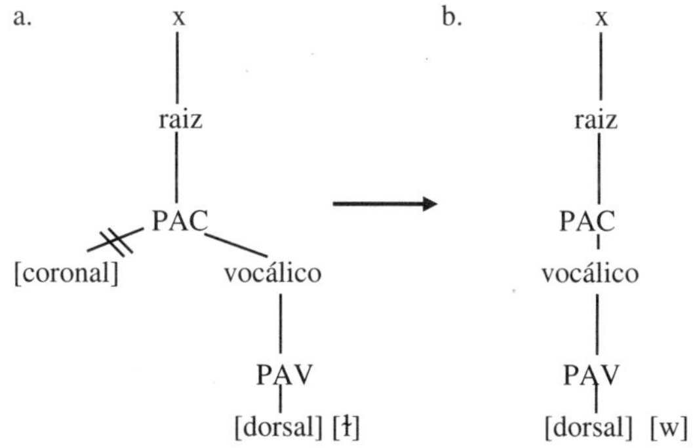

As etapas da mudança seriam as seguintes: (I) a inserção de um nó vocálico, com ponto de articulação dorsal, que corresponde à representação da lateral velarizada; (II) o cancelamento do nó consonantal, levando ao glide posterior arredondado [w]. Assim, a vocalização pressuporia um estágio anterior velarizado, ainda operante em alguns dialetos do PB.

O CASO DO R: MUDANÇA DE BAIXO PARA CIMA?

A realização do R, determinada dialetalmente, vai de uma vibrante múltipla alveolar (rara em posição de coda) a um zero fonético (em posição final de vocábulo). Essa possibilidade de variadas realizações pode ser vista como vestígio de um processo de enfraquecimento, que leva até mesmo ao apagamento do segmento. A sequência postulada seria r → R → x → h → Ø.

O enfraquecimento do R, especialmente a mudança de uma vibrante para um tepe, constitui um processo bastante difundido, da mesma forma que o de posteriorização, que representa uma tendência universal, registrada em várias línguas, românicas e germânicas, em estágios diferenciados: "a substituição de um r apical por um uvular em várias línguas europeias deve ter ocorrido por etapas discretas" (Weinreich, Labov e Herzog, 1968: 131, citando Hoenigswald, 1960: 73).

A mudança do ponto de articulação de ápico-alveolar para uvular/velar foi atestada, em relação ao português do Brasil, em fins do século XIX, e, por muito tempo, foi considerada uma pronúncia viciosa, a ser evitada na língua padrão (Vianna, 1903; Oiticica, 1955).

Hammarström (1953: 175-6) não considera a posteriorização *per se* um processo de enfraquecimento, mas sim uma consequência da tensão necessária à produção das vibrações de um R múltiplo. Em suas palavras:

> a tensão necessária à pronúncia de um r̲ alveolar muito forte tem por efeito fazer vibrar quase toda a língua e levantar, pelo fato de a língua estar tensa, sua parte posterior [...]. Teríamos, assim, durante um momento, um r̲ ao mesmo tempo alveolar e uvular, mas que se transformaria num r̲ simplesmente uvular [...]. O ponto essencial de nossa explicação é, como vimos, que se trata de um processo ativado, não por uma tendência ao enfraquecimento, mas por uma grande força articulatória.[4]

Vianna (1903) considera o R no português do Brasil como uma fricativa velar sonora. Nos dias de hoje, sua pronúncia como fricativa glotal surda (aspiração) é a predominante em muitos dialetos.

Assim, no português do Brasil, o processo não envolve apenas a posteriorização, mas também, como em outras línguas, a diminuição do obstáculo à corrente de ar e, consequentemente, um aumento da energia acústica final, isto é, uma maior abertura articulatória, que implica mudança no grau de sonoridade (cf. Lass, 1984).

As possibilidades de realização do R, expressas na cadeia r → R → x → h → Ø, são encontradas em quase todos os dialetos, embora com percentuais diferentes. Em posição de coda interna à palavra, contexto focalizado, num primeiro momento, em Porto Alegre e São Paulo, a realização predominante é um tepe alveolar, em oposição aos outros três dialetos, que preferem uma fricativa posterior (velar ou glotal), como se pode ver na Figura 3. O domínio da posteriorização é a sílaba, sendo esse processo mais frequente quando o segmento precedente é uma vogal posterior. A consoante no ataque da sílaba subsequente não desempenha um papel na pronúncia do R, exceto em relação à sonoridade: há uma harmonização da sonoridade da consoante subsequente e do R que a antecede.

Dialetos e posteriorização

A realização posteriorizada do R, quer como vibrante uvular, fricativa velar ou glotal, é característica do Rio de Janeiro, de Salvador e Recife, com percentuais acima de 90% nas três cidades. Em São Paulo e Porto Alegre as realizações posteriores apresentam frequência muito baixa: 3% e 4%, respectivamente, podendo servir para o estabelecimento de uma isoglossa que delimita os dialetos. A variante posteriorizada, ainda rara, poderia ser vista como uma inovação em Porto Alegre, uma vez que é mais frequente entre as mulheres jovens; em São Paulo, no entanto, parece haver uma variação estável, pois são as mulheres da segunda faixa (36-55 anos) que utilizam mais essa variante (Figura 6).

Figura 6 – Curva de posteriorização do R em Porto Alegre (esq.) e em São Paulo (dir.).

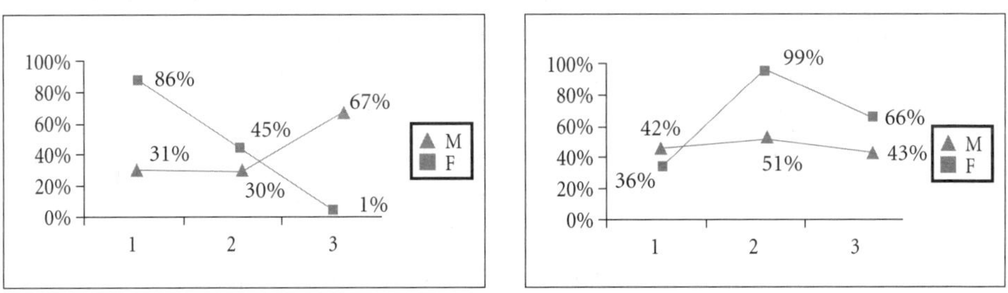

Por outro lado, mesmo nos dialetos em que o processo de posteriorização está praticamente concluído, como no Rio de Janeiro, são sempre as mulheres que apresentam uma frequência mais alta, embora com o mesmo padrão de distribuição dos homens, conforme se vê na Figura 7.

Figura 7 – Curva de posteriorização do R no Rio de Janeiro por faixa etária e gênero.

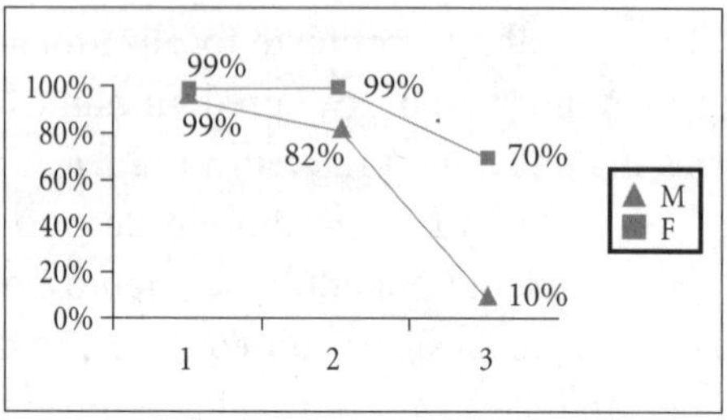

As etapas do processo

À primeira vista, as diversas realizações do R, dialetalmente determinadas – vibrantes apicais em Porto Alegre e São Paulo, fricativa velar em Rio de Janeiro e Salvador, e aspirada em Recife –, parecem traduzir um processo de enfraquecimento que termina, em posição final do vocábulo, no cancelamento do segmento.

A realização preferida nos dialetos do sul é o tepe alveolar. A baixa frequência de realizações posteriorizadas pode ser, como se viu, um indicador de um processo em seu início e constitui a situação ideal para se testar sua progressão passo a passo. A hipótese inicial de que a vibrante uvular seria uma etapa necessária em direção a sua fricatização não se confirma. Em Porto Alegre, em que há apenas 4% de fricativas posteriores, não se registra uma única ocorrência de vibrante uvular, e, em São Paulo, apenas 1% dessa realização. Nos dialetos do Rio de Janeiro, Salvador e Recife, nos quais a posteriorização se encontra em estágio avançado, a vibrante uvular ocorre raramente e a vibrante ou tepe alveolar são inexistentes. Há, pois, uma distribuição complementar: em Porto Alegre e São Paulo, cidades em que o tepe alveolar é predominante, tanto a vibrante uvular quanto as fricativas velar ou glotal são praticamente inexistentes. No Rio de Janeiro, em Salvador e no Recife, locais em que predominam as realizações fricativas, há um percentual baixo de vibrante uvular. Essa distribuição sugere que, ao invés de haver um único caminho a seguir, os dialetos dispõem de duas alternativas para conduzir o processo de lenização do R. Se a opção for a de reduzir a tensão, pela diminuição do número de vibrações – vibrante alveolar passando a tepe –, alternativa quantitativa, a posteriorizacão será bloqueada e vibrantes uvulares, descartadas. Se a alternativa for qualitativa, isto é, mudança no modo de articulação, é possível prescindir do tepe alveolar, e a vibrante uvular se tornaria uma etapa obrigatória para a fricativização.

Enfraquecimento ou fortalecimento?

Segundo Vennemann (apud Hyman, 1975: 165), "um segmento X é considerado mais fraco que um segmento Y se Y passa por um estágio X em seu caminho em direção a zero". O enfraquecimento ocorre tipicamente em posição intervocálica e em posição final de vocábulo e de sílaba, enquanto o fortalecimento tende a ocorrer em início de vocábulo e em posição pós-consonantal.

O enfraquecimento é considerado um aumento da sonoridade e o fortalecimento, um decréscimo de sonoridade. O esquema a seguir sumariza os dois processos opostos (Anderson e Ewen, 1987: 172).

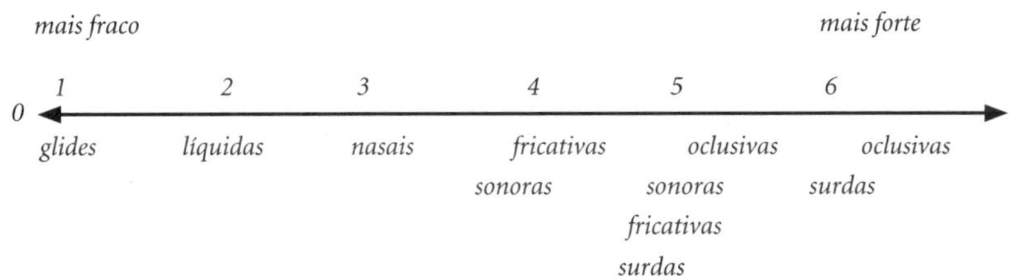

Nessa escala, a fricativização de uma vibrante corresponderia a um processo de fortalecimento. Vista sob o ângulo da hierarquia de complexidade do som na aquisição da linguagem (Jakobson, 1968), as líquidas são sons que se localizam no topo da escala de complexidade. Anderson e Ewen (1987: 169) traduzem as leis estruturais de Jakobson pela seguinte hierarquização:

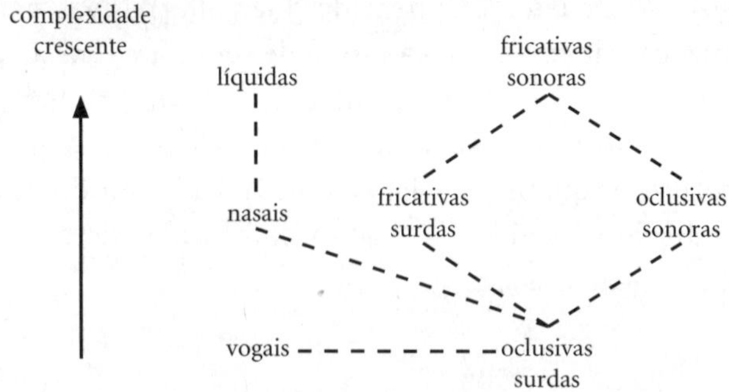

As mudanças na pronúncia do R são mais bem explicadas em termos de uma simplificação articulatória de sons complexos - marcados - do que em termos de um processo de enfraquecimento mensurável pela escala de sonoridade. Essa complexidade pode ser avaliada por meio da escala proposta por Jakobson.

Dialetos e o cancelamento do R

Como se viu, uma tendência expressa pelas variações do R, observada em quase todas as línguas, é a posteriorização do ponto de articulação da consoante que ocorre até mesmo em posição de ataque (*relva*, *carro*) - acompanhada, em posição final de vocábulo, de um processo de enfraquecimento e perda (Granda, 1966; Martinet, 1969; Påhlsson, 1972, entre outros). Sob a ótica neogramática, trata-se de uma mudança foneticamente condicionada, sendo necessário determinar de forma mais acurada os fatores que favorecem a atuação dos processos. Outros pontos a serem aprofundados dizem respeito à possibilidade de cada variante representar um passo na escala ordenada de enfraquecimento, ou, ao contrário, corresponder a um único processo, sem etapas intermediárias, e à teoria fonológica que melhor daria conta dos fenômenos em questão.

A distribuição da regra de cancelamento do R está relacionada à região de origem do falante.[5] As cidades de Salvador e Porto Alegre encontram-se em etapas opostas, a primeira no sentido de perda do segmento, e, a última, de preservação. As cidades de Recife, Rio de Janeiro e São Paulo apresentam ainda equilíbrio entre as duas tendências (Figura 8).

Figura 8 Pesos relativos de aplicação de regra de apagamento por cidade.

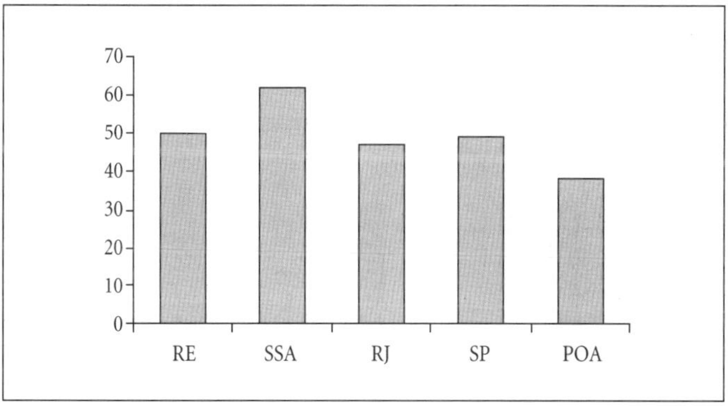

Se levarmos em conta a distribuição por faixa etária, observam-se duas tendências: uma relativa ao Rio de Janeiro e a São Paulo – variação estável – e outra relativa a Salvador e Recife, no sentido de uma mudança em progresso, com ápice de apagamento entre os mais jovens, acima de 80%. No caso do Rio de Janeiro e de São Paulo, em que se observa uma curva de variação estável, o menor índice de apagamento se dá na faixa intermediária, com percentual mínimo de cancelamento (11%) em São Paulo. Em Porto Alegre, há um equilíbrio entre as faixas, com percentual um pouco mais alto de apagamento na segunda faixa etária (Figura 9).

Figura 9 – Distribuição do processo de apagamento por cidade e por faixa etária.

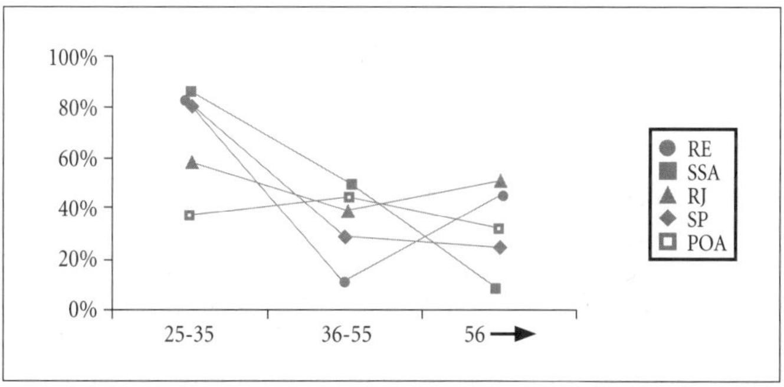

Como a classe morfológica demonstrou ser o grupo de fatores primordial para o cancelamento da consoante, em posição final de vocábulo, os dados foram subdivididos em nomes e verbos, a fim de testar a hipótese difusicionista, defendida no Brasil por Oliveira (1981), segundo a qual a mudança se dá gradualmente pelos itens lexicais ou pela classe morfológica a que esses itens pertencem.

A Figura 10 apresenta os resultados relativos às taxas distintas de manutenção e apagamento do segmento fônico em formas nominais e verbais, sem levar em conta a distribuição das variantes por cidade.

Figura 10 – Distribuição de manutenção e apagamento em nomes e verbos.

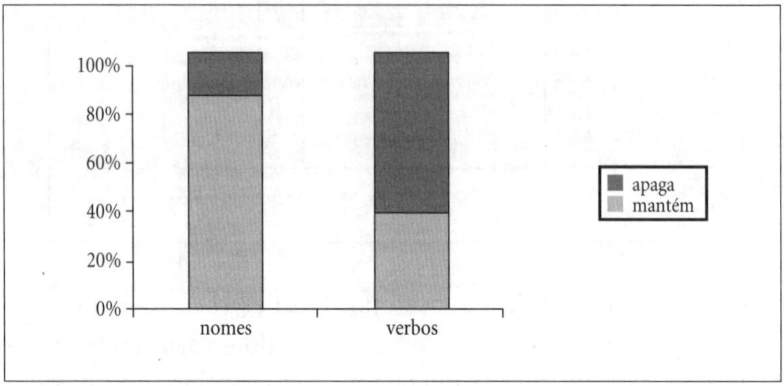

Nos nomes, o percentual geral de manutenção é de 83%, e, nos verbos, de apenas 35%. Essa distribuição tem reflexo direto no grupo de fatores "dimensão do vocábulo". No que se refere aos verbos, o número de sílabas do vocábulo é praticamente neutro para a aplicação da regra. Já nos nomes, o percentual de queda está diretamente relacionado à dimensão do vocábulo, o grupo sendo selecionado como favorecedor do processo de cancelamento apenas no que se refere aos nomes.

Tabela 2 – Cancelamento nos nomes do /r/ final por número de sílabas do vocábulo.

	P.R.	%	oco/total
Monossílabo	.22	2%	2/48
Dissílabo	.53	22%	70/312
Trissílabo	.61	21%	21/98
Polissílabo	.64	38%	3/8

Assim, para o entendimento da atuação da regra de apagamento do R, é necessário distinguir a classe morfológica do vocábulo, além da posição que o segmento ocupa: interna (final de sílaba) ou externa (final de vocábulo). Há indícios, pois, de que os condicionamentos são tanto fonológicos como morfológicos e sociais. Isso contradiz a hipótese neogramática mais radical, para a qual prevaleceriam apenas fatores fonético-fonológicos na implementação da mudança.

REGRA LEXICAL OU PÓS-LEXICAL?

No processo de apagamento do /r/, opera tanto um condicionamento morfológico (nome *versus* verbo) quanto um suprassegmental, a sílaba. O contexto de sílaba interna, tanto em nomes quanto em verbos, desfavorece o apagamento, enquanto o de sílaba final favorece o apagamento, nos verbos. Tal fato parece sugerir que a regra de apagamento é uma regra lexical, de aplicação categórica, não podendo, pois, expressar a variação. Se a regra fosse pós-lexical, nível no qual não mais atua a informação morfológica, ela admitiria uma aplicação facultativa, podendo assim retratar uma saída fonética variável, independentemente de percentuais de aplicação e de condicionamentos sociais, uma vez que no modelo da fonologia lexical só se expressa o condicionamento estrutural.

Um complicador, no entanto, surge quando se examina em fronteira vocabular o encontro de um /r/ final seguido de vocábulo iniciado por vogal. Duas situações estão presentes: cancelamento do /r/ [fe.ˈʃaØ.a.ˈpɔx.ta] ou sua ressilabificação e pronúncia como vibrante simples [fe.ˈʃa.ɾa.ˈpɔx.ta]. No primeiro caso, tem-se uma regra que se aplica antes da ressilabificação; no segundo, uma regra que se aplica depois da ressilabificação.

Poder-se-ia estipular que haveria dois tipos de falante: um em que a regra de apagamento fosse lexical e outro em que fosse pós-lexical. Esta é a proposta de Quednau (1993) para a vocalização do /l/, que apresenta situação semelhante.

Neste caso, porém, as duas possibilidades sem ressilabificação e cancelamento e com ressilabificação e vibrante simples estão no mesmo falante: um homem de Salvador, faixa etária intermediária (36-55 anos). Assim o processo em estudo jamais é categórico.

Não se trata, portanto, de haver falantes com gramáticas diferentes, e sim, no que se refere ao cancelamento do /r/, de haver mais de uma gramática no mesmo falante, acionada em situações ou intenções de fala diversas. Outra questão é a de que se trata de uma regra variável, tradicionalmente considerada como pós-lexical, para a qual se faz necessário um condicionamento de especificação morfológico.

UMA MUDANÇA GRADUAL OU ABRUPTA?

À primeira vista, as diversas realizações do /r/, dialetalmente determinadas – vibrantes apicais em POA e SP, fricativa velar em RJ e SSA e aspirada em

RE – parecem traduzir um processo de enfraquecimento que termina, em posição final do vocábulo, no cancelamento do segmento. Pode-se imaginar, assim, as etapas: r → x → h → Ø.

POA e SP, que privilegiam em posição medial as variantes vibrantes, com percentuais mínimos de fricativas velares, aspiração e zero, estão apenas iniciando o processo de mudança. No outro extremo, RE, onde ocorre um maior percentual de aspiração ou fricativa glotal, está no terceiro estágio do processo. RJ e SSA ocupam uma posição intermediária. Em todos os dialetos, o processo teria avançado mais em posição final de vocábulo, em que a variante majoritária é zero.

O processo de enfraquecimento é geralmente tratado em termos de uma escala de força estabelecida com base em graus de abertura do trato vocal, que provocariam um decréscimo gradual da resistência à saída da corrente de ar: quanto menor a resistência, maior a sonoridade do segmento. A escala de força parte dos sons para cuja produção há um maior obstáculo, portanto, os de menor sonoridade. Essa resistência vai diminuindo gradativamente – a sonoridade aumentando – até seu apagamento.

Essa hierarquia de força tem sido tradicionalmente traduzida pela seguinte escala de sonoridade: *oclusiva* > *fricativa* > *nasal* > *líquida* > *aspiração* > *zero*. Nessa escala, o deslocamento para a direita acarreta uma diminuição da resistência à passagem da corrente de ar e, consequentemente, um processo de enfraquecimento.

Um problema surge, porém, com a aplicação dessa hierarquia ao caso em foco: a passagem r → x não pode ser considerada um enfraquecimento. É antes um fortalecimento, pois a líquida [r] está numa posição baixa na hierarquia, sendo mais fraca que a fricativa velar [x], que está mais acima na escala de força.

A pergunta é, pois, por que se fortalece um som para depois enfraquecê-lo?

E, já que o caso em questão implica uma escalaridade, resta verificar 1) se o fortalecimento é necessariamente um *input* para o enfraquecimento e 2) se é possível "pular" etapas, isto é, passar de [r] a [ø] ou de [x] a [ø] sem as fases intermediárias.

As respostas a essas perguntas exigem o exame das realizações dos dialetos e dos falantes das áreas em que a mudança está em início, pois é bastante provável encontrar aí evidências concretas dos caminhos que estão sendo seguidos na implementação do processo. Num dialeto em que a mudança esteja em fase mais adiantada, é possível que as fases anteriores já tenham sido superadas sem deixar vestígios.

O exame das variações encontradas nas sílabas internas dos vocábulos, dos falantes de POA e SP, mostra que são esses os dialetos mais conservadores e que é em sílaba interna que a mudança está ainda em fase inicial, o que se atesta pela baixíssima frequência de fricativas velares, aspiradas e zero.

Em outras palavras, estamos procurando saber se a mudança é gradual ou se pode ser abrupta.

O dialeto de São Paulo, em que predomina a vibrante simples (87%), oferece uma evidência de que é possível pular etapas: em coda interna, ocorre a queda (20%), mas não a aspiração. Lembremo-nos de que esse é um dialeto conservador em que a mudança apenas se inicia. Mesmo em posição final, em que a mudança está mais avançada, há a passagem abrupta, pois aí se tem 0% de aspiração e de fricativa velar e 49% de queda *versus* 41% de vibrante alveolar simples.

O exame de produções individuais das sílabas internas em SP e POA também mostra uma passagem abrupta. Em SP, uma mulher da segunda faixa etária não tem fricativas velares nem aspiração, mas cancela o /r/ em 12% dos casos. E um falante masculino de POA, também da segunda faixa etária, tem 99% de realizações como vibrante e 1% de aspiração, sem que ocorram quaisquer outras variantes. Há porém um único falante de POA que apresenta todas as etapas, os percentuais das realizações indicando a gradação da mudança: 68% de vibrante, 9% de fricativa velar e 6% de aspiração. Assim, há evidências de que a mudança se opera individualmente tanto em saltos como gradualmente.

Por último, deve-se indagar por que o /r/ se enfraquece a ponto de ser cancelado em posição de coda, e não em *onset*. Na verdade, todas as consoantes que travam sílaba – S, R e L – podem ser canceladas no português do Brasil. Sem dúvida, o apagamento em coda torna a sílaba aberta, simplificando, assim, a estrutura silábica e alcançando o padrão ideal CV. Em *onset* o apagamento conduz ao padrão V e à possibilidade de encadeamento de várias vogais, o que não é, de um modo geral, desejável nas línguas.

Uma resposta pode ser encontrada no Princípio de Sequenciamento da Sonoridade, que exige o aumento da sonoridade dos *onsets* silábicos na direção do núcleo e a sua diminuição a partir do núcleo para a coda. Esse princípio, que se aplica à constituição dos grupos consonantais, reformula em termos de sonoridade o que os fonetistas já diziam há muito tempo: existe uma tendência a aumentar o desequilíbrio ou a assimetria que constitui uma lei fundamental da sílaba, reforço da explosão e debilitação da implosão silábica (Granda, 1966).

A proposta de traços e classe de sons de Clements e Hume (1995) permite quantificar, pela soma dos traços positivos, a sonoridade do segmento. É ela a seguinte:

	[soante]	[aproximante]	[vocoide]	Escala de sonoridade
Obstruinte	–	–	–	0
Nasal	+	–	–	1
Líquida	+	+	–	2
Vocoide	+	+	+	3

O Princípio do Sequenciamento da Sonoridade e a escala apresentada explicam por que ocorre, nas línguas, em *onset*, o grupo *pl*, mas não *lp*. No primeiro, tem-se o aumento da sonoridade em direção do núcleo (0/2), e no segundo, decréscimo (2/0). O mesmo raciocínio explica por que se tem em coda se tem o grupo *rs*, mas não *sr*. Em *rs* há o decréscimo da sonoridade (2/0), já em *rs* há o aumento (0/2).

Segundo Wetzels (notas de aula), nos grupos consonantais em *onset*, em português, o mínimo de sonoridade permitida é 2. Por isso explica por que pode-se ter *pl*, mas não *pn*: em *pl* a soma de cada segmento é 2, e, em *pn*, é 1. Cada língua tem, pois, suas restrições próprias. Nessa perspectiva, o enfraquecimento do /r/ pode ser visto como uma tendência a tornar maior a distância entre a sonoridade do núcleo para a coda. É exatamente o que se está fazendo ao se optar por uma fricativa: o decréscimo núcleo/coda, se coda for a líquida, é apenas 1, já, se a coda for uma fricativa, o decréscimo é 3.

Visto por esse ângulo, em que o foco se desloca do segmento para a sílaba, deixam de existir as contradições encontradas na primeira abordagem. Se o alvo é aumentar o grau de decréscimo núcleo/coda, pode-se optar tanto por [x] ou [h], independendo essa escolha da precedência temporal de um dos segmentos.

Anula-se, do mesmo modo, a proposta para um mesmo fenômeno de processos sucessivos ou simultâneos de fortalecimento e enfraquecimento, pois não se trata mais de uma cadeia sucessiva de alterações, e sim de escolhas que podem ser feitas aleatoriamente pelo mesmo falante, desde que se alcance uma distância inferior a 3.

É possível também entender por que se elege uma fricativa e não uma oclusiva, ambas com sonoridade 0: é o traço [+ contínuo] do /r/ que preestabelece a seleção. Fica, porém, sem uma explicação a realização posteriorizada das fricativas em detrimento de um ponto de articulação [+ anterior].

Em resumo, a análise do /r/ em posição de coda mostra que:

1. é preciso distinguir a posição interna e a posição externa do vocábulo, não só no que diz respeito à distribuição das variantes, mas também em relação aos fatores favorecedores dos processos ocorrentes nessas posições;

2. Os processos estão condicionados regionalmente: existe uma fronteira dialetal entre POA/SP e RJ/SSA/RE, que se torna mais nítida na posição interna: POA e SP optam pelas realizações vibrantes, e RJ/SSA/RE, pelas realizações fricativas;
3. Os mesmos grupos de fatores foram selecionados para os dois contextos: gênero, faixa etária, vogal antecedente, contexto subsequente, dimensão do vocábulo, classe morfológica, a oposição se atualizando diferentemente em cada uma das cidades. Por exemplo, gênero e faixa etária não são selecionados em POA em posição final, ao contrário de SP, SSA e RE. Já o grupo de fatores classe morfológica é selecionado como favorecedor do processo de apagamento em todas as cidades, embora a ordem na seleção não seja a mesma. Isso significa que a diferenciação dialetal não se resume apenas a percentuais de ocorrência de uma determinada realização podendo definir-se, também, em termos de grupos de fatores e de fatores condicionantes;
4. Os mecanismos tradicionais de fonologia lexical para determinar o nível em que se aplica a regra de enfraquecimento levam a um paradoxo: num mesmo falante, a regra pode ser lexical ou pós-lexical;
5. O chamado processo de enfraquecimento pode ser traduzido como uma tendência a aumentar a distância na escala de sonoridade entre *núcleo* e *coda*.
6. A análise dos dados de falantes de POA e SP indica que a mudança pode ser gradual ou abrupta.

Restaria ainda investigar outros fatores tais como ritmo e velocidade da fala para ver se o paradoxo apontado no item 4 não se desfaria; e se o(s) processo(s) de mudança é(são) de natureza neogramática ou difusionista.

Para finalizar, fica claro que a norma de pronúncia do /r/ aponta para um processo de posteriorização, de enfraquecimento: de anterior para posterior (velar ou laríngeo), com eventual mudança de modo de articulação de vibrante para fricativa, em posição de coda, chegando até a cancelar-se, em posição final de vocábulo.

Esses resultados parciais mostram que a sociolinguística quantitativa laboviana abre perspectivas bastante promissoras para uma nova orientação dos estudos dialetológicos.

O CASO DO S: UMA MUDANÇA DE CIMA PARA BAIXO?

A realização palatalizada do S travando sílaba no português do Brasil se restringia, de início, ao dialeto carioca. Considerada uma pronúncia nobre, trazida, em princípio, pela corte portuguesa para o Rio de Janeiro, teve seu uso estendido ao Nordeste, região para a qual o falar carioca representava uma norma de prestígio. Marroquim (1934) alude a essa pronúncia palatalizada em Alagoas e Pernambuco, e Silva Neto (1986) refere-se à ocorrência de palatalização no Ceará, mas em determinados contextos, por exemplo, diante de /t/ e /d/: *e[ʃ]te, de[ʒ]de.*

A realização alveolar, contudo, mantém-se numa área considerável do país, embora a pronúncia palatal pareça estar avançando em zonas consideradas ciciantes, como se pode observar nos Atlas Linguísticos brasileiros já publicados.

Nossa análise da palatalização do S limitou-se à posição interna de vocábulo – *pasta, cesta, suspeito, transparente* – em virtude de, em posição final de palavra, estarem envolvidas outras variáveis, como a presença ou ausência de concordância de número no sintagma nominal, tema exaustivamente estudado por Scherre (1988, 1996, 2005).

Os percentuais de ocorrência, como se viu na seção "A vocalização do L", evidenciam que o processo de palatalização restringe-se praticamente a três cidades: uma do Sudeste, Rio de Janeiro, e duas do Nordeste, Recife e Salvador. A análise variacionista revelou que, além de fatores estruturais – segmento subsequente e dimensão do vocábulo –, gênero e faixa etária mostraram-se significativos.

Na cidade do Rio de Janeiro, em que a variante palatalizada é a marca característica do dialeto (índice de 90%), há uma distribuição equilibrada da realização palatal por faixa etária, tanto em posição final de sílaba quanto em final de vocábulo (Figura 11). A variável gênero não se mostrou significativa.

Figura 11 – Palatalização do S em posição medial e final, no Rio de Janeiro.

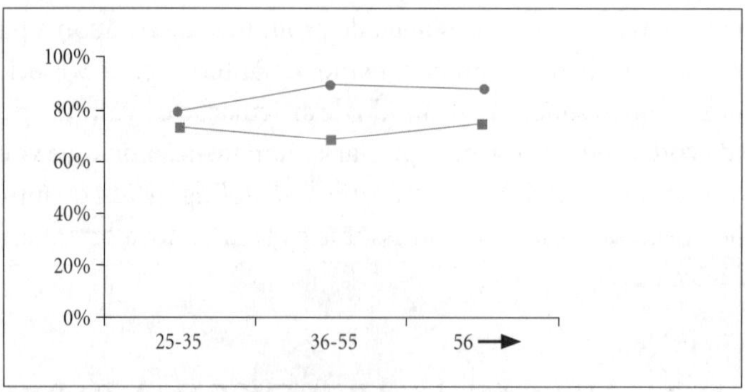

Em Recife, cidade que se aproxima do Rio de Janeiro quanto ao índice de palatalização (85%) – mas apresenta diferenças mais acentuadas entre as faixas etárias e homens e mulheres apresentam extrema polarização (Figura 12) –, há um padrão de variação estável, com oposição nítida na faixa intermediária e menor na faixa mais jovem.

Figura 12 – Palatalização do S em Recife por faixa etária e gênero.

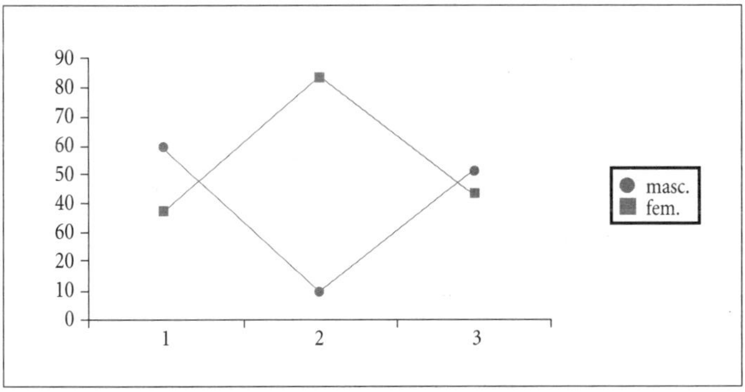

Em Salvador, há um equilíbrio entre realizações palatais e alveolares (53% *versus* 47%, respectivamente), com curva de mudança em progresso e oposição entre homens e mulheres limitada à faixa etária mais alta, como se pode verificar na Figura 13.

Figura 13 – Palatalização do S em Salvador, na fala culta, por faixa etária e gênero.

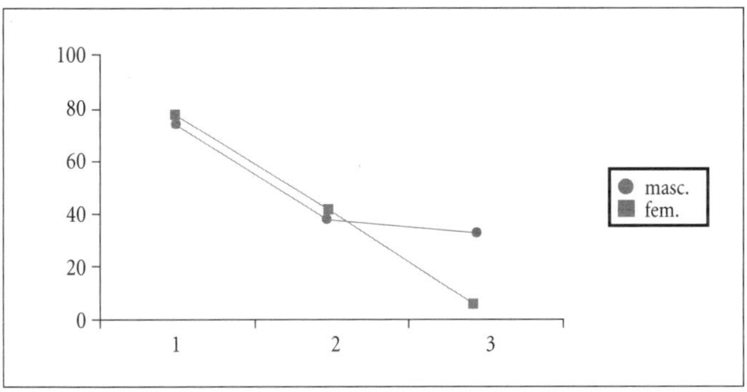

Segundo Mota (2002), houve uma modificação no comportamento linguístico dos falantes de Salvador no espaço de vinte anos (da década de 1970 para a de 1990), no que se refere ao uso da variante palatal. A julgar pela distribuição em tempo aparente (Figura 13), estaríamos diante de uma mudança em curso, com alto índice de palatalização na faixa mais jovem, o que não se confirma nos dados mais recentes, "restaurando-se, nesta faixa, o predomínio da variante [...] alveolar" (Mota, 2002: 402). Ao que parece, houve uma retração da mudança que estaria sendo implementada. Esse quadro seria explicado (I) pelo *status* de cada uma das variantes, consideradas ou não de prestígio, a depender da área geográfica; (II) pelo fato de existir no estado da Bahia áreas em que o predomínio é da variante alveolar; e (III) por ter Salvador sofrido modificações de natureza demográfica, socioeconômica e cultural que poderiam repercutir sobre o comportamento linguístico dos falantes. Os movimentos migratórios responsáveis pelo crescimento populacional de Salvador, migração do interior para a capital – invertendo a diferença entre a população urbana e rural, o que já vinha ocorrendo no Sudeste desde a década de 1940 –, teriam deixado marcas linguísticas na norma de Salvador, capital que apresenta maior taxa de crescimento populacional entre 1980 e 1995, e mudanças na fisionomia da cidade desde a década de 1970.

Nos dialetos de Porto Alegre e de São Paulo, a realização alveolar predomina: a palatalização do S em Porto Alegre ocorre em 23% dos casos e em São Paulo, em apenas 9%. Em Porto Alegre, há um nítido contraste entre homens e mulheres da segunda faixa etária: as mulheres preferem a realização palatalizada e os homens, a alveolar. Em São Paulo, a palatalização se restringe aos homens com mais de 56 anos.

Se compararmos os dados gravados na década de 1970 e na década de 1990 no Rio de Janeiro, cidade em que não houve nesse espaço de vinte anos, mudanças demográficas, socioeconômicas e culturais maciças, como ocorreu em Salvador, pode-se observar que há uma variação estável, com peso relativo maior nos jovens da década de 1990, confirmando, assim, a manutenção do processo de palatalização (Figura 14).

Figura 14 - Palatalização do S no Rio de Janeiro, na fala culta, em tempo aparente (por faixa etária) e em tempo real (em duas décadas).

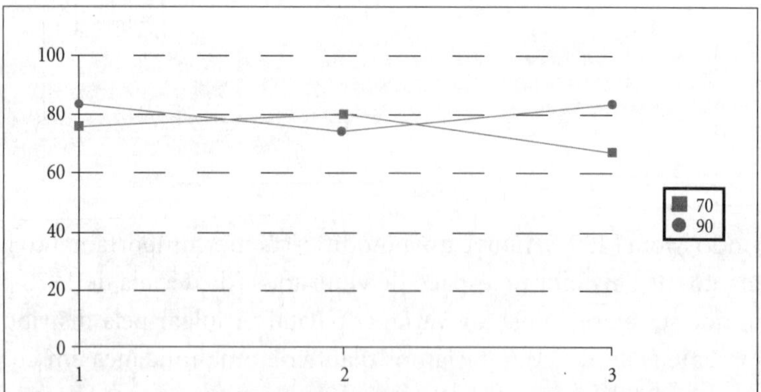

No Rio de Janeiro, também na fala popular, predomina a realização palatal. Scherre e Macedo (1989: 169) concluem, a partir da análise de 3.194 dados de 18 falantes da amostra Censo, "que os cariocas menos escolarizados usam mais palatais". No trabalho pioneiro de Callou e Marques (1975) sobre "O -s implosivo na linguagem do Rio de Janeiro", são analisadas 2.579 ocorrências em três níveis de escolaridade, em homens e mulheres, moradores de seis áreas da cidade do Rio de Janeiro, e chegou-se à conclusão de que a palatalização é, em geral, mais frequente (85%), e é no nível 2 de escolaridade (nível médio) que se registra maior variabilidade (76%), sendo a realização não palatal mais frequente nas mulheres (12%) que nos homens (6%). A constatação de que uma área como a Zona Sul – onde é mais acentuada a interação sociocultural e espacial – oferece maior grau de oscilação confirmou a necessidade de estudar a influência da fala de indivíduos procedentes de outras regiões do país sobre a linguagem do Rio de janeiro.

Sobre o -s na fala das demais regiões do estado do Rio de Janeiro, há apenas os trabalhos realizados, na perspectiva sociolinguística variacionista, por Gryner e Macedo (2000), referente à região de Cordeiro, na serra no centro-norte do estado, os de Brandão (1997, 2000) e Rodrigues (2001), relativos à região norte-noroeste (13 localidades dos municípios de Campos, Macaé, São João da Barra, Itaocara, Cambuci, São Fidélis e Itaperuna), além do que se depreende do *Atlas fonético do entorno da Baía de Guanabara* (Lima, 2006), que focaliza a fala de quatro localidades da região metropolitana do Rio de Janeiro.

Tanto na fala de Cordeiro quanto na do norte-noroeste, em que se registraram além da variante palatalizada (31%, na primeira área e 18%, na segunda) também a aspirada e o cancelamento, predomina a pronúncia alveolar, presente, respectivamente, em 54% e 56% das ocorrências.

Rodrigues (2001) realizou sua pesquisa com base na fala de indivíduos do sexo masculino, analfabetos ou escolarizados até a quarta série do nível fundamental, distribuídos por três faixas etárias. Sua análise demonstrou que, em contexto medial, a palatalização é mais produtiva (30%) do que em contexto final (18,%), mas, em ambos os casos, entre as variáveis que se mostraram mais salientes para a implementação da regra, destacam-se o *modo* e *ponto de articulação do segmento subsequente*, a *área geográfica* e a *faixa etária*.

Nos dois contextos, sobressaem como condicionadoras da palatalização as africadas e as oclusivas dentais. Quanto à área geográfica, nas comunidades mais urbanizadas – aquelas com traço [- rural], quer interioranas, quer litorâneas (Figura 15) – é onde mais se observa o processo, sendo "os mais jovens os implementadores da regra, que é menos produtiva à medida que aumenta a idade dos falantes" (Rodrigues, 2001: 89).

Figura 15 – Difusão da variante palatal de S pelas diferenças geográficas segundo a posição no vocábulo.

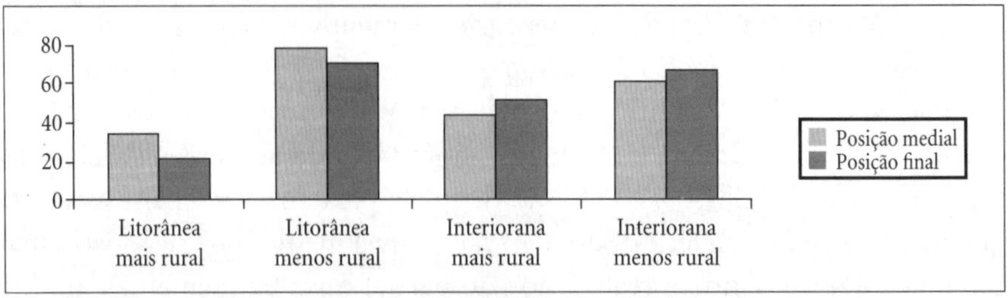

No *Atlas fonético do entorno da Baía de Guanabara*, o -S pós-vocálico foi focalizado em 58 cartas: em 31 delas, ocorre em coda interna, e, nas demais 27, em coda externa, sendo que, dentre as últimas, há 10 em que o segmento contém valor mórfico. Registraram-se as variantes [s z ʃ ʒ h], além do cancelamento, predominando na fala das comunidades, como um todo, as variantes fricativas pós-alveolares (86,6%), a exemplo do que ocorre na cidade do Rio de Janeiro (cf. Figura 11).

No *Atlas linguístico do Amazonas* (Cruz, 2004), com base em 15 cartas fonéticas, observa-se o predomínio da concretização alveolar tanto em contexto interno (52,25%) quanto externo (49%), embora a palatalização seja bastante produtiva, concentrando-se, sobretudo, nas localidades de Barcelos, Itacoatiara e Parintins, no Alto Rio Negro e no Médio e Baixo Amazonas.

A hipótese de que a palatalização do S constitui uma mudança de cima para baixo apoia-se em evidências fracas, porquanto o processo de expansão da regra não está atestado historicamente. Além disso, como essa regra não acarreta nenhum tipo de fusão, torna-se impossível fazer uso do paralelo proposto por Labov (1994) entre tipos de fusão e mudanças "de cima para baixo" e/ou "de baixo para cima". No português europeu, à palatalização do /s/ se soma um processo de fusão, variável, com /s/, no interior e em fronteira de palavra, como em *nascer* [nas'ser] ou [na'ʃer] e em os *sapatos* [uʃ#sa'patuʃ] ou [uʃa'patuʃ] (Andrade e Rodrigues, 2004: 257). A fusão em [ʃ] não se limita ao falar de Lisboa, tendo também expressão significativa em Braga (Andrade e Rodrigues, 2004: 263).

CONSIDERAÇÕES FINAIS

Alguns aspectos estruturais e sociais devem ser destacados, no que tange às consoantes em coda silábica:

(I) se a representação autossegmental de Clements e Hume (1995) for adotada, a velarização do L constituiria uma etapa necessária para o estágio seguinte de vocalização. Entretanto, no caso do R, a explicação para a posteriorização não parece tão clara. A palatalização do S não se encaixa em nenhum dos princípios anteriormente mencionados. Parece tratar-se de um caso de mudança – cujo alvo seria imitar uma pronúncia supostamente de prestígio – que se comporta de forma diversa, não estando sujeita a tendências universais;

(II) as múltiplas realizações das consoantes em pauta se prestam a estabelecer delimitação de áreas dialetais;

(III) gênero constitui uma variável significativa, indicando, na maioria dos processos, uma cisão na fala de homens e mulheres;

(IV) o processo de posteriorização é comum às três consoantes;

(V) é possível explicar as múltiplas realizações das líquidas, em posição de coda, pela atuação de princípios universais, como o da direção da mudança, segundo o qual sons menos complexos (não marcados) tendem a substituir os mais complexos (marcados);

(VI) o cancelamento de R corresponde a uma mudança que teve início no nível popular, sendo até mesmo estigmatizada, ao contrário do que ocorre com a palatalização do S, que estaria relacionada, na sua origem, à pronúncia da corte e seria prestigiada, questão discutida desde o Primeiro Congresso de Língua Nacional Cantada, em 1937. Vale acrescentar que Bortoni et al. (1992) afirmam que os falantes de Brasília tendem a eliminar traços regionais característicos de outras regiões, como o chiado carioca. No Rio de Janeiro e em Recife predomina a realização palatal, e em Minas Gerais, São Paulo, no Paraná e Rio Grande do Sul predomina a sibilante. Na Bahia, há um equilíbrio e, em grande parte do Nordeste, a realização palatal encontra-se restrita a alguns contextos, como já afirmara Silva Neto (1986). Trabalhos sociolinguísticos e dialetológicos realizados sobre essas variantes no português do Brasil, tanto na fala culta quanto na popular, como os de Scherre e Macedo (1989), Canovas (1991), Hora (1999, 2002), Gryner e Macedo (2000), Brandão (2000) e muitos outros, confirmam essa distribuição.

NOTAS

1 "Mais si c'est une consonne que suit immédiatement le l, on prononcera ce l comme un u, par exemple dans *loyalment, principalment* prononcés *loyaument, principaument*."

[2] Do total de 9 mil ocorrências de s, foram computadas 3 mil em posição interna e 6 mil em posição externa.

[3] Entende-se por segmento complexo aquele que possui uma articulação secundária (labialização, palatalização, velarização) e que apresenta um nó de raiz com duas articulações orais de níveis diferentes.

[4] "la tension nécessaire à la prononciation d'un r alveolaire très fort a pour effet de faire vibrer à peu près toute la langue et de relever, du fait de la langue est tendue, sa partie posterieure [...]. On aurait donc, pendant um moment, um r a la fois alveolaire et uvulaire, mais qui se transformerait em um r simplement uvulaire [...]. Le point essenciel de notre explication, c'est, on la vu, qu'il s'agit d'un processus mis en branle, non par une tendance à l'affaiblissement, mais par la grande force articulatoire".

[5] Analisaram-se, em final de vocábulo, segundo a metodologia sociolinguística quantitativa laboviana, 4.300 ocorrências de /r/, com base em 30 inquéritos do tipo diálogo entre informante e documentador (DID) ou diálogo entre dois informantes (D2), distribuídos por área geográfica, Porto Alegre (POA), São Paulo (SP), Rio de Janeiro (RJ), Salvador (SSA) e Recife (RE), por faixa etária (I, 25-35 anos, II, 36-55 anos, e III, 56 anos em diante) e gênero.

8

CONSOANTES EM ATAQUE SILÁBICO: PALATALIZAÇÃO DE /t, d/

Maria Bernadete M. Abaurre
Emilio Gozze Pagotto

Neste capítulo, discutimos a aplicação da regra variável de palatalização nos *corpora* representativos das cinco capitais estudadas no Projeto da Gramática do Português Falado.[1]

A palatalização é o processo assimilatório no qual a parte frontal da língua se move em direção ao palato duro. Pode afetar tanto consoantes articuladas na região posterior da cavidade bucal, como /k/, /g/, quanto consoantes articuladas na região anterior da cavidade bucal, tais como /t/, /d/, /s/. Observamos aqui a realização das consoantes oclusivas dentais /t/ e /d/, nos contextos em que são seguidas de uma vogal foneticamente realizada como alta anterior [i] (que pode, em alguns casos, estar apagada, pela atuação de outras regras fonológicas). Obviamente, os *i* se distinguem no espaço acústico, de região para região, ou quando são fruto do processo de elevação da vogal /e/, ou quando são fruto do processo de ditongação [y]. Aparentemente, isto não altera o processo, embora um dos grupos de fatores que propomos no presente trabalho tenha como objetivo testar essa possível influência.

Tal processo costuma ser descrito como a assimilação de traços da vogal [i], por parte da consoante, o que dá origem a um segmento complexo t^y, que tem como consequência uma realização africada [tʃ] do fonema /t/ (ou, na sua versão sonora [dʒ], realização africada do fonema /d/). Os trabalhos inspirados na teoria fonológica têm comumente tomado esse processo como o de assimilação do traço [coronal] da vogal [i] por parte da consoante, criando um segmento complexo que dá origem à africada palatoalveolar. Para mais detalhes de possíveis análises fonológicas, remetemos a Bisol (1986) e Hora (1990).

Do ponto de vista histórico, a palatalização das oclusivas diante de [i] é uma inovação relativamente recente no português do Brasil. Um dos aspectos interessantes desse fato é a maneira pela qual a entrada das variantes palatalizadas é considerada socialmente, em nível nacional. No Primeiro Congresso de Língua Cantada, ocorrido em 1937, a realização recomendada para as oclusivas diante de [i] é a não palatalizada; já no Congresso Brasileiro de Língua Falada no Teatro, de 1956, a palatalização das oclusivas é admitida, mas não recomendada. Mais recentemente, em 2005, a padronização da pronúncia no canto erudito, proposta no IV Encontro Brasileiro de Canto – O Português Brasileiro Cantado, toma a forma palatalizada como o padrão a ser seguido, inclusive em casos nos quais se tem uma vogal epentética, como em *ritmo* ou *admirar* (cf. Herr, 2007; Kayama et al., 2007). Esta última recomendação atesta a disseminação da forma palatalizada das consoantes /t/ e /d/ pelo Brasil, em especial por regiões do país difusoras de padrões culturais. Os resultados desta pesquisa, com dados coletados nos anos 1970 junto a falantes com curso superior, poderiam indicar um estágio anterior do processo de disseminação, se comparado aos dias atuais, especialmente no que toca à sua incorporação por falantes mais escolarizados nas cinco capitais estudadas.

O *corpus* utilizado para análise reuniu dados extraídos de 30 inquéritos no total, tomando-se 10 minutos de cada inquérito.

Os dados foram extraídos de dez minutos de cada gravação, tomando-se somente as oclusivas dentais que ocorriam:

a. diante de [i] foneticamente realizado (*an**ti**gamen**te*** [ẽtʃiga'mẽtʃɩ]);
b. diante de [i] em casos de juntura de palavra, após sândi vocálico (elisão) que leva à queda da vogal etimológica que segue a oclusiva (*cento e um* ['sẽtʃi'ũ]);
c. em contextos em que a vogal [i] (epentética ou etimológica) era esperada, mas eventualmente não ocorria (***ad**ministrar*, *me**di**cina* [med'sĩna]).

Observaram-se também os demais contextos de ocorrência das oclusivas a fim de verificar se, eventualmente, outros casos de palatalização ocorreriam, diante de outras qualidades vocálicas. Isto não aconteceu, donde se conclui que a regra variável atuou, no presente *corpus*, somente quando a oclusiva precedia a vogal [i] foneticamente realizada (ou presente em algum estágio da derivação), o que já é conhecido pela literatura da área.

Os dados foram codificados e analisados estatisticamente segundo a metodologia laboviana de análise, tendo-se utilizado o pacote estatístico do Varbrul. Como se terá oportunidade de ver, foram feitas várias rodadas, em função das limitações operacionais do programa e da natureza dos resultados encontrados. Em anexo, se encontra o envelope de variação usado na codificação. Utilizamos a estratégia de empregar, para a codificação, uma descrição detalhada dos dados, de forma a permitir a verificação de eventuais hipóteses auxiliares. Para as rodadas de pesos relativos, muitos desses fatores foram amalgamados, a partir de sua natureza.

DESCRIÇÃO DOS RESULTADOS

Preliminares

Como realizações da variável dependente foram consideradas três formas variantes:

t. [t] ou [d] – oclusiva dental, como em *direito* – [diˈɾeytʊ]
s. [ts] ou [dz] – africada alveolar, como em *atualmente* – [atuawˈmẽtsɪ]
x. [tʃ] ou [dʒ] – africada palato-alveolar, como em *tipo* – [ˈtʃipʊ]

A primeira, obviamente, é a variante não africada e não palatalizada, ao contrário da terceira, que apresenta o corpo da língua em elevação na direção do palato duro, o que dá como resultado um segmento que tem a obstrução de uma oclusiva sem a sua explosão característica – há um estreitamento da passagem do ar e o resultado é o ruído característico de uma fricativa palatoalveolar. A segunda é uma forma intermediária, que apresenta africação, sem no entanto apresentar uma palatalização forte. O resultado auditivo é um ruído próximo da fricativa alveolar [s], o qual transcrevemos como [ts]. Esta forma foi diferenciada da africação produzida pela queda da vogal em palavras como *medicina* [medˈsina], detalhadamente estudada por Bisol (1986), do ponto de vista fonológico. Nos nossos dados, estes últimos casos foram tratados como a realização oclusiva dental não palatalizada e não africada, a primeira de nossas variantes por nós consideradas.

Não é muito claro para nós o estatuto da africada alveolar, tal como a consideramos. Provavelmente é o efeito do enfraquecimento da vogal [i], que passa a se realizar como uma aspiração, a qual produz o efeito acústico de uma africada.

Os resultados totais encontram-se na Tabela 1:

Tabela 1 – Frequência das três variantes no total dos dados.

Variantes	Ocorrências	%
[t]	1.658	40,6
[ts]	27	0,6
[tʃ]	2.396	58,8
TOTAL	4.081	100

Como se pode ver na Tabela 1, foram computadas 4.081 ocorrências da variável. A variante palatoalveolarizada é majoritária, embora não de forma absoluta. Já a variante africada alveolar se mostra completamente marginal no sistema, tendo-se registrado somente 27 ocorrências dela. Isto parece indicar que tal variante, ao menos nos dados das cinco cidades pesquisadas, é apenas um efeito marginal de processos fonéticos outros, não se comportando como uma variante linguística no sentido estrito.

De fato, se observamos os contextos em que mais incidem essas 27 ocorrências da variante [ts], encontramos que a maioria delas se dá:

- em contextos pós-tônicos – 21 ocorrências;
- em final de palavra – 24 ocorrências;
- na cidade de Recife – 17 ocorrências;
- quando a variável é surda, /t/.

Esse tipo de distribuição mostra claramente que se trata, majoritariamente, de um efeito do enfraquecimento da vogal, produzindo uma aspiração, em especial em finais de palavra, em contextos postônicos. Observe-se que não é gratuito que a maioria se registre quando a variável é não sonora, o que reforça a ideia de que, dado o ensurdecimento da vogal, tem-se uma aspiração que produz o efeito acústico de uma africação.

A cidade de Recife, como se verá, apresenta majoritariamente a ocorrência não palatalizada [t]. É sintomático, então, que justamente no sistema local ocorra a maioria dos casos da variante africada não palatal. Como a maioria dos casos se dá em contextos postônicos em final de palavra, pode-se deduzir que se trata de um efeito do enfraquecimento da vogal que segue, produzindo um tipo de aspiração que é percebido como uma africação. De fato, das 27 ocorrências, 15 são casos em que a vogal foi percebida como estando apagada, o que confirma essa impressão.

Dado o inexpressivo número de ocorrências dessa variante, é improvável que se trate, no caso do *corpus* em questão, do início de alguma mudança, embora isso não deva ser descartado em eventuais estudos sobre cidades como Recife. Do ponto de vista metodológico, passaremos a operar com apenas duas variantes, excluindo da amostra os 27 casos da variante africada alveolar.

O funcionamento da variável do ponto de vista extralinguístico

Em todas as rodadas, o grupo de fatores apontado como o mais relevante foi a região geográfica. Isto constitui um forte indício de distribuição de natureza dialetal das variantes. A Tabela 2, a seguir, apresenta os resultados percentuais por região geográfica, rodados contra todos os outros fatores linguísticos:

Tabela 2 – Ocorrência da africada palatoalveolar [tʃ] em relação à região geográfica.

Região Geográfica	Frequência [tʃ]	%	P.R.
Recife	66/949	7	.02
Salvador	642/755	85	.73
Rio de Janeiro	841/844	100	.99
São Paulo	543/747	73	.48
Porto Alegre	304/759	40	.18
TOTAL	2.396/4.054	59	

A Tabela 2 apresenta dois extremos: Recife e Rio de Janeiro. Porém, ao contrário de outros resultados já encontrados no âmbito deste projeto, bem como de outros trabalhos sobre regiões dialetais no Brasil, não há a separação do Brasil em duas regiões – norte/sul. Como se pode ver, os resultados de Salvador são muito próximos dos do Rio de Janeiro, e os resultados de Porto Alegre estão mais próximos dos do Recife. Isto levaria a pensar que, do ponto de vista histórico, não se pode fazer, para a variável, um percurso do tipo espalhamento geográfico por regiões geográficas limítrofes, mas sim a conjectura de que as razões históricas, no seu aspecto externo, seriam outras. Porém, obviamente, pode-se pensar o Brasil com uma forte tendência à palatalização, tendência que talvez se tenha implementado primeiramente no Rio de Janeiro e em Salvador e, posteriormente, em São Paulo e Porto Alegre. Neste último caso, é preciso levar em consideração os resultados de Bisol (1986), segundo os quais a palatalização na cidade de Porto Alegre seria mais elevada. Essa diferença de nossos resultados com relação aos da referida autora pode se explicar em função da constituição do *corpus*: no caso do presente trabalho, trata-se de entrevistas realizadas na década de 1970, quando o processo de implementação poderia estar se complementando, além de termos de considerar que a nossa amostra, por cidade, é muito mais reduzida do que a amostra da referida autora.

Outro grupo de fatores que se mostrou relevante, embora não com a mesma força, foi o da idade. Comumente, a idade é correlacionada à possibilidade de mudança em curso, ainda que não seja o único índice desse tipo de processo. Se porventura encontrássemos um padrão descendente de implementação de uma das variantes, à medida que a idade decresce, poderíamos dizer que os informantes mais novos estão implementando a forma mais nova. Como a palatalização de /t/ diante de [i] é uma inovação do português do Brasil com relação ao português de Portugal (embora a africada palatoalveolar ainda exista em Portugal em outros contextos, cf. Teyssier, 1984), esperaríamos encontrar entre os mais jovens uma frequência maior desta variante. Vejamos o que nos diz a Tabela 3, a esse respeito:

Tabela 3 – Frequência da africada palatoalveolar [tʃ dʒ] em relação à faixa etária

Faixa etária	Frequência	%	P.R.
1ª faixa etária	523/913	57	.49
2ª faixa etária	1.420/2.149	66	.57
3ª faixa etária	453/992	46	.37
TOTAL	2.396/4.054	59	

Os resultados na Tabela 3 não nos mostram um padrão completamente ascendente na aplicação da palatalização. Porém, é possível perceber como a terceira faixa etária – os mais velhos – se distancia dos outros dois grupos, com um peso relativo e um percentual de palatalização inferior. Isto demonstraria que, uma vez que o processo de implementação não se dá nas mesmas proporções nas cidades em que ocorre, tem-se uma mudança que se está completando. Isto fica mais claro se cruzamos os dois grupos de fatores:

Tabela 4 – Realização da africada palatoalveolar [tʃ] por faixa etária e região geográfica.

Faixa etária	Recife	Salvador	Rio de Janeiro	São Paulo	Porto Alegre	TOTAL
1ª Faixa	12/195 6%	230/274 84%	222/225 99%	37/97 38%	22/122 18%	523/913 57%
2ª Faixa	28/515 5%	338/359 94%	495/495 100%	335/398 84%	224/382 59%	1.420/2.149 66%
3ª Faixa	26/239 11%	74/122 61%	124/124 100%	171/252 68%	58/255 23%	453/992 46%
TOTAL	66/949 7%	642/755 85%	841/844 99.8%	543/747 73%	304/759 40%	2.396/4.054 59%

Na cidade do Rio de Janeiro, obviamente não é possível perceber a atuação da faixa etária, em função do resultado de africação em aproximadamente 100%. No caso de Recife, chama a atenção o fato de que é na faixa etária 3 – a mais velha – que se registra proporcionalmente a maior proporção de palatalização (11%), embora esta faixa não esteja muito distante das outras faixas etárias. Tal resultado nos permite assegurar que, com base nos dados analisados, não estaria em curso um processo incipiente de implementação, mas se trata de uma flutuação na realização da oclusiva dental /t/. A análise fica interessante se tomamos as demais cidades, nas quais o grau de variação foi maior. Nos dados de Porto Alegre, São Paulo e Salvador, a faixa etária mais velha tem uma incidência de palatalização inferior à faixa etária intermediária. No caso de São Paulo e Porto Alegre, nota-se um comportamento anômalo da primeira faixa etária, cujos resultados são inferiores à faixa etária 3. De fato não é possível tirar conclusões mais taxativas a respeito dessa faixa etária, nestas duas cidades, em razão de uma falha na amostragem, que somente computou um único informante em cada cidade. O que se vê é o comportamento idiossincrático de um único informante, o que não nos impede de pensar que o processo não tem uma correlação forte com a idade e que poderia estar sendo regulado, eventualmente, por fatores outros que fogem ao controle desta pesquisa.

Para o exame dos demais fatores, tanto fizemos rodadas com as cinco cidades, conjuntamente, como rodadas sem as cidades de Recife e Rio de Janeiro – por polarizarem claramente os resultados –, e rodadas por cidades, individualmente.

Em praticamente todas as rodadas, chamou a atenção o fato de que o grupo de fatores *tipo de inquérito* foi selecionado. Isto levaria a pensar num possível condicionamento estilístico que eventualmente controlaria a variável, o que não tem sido considerado pela literatura que examina a palatalização no português do Brasil. Os resultados gerais, para este grupo de fatores, estão na Tabela 5, a seguir:

Tabela 5 – Frequência da variante africada palatoalveolar em função do tipo de inquérito.

Tipo de inquérito	Ocorrências	%	P.R.
DID	682/1.268	54	.45
D2	971/1.580	61	.52
EF	743/1.206	62	.52
TOTAL	2396/4.054	59	

Esta rodada jogou com o tipo de inquérito contra os fatores linguísticos. O grupo de fatores em questão foi o penúltimo selecionado, e pode-se ver que as diferenças entre os fatores não é grande: as elocuções formais (EF) e os diálogos com dois informantes (D2) teriam uma tendência a se comportar mais semelhantemente, distanciando-se dos diálogos com um informante (DID). Se tais resultados refletissem de fato uma relação com os tipos de inquérito, não faria muito sentido pensar que os diálogos com dois informantes constituíssem uma situação conversacional próxima, em nível de formalidade, das elocuções formais.

Nas rodadas com as três cidades com maior grau de variação (São Paulo, Porto Alegre e Salvador), bem como nas rodadas por cidade, o grupo de fatores voltou a ser selecionado, com resultados ainda mais fortes. É o que se pode ver, por exemplo, na Tabela 6, em que são apresentados os resultados referentes a um total de 2.261 dados das três cidades citadas acima, com todos os grupos de fatores.

Tabela 6 – Realização da africada palatoalveolar por tipo de inquérito, nos dados de São Paulo, Porto Alegre e Salvador.

Tipo de inquérito	Ocorrências	%	P.R.
DID	394/798	49	.26
D2	623/780	80	.74
EF	472/683	69	.51
TOTAL	1.489/2.261	66	

Chamamos a atenção para a consistência dos resultados percentuais e de peso relativo. Tomando-os como refletindo um funcionamento real da variável em função do tipo de inquérito, seríamos levados a pensar que os diálogos de um informante são os que menos favorecem a ocorrência da africada palatoalveolar e que os diálogos com dois informantes, os que mais favorecem a ocorrência desta variante. Resultados semelhantes foram obtidos quando os grupos de fatores foram rodados por cidade. Porém, como não haveria uma explicação plausível para um condicionamento estilístico como o esboçado, cruzamos este grupo de fatores com a idade. O que se percebeu é que, como algumas células só haviam sido preenchidas por informantes de uma certa faixa etária, eles acabaram enviesando os resultados.

Uma rodada efetuada com somente os grupos de fatores extralinguísticos, incluindo-se aí a discriminação de informante por informante, mata a charada. Os grupos de fatores selecionados (e não descartados) pelo programa estatístico foram a região geográfica e os informantes. O que se poderá observar a seguir é uma comparação entre os resultados por cidade e os resultados individuais, por informante. Perceberemos que, em muitos casos, há uma forte discrepância entre o comportamento deste ou daquele informante e a média da cidade. Vejamos:

Tabela 7 – Comparação entre a média de frequência da variante palatoalveolar nas cidades e em cada um dos informantes.

Região Geográfica	Informante	Percentual de Palatalização
Recife Palatalização: 7%	g	7
	r	5
	h	3
	i	16
	H	0
	I	13
	G	0
	R	0
Salvador Palatalização: 85%	q	92
	d	74
	e	74
	f	61
	E	91
	D	93
	Q	93
	F	99
São Paulo Palatalização: 73%	j	91
	k	72
	l	49
	m	38
	L	98
	O	56
	x	89
	y	98
Porto Alegre Palatalização: 40%	a	23
	b	23
	c	18
	B	8
	A	82
	C	95
	M	92

Esta tabela mostra que, especialmente em São Paulo e Porto Alegre, há uma forte oscilação na frequência da variante palatoalveolarizada de um informante para outro. Em Porto Alegre, é de tal maneira que nenhum informante reproduz a média de palatalização anotada para a cidade, que foi de 40%. Não temos condição de explicar essa idiossincrasia, pela distância que nos separa da história pessoal de cada informante, no presente trabalho. É possível especular, no entanto, que essas oscilações se devam a uma entrada relativamente recente da variante palatoalveolarizada, nestas duas cidades, de tal maneira que é possível encontrar informantes nelas nascidos que divirjam tanto na aplicação da regra.

Esta tabela também nos ajuda a entender por que o grupo de fatores *tipo de inquérito* foi selecionado nas outras rodadas. Ocorre que, na confecção do presente trabalho, nem todas as células foram preenchidas, o que levou a que os informantes com comportamento mais idiossincrático pesassem mais neste ou naquele tipo de inquérito. É por essa razão que, enquanto os resultados gerais por tipo de inquérito não são tão fortes, quando se tomam somente as cidades de São Paulo, Salvador e Porto Alegre há uma polarização mais forte segundo o tipo de inquérito. Porém, é preciso também relativizar os resultados por faixa etária. Como se viu, este grupo de fatores foi descartado, quando rodados os dados contra os informantes tomados como fator condicionador. Em vários momentos, somente um informante representou esta ou aquela faixa etária e, deste modo, informantes com comportamentos idiossincráticos pesaram sobre os resultados por idade.

Por fim, o grupo de fatores *sexo dos informantes* não foi selecionado em nenhuma das rodadas, apresentando-se os resultados bastante próximos quanto ao sexo.

A VARIÁVEL DO PONTO DE VISTA LINGUÍSTICO

Como já vimos na seção anterior, o condicionamento extralinguístico foi o que apresentou resultados mais fortes, especialmente os de região geográfica e idade, ressalvando-se as idiossincrasias dos informantes em algumas regiões. Como há processo de dialetação, é óbvio que em cidades como o Rio de Janeiro e Recife a variável será menos sensível à atuação de fatores internos ao próprio sistema, já que se trata de regra categórica e não de fenômeno variável. Assim, checar os grupos de fatores cidade por cidade foi importante, a fim de verificar se o peso de cada grupo de fatores se mantinha, mesmo variando a cidade.

A sonoridade da variável

Este grupo de fatores procura examinar se o processo de palatalização afetaria diferentemente consoantes surdas e consoantes sonoras. Essa correlação tem sido apontada em trabalhos anteriores, como Hora (1990) e Bisol (1986), e estaria relacionada à energia empregada na articulação. O grupo controlou dois fatores:

t. variante surda – *tipo*
d. variante sonora – *dividir*

Na Tabela 8, podemos ver os resultados para este grupo de fatores, para a totalidade dos dados. O peso relativo leva em consideração todos os demais grupos de fatores linguísticos e o de "região geográfica".

Tabela 8 – Ocorrência da variante palatoalveolar em função da sonoridade da variável.

Sonoridade da Variável	Frequência	%	P.R.
/t/	1.160/1.813	64	.63
/d/	1.236/2.241	55	.40
TOTAL	2.396/4.054	59	

A Tabela 8 mostra que a consoante surda apresenta uma tendência maior à aplicação da regra de palatalização do que a consoante sonora. Como dissemos, este condicionamento se mantém em todas as cidades (exceto no Rio de Janeiro, em função do comportamento quase categórico da variável), o que se pode constatar no gráfico a seguir:

Gráfico 1 – Variável segundo a sonoridade por região geográfica.

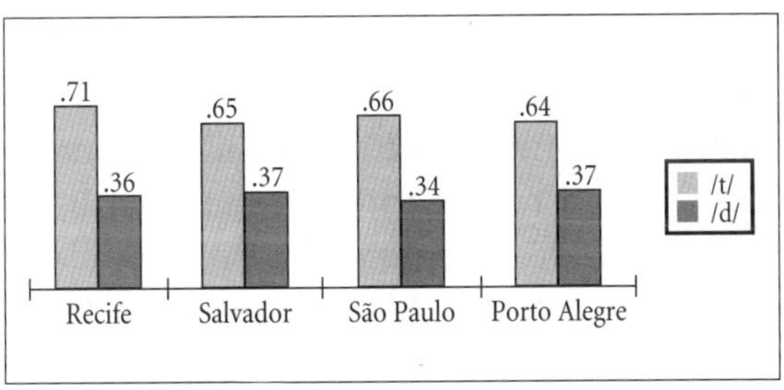

Como se vê, o gráfico apresenta os pesos relativos para as variantes surda e sonora na aplicação da palatalização. Nas quatro cidades, os pesos relativos são bastante próximos, havendo uma nítida diferença entre a variante surda e a variante sonora. Talvez seja possível fazer uma relação entre esse resultado e aquele relativo à variante africada alveolar [ts]. Aventamos a hipótese de que a ocorrência de tal variante, nos dados, se devesse a um processo de lenição da vogal seguinte, que provocaria uma aspiração da qual seria resultante o efeito auditivo de africação. Vimos como a maior parte das variantes registradas se deu em contexto de ausência de sonoridade. É possível pensar que a entrada da palatalização no sistema se dê por meio da consoante surda, estendendo-se depois para as consoantes sonoras, até que o sistema como um todo esteja palatalizado.

A fim de verificar se o processo de palatalização teria comportamento diferente para uma e outra consoantes, foram feitas duas rodadas com os dados, uma somente com os dados da consoante vozeada /d/ e outra com os dados da consoante não vozeada /t/, ainda na fase preliminar e com uma amostra menor. Em ambas, os fatores extralinguísticos e linguísticos selecionados são basicamente os mesmos, mantendo-se basicamente a mesma ordem de seleção atribuída pelo programa, o que nos leva a crer que, uma vez implementada, a regra atua igualmente para os dois tipos de consoante, ainda que avance mais rapidamente sobre a consoante /t/.

Contexto antecedente

Este grupo de fatores tinha por objetivo observar até que ponto poderia haver um maior ou menor incremento do processo de palatalização, em função da natureza do segmento que antecede a variável, influência que já foi apontada por Hora (1990). O processo de palatalização, como vimos, é descrito como o de assimilação de traços da vogal que segue a consoante oclusiva dental. Como se trata de processo articulatório, é possível perguntar se a natureza do segmento antecedente teria alguma influência sobre o processo.

Este grupo de fatores foi utilizado de três maneiras: uma rodada em que todos os fatores apareceram; uma rodada em que foram opostos os contextos nasais aos não nasais; e outro rearranjado segundo as propriedades articulatórias (cf. mais adiante nesta seção), que foi utilizado na maioria das rodadas.

Quanto à nasalidade do contexto antecedente, o grupo de fatores não foi selecionado. Os resultados estão na Tabela 9 a seguir:

Tabela 9 – Realização da variante africada palatoalveolar segundo a nasalidade do contexto antecedente.

Contexto Antecedente	Frequência	%	P.R.
Nasal	788/1.304	60	.49
Não nasal	1.608/2.750	58	.51
TOTAL	2.396/4.054	59	

Como se pode perceber, os resultados foram muito próximos para cada um dos grupos de fatores. Assim, ao contrário do que aconteceu em trabalho anterior (cf. Abaurre e Pagotto, 1996), no qual a nasalidade do contexto antecedente exerceu influência sobre o processo de assimilação da nasalidade, nos dados pesquisados aqui ela não influiu no acionamento do processo de palatalização.

Mas como o grupo de fatores permitia outras leituras do contexto antecedente quanto à sua natureza articulatória, particularmente com relação ao lugar de articulação (de vogais e consoantes) e ao modo de articulação, foi feita uma outra rodada. Para esta próxima rodada, em especial, se amalgamaram as vogais orais e nasais, uma vez que a nasalidade isoladamente não deu resultados significativos, como vimos anteriormente. O grupo de fatores ficou com a seguinte configuração:

a. vogais não altas (/a/, /ɛ/, /e/)
b. vogais posteriores (/u/, /o/, /ɔ/)
i. vogal alta anterior (seja ela /i/ ou /e/→ [i], ou ainda fruto de epêntese)
y. glide anterior
w. glide posterior
s. /s/ → [s]
x. /s/ → [ʃ]
k. outras consoantes (/r/, /l/, /t/)

Em especial, pretendíamos checar se a ocorrência de vogal [i], ou da consoante palatal [ʃ], ou das vogais posteriores, exerceria uma pressão maior sobre o processo de palatalização da consoante que se lhes seguisse. Nas diversas rodadas efetuadas, o grupo de fatores não teve um comportamento muito uniforme, sendo às vezes selecionado, às vezes descartado pelo programa computacional. Vejamos como foi esse comportamento ao longo das diversas rodadas. A Tabela 10 apresenta os resultados do grupo de fatores *contexto antecedente*, quando rodado com todos os outros grupos de fatores linguísticos e o grupo de fatores *região geográfica*.

Tabela 10 – Realização da africada palatoalveolar em função do contexto antecedente.

Contexto antecedente	Ocorrências	%	P.R.
[ʃ]	186/209	89	.84
[y]	58/86	67	.55
Outras consoantes	156/239	65	.42
[w]	121/192	63	.50
Vogais posteriores	362/589	61	.52
Vogais não altas	1.077/1.896	57	.47
Pausa	131/240	55	.46
/i/	213/404	53	.51
[s]	92/199	46	.41
TOTAL	2.396/4.054	59	

Parece haver algum condicionamento do contexto antecedente, se tomamos a realização da consoante fricativa alveolar /s/ na coda imediatamente anterior. A realização palatal [ʃ] desta consoante correspondeu ao maior percentual de ocorrência da variante africada palatoalveolar, obtendo o peso relativo mais alto, enquanto a realização alveolar coincidiu com o menor percentual de ocorrência dessa variante, obtendo o menor peso relativo. Os demais contextos ficaram na média obtida pela variante em questão.

Duas observações podem ser feitas a respeito desses resultados. Primeiramente, é preciso considerar que não se pode falar em *condicionamento*, no sentido estrito do termo, no que diz respeito à realização da consoante alveolar /s/. Se assim fosse, estaríamos dizendo que a consoante oclusiva tenderia a assimilar o traço palatal da consoante antecedente, o que incrementaria a sua ocorrência. Ocorre que não se pode dispensar a hipótese oposta, ou seja, a realização da africada palato-alveolar é que seria assimilada pela consoante /s/, dando origem à realização palatal [ʃ].

Em segundo lugar, deve-se lembrar que pode estar havendo alguma sobreposição de fatores, uma vez que o processo que estamos descrevendo, de palatalização da consoante oclusiva dental, é controlado geograficamente. Uma forma de verificar se tal fato se dá é ver como se comportou o grupo de fatores em questão, em cada uma das cidades. Do ponto de vista da seleção dos grupos relevantes, os resultados não foram uniformes: nos dados das cidades de São Paulo e Porto Alegre, o grupo de fatores não foi selecionado, ao contrário de Recife e Salvador. Os resultados estão na Tabela 11, a seguir:

Tabela 11 – Pesos relativos dos fatores de *contexto antecedente* na realização da africada palatoalveolar em quatro cidades.

Contexto antecedente	Recife	Salvador	São Paulo	Porto Alegre
[ʃ]	.93	.85	.88	.96
Vogais posteriores ([u], [o], [ɔ], [w])	.62	.60	.49	.57
Vogais não altas	.48	.34	.51	.49
Vazio e outras consoantes	.33	.50	.39	.43
[i], [y]	.47	.69	.41	.51
[s]	.42	.74	.41	.42
Input	.02	.96	.86	.39

Em cada uma das cidades, o peso relativo foi consistente com os resultados percentuais (que não apresentamos aqui apenas para não poluir a tabela). Como se vê, alguns fatores foram amalgamados, para permitir as rodadas. Da tabela, gostaríamos de frisar dois fatos:

1. A realização do fonema /s/, na sua forma palatoalveolar ou alveolar, tem uma forte correlação com a palatalização da oclusiva dental que se lhe segue: a realização palatoalveolar desta consoante tende a coincidir com a africada palatoalveolar; a realização não alveolar desta tende a não coincidir com a realização da africada.
2. São as vogais posteriores – e não a vogal [i] – que tendem a influenciar a realização da consoante palatoalveolar que se lhe segue, embora esse condicionamento não se exerça de maneira tão decisiva.

No primeiro caso, como já dissemos, não se pode dizer que a realização palatalizada da consoante /s/ antecedente *condiciona* a palatalização da oclusiva dental que segue, uma vez que a regra pode ser a oposta: a consoante antecedente *assimila* traços da consoante palatalizada que segue. A decisão entre uma e outra interpretação dependeria do estudo da consoante alveolar /s/ na posição de coda, em contextos independentes: se o dialeto tendesse à palatalização, aí sim poderíamos falar em condicionamento, no caso da consoante oclusiva /t/.

No segundo caso, se pensamos numa correlação de natureza articulatória, as vogais posteriores tenderiam a antecipar o gesto de recuo da língua em direção ao palato, que caracteriza as consoantes africadas palatoalveolares. Assim, o processo de palatalização das consoantes seria decorrente, não somente da assimilação de traços da vogal /i/, relativos à altura e à coronalidade, mas também de traços das vogais posteriores, que anteciparíam o gesto articulatório da palatalização.

O contexto seguinte

Nossa variável é a realização da consoante oclusiva dental em contextos diante de [i]. Este grupo de fatores tenta detalhar a natureza desta vogal que segue a variável. No grupo de fatores rotulados como *contexto seguinte* foram utilizados os seguintes fatores para a codificação dos dados:

i. /i/ – Ex: ***ti**po*
n. /i/ nasalizado – Ex: ***ti**nha*
e. /e/ → [i] – Ex: *po**de*** [ˈpɔdɪ]
p. [i] epentético – Ex: *a**d**vogado* [adɪvoˈgadʊ]
y. /i/ → [y] – casos de ditongação – Ex: *...**de um** jeito* [dyũˈʒeytʊ]
consoante (epêntese não realizada) – Ex: *a**d**mitir* [admiˈtix]
z. /i/, /e/ → 0 (zero) – Ex: *me**di**cina* [medˈsĩna]
g. [i] + [i] – Ex: *a gen**te en**sina* [aˈʒẽtʃĩˈsĩna]
j. /em/ → [i] – Ex: *aplau**dem*** [aˈplawdɪ]

Os fatores c. (consoante) e z. (queda de vogal) operam numa interseção entre a possível aplicação da regra de palatalização e a aplicação de uma outra regra, a de apagamento ou inserção da vogal. Num caso como o de c. *admitir*, se não há epêntese da vogal [i], obviamente a aplicação da palatalização fica interditada e, rigorosamente falando, este não seria um dado para a nossa amostra. Esses dados foram conservados na amostra em função do fato de que muitas vezes se tem a consoante palatalizada, sem que a vogal seja audível [adʒvoˈgadʊ]. Assim, para não optar entre eleger algum(ns) desses casos como dado, descartando os demais, optou-se por conservá-los todos na amostra. O mesmo se pode dizer dos dados descritos pelo fator z. (queda de vogal). Em casos como o de [medˈsĩna], conforme destaca Bisol (1986), tem-se uma regra de apagamento da vogal, em função de uma concomitância de ocorrência do traço coronal nas consoantes /d/ e /s/ e na vogal /i/. Segundo a mesma autora, isto faz com que a regra de palatalização não se aplique, de modo que este contexto atua como um forte inibidor do processo.

Os demais fatores visam detalhar um pouco a qualidade da vogal [i] que é gatilho do processo de palatalização, buscando observar se possíveis diferenças na qualidade desta vogal teriam reflexos na aplicação da regra.

Em todas as rodadas realizadas, o grupo de fatores em questão foi selecionado pelo programa computacional como relevante. De fato, se observamos os resultados mais gerais, ainda sem os rearranjos efetuados, vemos uma tendência a um comportamento diferenciado dos fatores:

Tabela 12 – Ocorrência da variante africada palatoalveolar em função do contexto seguinte.

Contexto seguinte	Frequência	%	P.R.
[i] + [i]	42/59	71	.66
[ĩ]	108/155	70	.48
/i/ à [y]	351/514	68	.71
/e/ à [i]	1.147/1.885	61	.49
/i/	706/1.269	56	.52
[i] epentético	13/42	31	.41
Queda da vogal [i]	28/129	22	.02
Epêntese não realizada	1/1	100	
TOTAL	2.396/4.054	59	

Há uma diferença entre os pesos relativos e os percentuais que apontam para um certo enviesamento dos dados, provavelmente em função da região geográfica. Apesar disso, poderíamos destacar alguns comportamentos que nos parecem relevantes: em primeiro lugar, o fato de que o fator *queda de vogal* apresentou os mais baixos índices de palatalização, indicando a atuação da regra de queda da vogal anterior à aplicação da palatalização. Isto ficará mais evidenciado quando checarmos a atuação deste grupo em função do contexto seguinte e da região geográfica. Em segundo lugar, uma diferença não significativa entre a vogal fonológica /i/ e a vogal fonológica /e/. Sabemos que pode ser registrada uma diferença articulatória e acústica entre uma e outra, mas aparentemente a regra de palatalização não está sendo sensível a ela. O mesmo não se poderia dizer para a realização da vogal /i/ como glide, em ditongos crescentes: aparentemente os resultados apontam para uma maior incidência do processo de palatalização nestes casos, o que poderia estar correlacionado a uma diferença articulatória dessa realização e a dos outros [i]'s. Quanto à vogal [i] nasalizada, temos um problema, aqui, com os resultados, uma vez que o percentual não corresponde ao peso relativo atribuído, havendo, provavelmente, uma concentração de dados em alguma região geográfica relevante. Vejamos a tabela seguinte, que cruza o grupo de fatores *contexto seguinte* com o grupo *região geográfica*, a fim de verificar como é o comportamento dos fatores em cada uma das cidades.

Tabela 13 – Realização da variante palatoalveolar, em função do contexto seguinte e da região geográfica.

Contexto seguinte	Recife	Salvador	Rio de Janeiro	São Paulo	Porto Alegre	TOTAL
[i] + [i]	0/10 0%	18/18 100%	10/10 100%	10/11 91%	4/10 40%	42/59 71%
[i]	0/11 0%	28/28 100%	41/41 100%	24/34 71%	15/41 37%	108/155 70%
/i/→ [y]	19/119 16%	107/114 94%	111/111 100%	73/85 86%	41/85 48%	351/514 68%
/e/ → [i]	14/417 3%	300/342 88%	430/431 100%	282/352 80%	122/344 35%	1.148/1.886 61%
/i/	31/333 9%	175/199 88%	232/232 100%	153/246 62%	115/259 44%	706/1.269 56%
Epêntese	2/21 10%	2/6 33%	3/3 100%	1/6 17%	5/6 83%	13/42 69%
Queda da vogal	0/38 100%	12/48 25%	14/16 88%	0/13 0%	2/14 14%	28/129 22%
TOTAL	66/949 7%	642/755 85%	841/844 100%	543/747 73%	304/759 40%	2.396/4.054 59%

Tomando-se as hipóteses de funcionamento colocadas anteriormente, percebe-se que:

1. o fator *queda de vogal* mantém a sua forte atuação como inibidor do processo de palatalização em todas as cinco capitais;
2. o comportamento da palatalização diante dos fatores *vogal /i/* e *vogal /e/ → [i]*: em Recife (9%) e em Porto Alegre (44%), a vogal /i/ palataliza em maior proporção; em São Paulo, a vogal /e/ → [i] palataliza mais (80%) que a vogal /i/ (62%); em Salvador, ambas coincidiram com o mesmo percentual de palatalização (88%);
3. o glide [y] de ditongos crescentes exerceu, em todas as capitais, condicionamento sobre a palatalização;

4. a vogal nasalizada [ĩ] tem um comportamento muito idiossincrático em cada uma das cidades: em Recife, nenhum caso de palatalização; em Salvador, 100% de palatalização (28 ocorrências); em São Paulo e Porto Alegre, a palatalização neste contexto específico está na média da palatalização registrada nas cidades (71% e 37%, total 73% e 40%, respectivamente). A menos que se suponha que as vogais nasalizadas tenham configurações diferentes em Recife e Salvador, com relação a São Paulo e Porto Alegre, o que nos resta é tratar esses resultados como algum processo idiossincrático à distribuição dos próprios dados, provavelmente em razão dos informantes individualmente, como já apontamos em seção anterior;
5. o caso das vogais epentéticas parece mais simples: como metade das ocorrências se registrou no Recife (21 ocorrências de um total de 42) e como a cidade de Recife tem a mais baixa taxa de palatalização, o resultado geral tendeu para um suposto condicionamento que, afinal, não é verdadeiro (compare-se, p. ex., São Paulo e Porto Alegre, e se verá que os resultados são opostos para este fator).

Resta ainda a questão de saber, quanto ao fator *queda de vogal*, como é o comportamento da consoante alveolar face à presença de uma fricativa seguinte (*medicina*, p. ex.) e quando se lhe segue a pausa. Mas isto nós faremos na próxima seção, quando analisarmos o grupo de fatores *contexto seguinte à vogal.*

Natureza do contexto seguinte à vogal [i]

Este grupo de fatores tem por objetivo descrever o contexto que segue a vogal /i/, partindo-se da hipótese de que, conforme a natureza do segmento que aí ocorre, poderia haver interferência no processo de realização da oclusiva dental. Da mesma maneira que no contexto antecedente, a codificação foi realizada com um grande grau de detalhamento e as rodadas para identificação dos pesos relativos tiveram vários fatores amalgamados. Vejamos o grupo de fatores tal como foi codificado:

t. /t/ e /d/ – Ex: *senti**do***
x. [ʃ] e /ʒ/ – Ex: *a **gente** já conhece*
s. /s/ e /z/ – *onset* da sílaba seguinte – Ex: *alfabeti**za**da, condi**çõ**es*
f. /f/ e /v/ – Ex: *cientí**fi**co*

h. [ɲ] – Ex: ***tinha***
n. /n/ – Ex: *conti**nu**am*
p. outras consoantes /p/, /b/, /m/, /k/, /g/ – Ex: *juridi**ca**mente, eviden**te**mente, anti**ga**mente, **tip**o*
v. *onset* vazio, seguem as vogais /a/ e /ɛ/ – Ex: *podi**a**, geralment**e** **e**ssas, d**e** **e**ucalipto*
a. *onset* vazio, seguem as vogais nasais [ã] e [ẽ] – Ex: *adi**an**tar, principalment**e** **em** caso*
i. *onset* vazio, segue a vogal /i/ – *justament**e** **i**sso*
o. *onset* vazio, seguem as vogais [o] [ɔ] [u] – Ex: *estudi**o**sos, d**e** **o**ito*
b. *onset* vazio, segue a vogal /e/ → [i] – Ex: *especificament**e** **e** não*
y. *onset* vazio, segue a vogal nasal /ẽ/ → [ĩ] – Ex: *pod**e** **en**sinar*
q. *onset* vazio, segue a vogal nasal /ĩ/ – Ex: *pod**e** **in**cluir*
u. *onset* vazio, seguem as vogais nasais [ũ] e [õ] – Ex: *d**e** **un**iversidade, d**e** **on**ze*
e. *onset* vazio, segue a vogal [i] epentética – Ex: *d**e** **[i]**slides*
z. [s] na coda – Ex: *for**tes***
r. /r/ – Ex: *di**r**eito, d**e** **r**epente, vai men**tir***
l. /l/ – Ex: *d**e** **l**eis*
d. /ʎ/ – Ex: *comparti**lh**o*
c. [ʃ] ou [ʒ] na coda – Ex: *restauran**tes***
k. pausa após a vogal

Em primeiro lugar, a codificação busca distinguir vogais de consoantes, identificando as primeiras segundo a zona de articulação e altura (no caso de [i], [u], [o]), distinguindo também nasalidade. No caso das consoantes, dois tipos de distinção estão envolvidos: por ponto de articulação, destacando-se alveolares e palatoalveolares das demais, e também por modo de articulação, especialmente as alveolares e palatoalveolares (nestes dois casos, tivemos a preocupação de registrar as diferentes realizações, uma vez que articulatoriamente eles poderiam interferir diferentemente no processo, dados os lugares de articulação diferentes – é o caso de [s] e [ʃ], por exemplo).

Em todas as rodadas de peso relativo, o grupo de fatores foi rejeitado como relevante para o processo, seja naquelas mais gerais, seja naquelas que tomaram as cidades individualmente. A Tabela 14, a seguir, apresenta os resultados mais gerais, sem os pesos relativos, dos quais pretendemos extrair algumas informações relevantes para o entendimento do processo, a despeito de o grupo de fatores não ter sido selecionado.

Tabela 14 – Frequência da africada palatoalveolar em função do contexto seguinte à vogal [i].

Contexto seguinte à vogal [i]	Frequência	%
[i] epentético	4/4	100
[ʃ], [ʒ] na coda	62/76	82
/i/	17/23	74
/ẽ/, /ẽ/	27/37	73
/l/	34/49	69
/e/ → [i]	25/38	66
[ũ], [o]	69/103	67
[a], [e], [ɛ]	265/405	65
/n/	56/92	61
/p, b, k, g, m/	532/849	63
/ɲ/	67/105	63
[ʃ], [ʒ] no *onset*	24/40	60
/o/, /u/	72/124	58
/r/	79/140	56
/f/	238/434	55
/s/, /z/ no *onset*	228/411	55
/ĩ /	18/33	55
Pausa	307/557	55
/t/	218/397	54
[ʎ]	1 / 2	50
[s] na coda	53/135	39
TOTAL	2396/4054	59

Algumas observações podem ser feitas sobre estes resultados:

1. Há uma grande diferença na frequência da variante palato-alveolarizada quando a consoante que segue é a fricativa palato-alveolar [ʃ] ou [ʒ], na coda da sílaba (*restaurantes*) e no *onset* da sílaba seguinte (*a gente já*). No primeiro caso, o percentual de africadas palato-alveolares foi de 82%, e, no segundo caso, ficou bem próximo da média geral, com 60%. É preciso destacar que em

todas as quarenta ocorrências do segundo caso, a consoante palatoalveolar iniciava uma outra palavra, como no exemplo dado.

2. O fator em que foi menor a frequência da realização da africada palatoalveolar foi aquele em que a consoante fricativa alveolar aparece em coda (p. ex. *fortes*), 39%, sendo que se registra uma diferença entre este fator e aquele que toma a fricativa alveolar em posição de *onset* da sílaba seguinte (como em *alfabetizada*).

É possível que tais frequências se devam à concentração dos dados em cidades como o Rio de Janeiro ou Recife, que polarizam a amostra. Porém, eles são importantes em razão do que foi apontado na seção anterior, que é a inibição da palatalização pela queda da vogal. Como já lembramos, Bisol (1986) aponta para este fenômeno, no caso em que a consoante fricativa alveolar segue a variável, seja em posição de *onset* da sílaba seguinte, seja em posição de coda. A fim de verificar se os resultados destacados anteriormente têm alguma relação com a queda da vogal, ou se são explicáveis a partir do comportamento dialetal da variável, façamos o cruzamento destes fatores com o anterior e com região geográfica.

Tabela 15 – Frequência da africada palatoalveolar em contextos da fricativa alveolar, com queda da vogal [i] e sem queda da vogal [i].

Região Geográfica	[s] em coda COM queda da vogal ['fɔxts]	[s] em coda SEM queda da vogal [mə'mutʃɩs]	/s/ em onset COM queda da vogal [kõd'sõys]	/s/ em onset SEM queda da voga [kõdʒi'sõys]	TOTAL
Recife	0/17	2/26 8%	0/5	15/100 15%	17/148 10%
Salvador	0/5	18/25 72%	0/16	71/77 92%	89/123 72%
Rio de Janeiro	–	4/4 100%	–	68/68 100%	72/72 98%
São Paulo	0/9	22/30 73%	0/2	47/62 76%	69/103 68%
Porto Alegre	0/1	7/18 39%	0/3	27/78 35%	34/100 34%
TOTAL	0/32 0%	53/103 51%	0/26 0%	228/385 59%	281/546 51%

A Tabela 15 trabalha com 546 dados em que a vogal [i] é seguida da consoante fricativa alveolar [s], tanto em posição de coda (*fortes*) quanto em posição do *onset* na sílaba seguinte (*medicina*). Em ambos os casos, a vogal pode estar presente ou não ([medʒi'sĩna] ou [med'sĩna]; ['fɔxtʃis] ou ['fɔxts]. A primeira e a terceira coluna indicam claramente a atuação da regra de apagamento da vogal. A interferência dessa regra faz com que a palatalização não se aplique. É por conta disso que categoricamente se tem a realização da consoante não palatalizada [t] ou [d]. Veja-se que isso independe de o dialeto privilegiar a forma africada palatoalveolar ou não (não foram registrados dados no Rio de Janeiro, o que reforçaria a explicação).

Já nos casos em que a consoante fricativa é precedida da vogal foneticamente realizada, aparentemente tende a se aplicar a regra de palatalização do dialeto local, mantendo-se a proporção encontrada nos resultados gerais por cidade (cf. Tabela 2). Ou seja, a presença da vogal [i] desencadeia o processo de palatalização, parecendo não haver interferência do segmento que segue.

Com relação à diferença entre os resultados da fricativa palatoalveolar [ʃ] ou [ʒ] em posição de coda e em posição de *onset* da sílaba seguinte, a Tabela 16, a seguir, mostrará que se trata apenas de interferência do grupo de fatores região geográfica.

Tabela 16 – Frequência da africada palatoalveolar em função da presença da fricativa palatoalveolar, em coda ou no *onset* da sílaba seguinte.

Região geográfica	**/ʃ ʒ/ em onset SEM queda de vogal** [aˈʒẽtʃɩˈʒa]	**/ʃ ʒ/ em coda SEM queda de voga** [diʃtraˈidʊ]	**/ʃ ʒ/ coda COM queda de vogal** [atʃiviˈdadʃ]	**TOTAL**
Recife	0/11	0/11	--	0/22
Salvador	2/2 100%	6/6 100%	1/1 100%	9/9 100%
Rio de Janeiro	11/11 100%	51/52 98%	0/2 0%	62/65 98%
São Paulo	4/5 80%	--	--	4/5 80%
Porto Alegre	7/11 64%	4/4 100%	--	11/15 74%
TOTAL	24/40 60%	61/73 84%	1/3 33%	86/116 74%

Praticamente não há dados com a ocorrência da variável sem a presença da vogal [i] (somente três dados). O que explica a diferença entre a consoante fricativa palato-alveolar em coda da sílaba onde se encontra a variável e a consoante fricativa iniciando a sílaba seguinte, verificada na Tabela 14, é a distribuição não equitativa da amostra. Podemos ver que em Recife há 11 ocorrências de cada caso, sendo que em nenhum deles foi registrada a palatalização de /t/ ou /d/, seguindo a tendência deste dialeto. Porém, a amostra do Rio de Janeiro colaborou com 52 dos 76 dados da consoante fricativa palato-alveolar em coda. Como os dados do

Rio de Janeiro se apresentaram praticamente todos palatalizados, criou-se a impressão de que este fator condicionava mais que as consoantes fricativas palato-alveolares iniciando a sílaba seguinte.

Posição da sílaba na palavra

Há dois grupos de fatores que levam em conta a posição da sílaba na palavra. Um em que a posição é tomada com relação à sílaba acentuada e o outro em que a posição da variável independe da sílaba acentuada. Com relação a este último, objeto desta seção, optou-se por codificar cada posição segundo o número de sílabas de cada palavra, o que ocasionou um grande número de fatores (cf. o Anexo deste capítulo). Para as rodadas de pesos relativos eles foram amalgamados, como se pode ver a seguir:

a. variável na sílaba inicial da palavra. Ex: ***d**ireito*
b. variável em sílaba nem final nem inicial. Ex: *con**d**ições*, *compar**t**ilho* etc.
c. variável na sílaba final da palavra. Ex: *antigamen**t**e*
d. variável em monossílabo. Ex: ***d**e um*

Nas rodadas envolvendo o grupo de fatores *região geográfica*, o grupo de fatores objeto desta seção foi descartado (tanto na totalidade dos dados, como quando se tomaram os dados de Salvador, São Paulo e Porto Alegre, conjuntamente). Nas rodadas por cidade, individualmente, ele foi selecionado nos dados de Recife e descartado em São Paulo, Salvador e Porto Alegre.

Vejamos inicialmente os resultados gerais, rearranjados como indicado anteriormente. A Tabela 17 mostra os resultados:

Tabela 17 – Frequência da variante palatoalveolar segundo a posição da sílaba em que se encontra a variável

Posição da Sílaba	Frequência	%	P.R.
Monossílabos	617/982	63	.64
Final de palavra	917/1.536	60	.47
Começo de palavra	437/752	58	.46
Meio de palavra	425/784	54	.41
TOTAL	2.396/4.054	59	

Na rodada em questão (que inclui os grupos de fatores linguísticos e o grupo *região geográfica*), este grupo de fatores foi o último a ser selecionado pelo programa. Podemos ver que não há uma distância muito grande de um fator para outro, com o fator *variável em monossílabo* apresentando o percentual e o peso relativo mais elevado. Como os resultados por cidade, mesmo quando o grupo foi selecionado, não oferecem um comportamento muito diferente, julgamos mais cômodo para o leitor não apresentá-los aqui. É provável que o comportamento um pouco diferenciado do fator monossilábico se deva, talvez, não a uma relação com o tamanho da palavra e a posição da variável, mas a um fator de natureza lexical, uma vez que os monossílabos que apresentam a variável não são muitos. Se a posição tiver alguma relevância, ela deveria se manifestar no grupo de fatores a ser analisado em seguida, que é a posição da variável em relação ao acento da frase. Se seus resultados forem fortes, será interessante voltar ao grupo de fatores aqui analisado e tentar uma correlação entre os dois.

Variável em relação ao acento de palavra e ao acento de frase

Utilizamos dois grupos de fatores que lidaram com o acento, no nível da palavra e no nível da frase, em função de resultados anteriores, para o processo de nasalização, que apontaram uma correlação entre a nasalização de vogais e a posição do acento (cf. Abaurre e Pagotto, 1996). Comecemos pelo acento de palavra.

O objetivo inicial deste grupo de fatores era controlar até que ponto haveria alguma relação entre a realização da variável e o acento da palavra. Já quando examinamos as variantes africadas alveolares (não palatalizadas), percebemos que, embora poucas, suas ocorrências se concentram em contextos átonos, o que parece indicar uma relação entre esse tipo de realização e um certo efeito de enfraquecimento da vogal.

Os dados foram codificados da seguinte maneira:

0. variável na sílaba tônica
1. XT. Ex: ***di**reito*
2. X_T. Ex: *an**ti**gamente*
3. X_ _T. Ex: *desmi**ti**ficação*
4. X_ _ _T. Ex: *in**dis**cutivelmente*
5. X_ _ _ _T. Ex: ***des**mitificação*
8. X_ _ _ _ _T. Ex: ***de** responsabilidade*
6. TX. Ex: *antigamen**te***
7. T_X. Ex: *trâmi**te***

Os monossílabos foram considerados em relação à sílaba acentuada da palavra seguinte. O grupo de fatores não foi selecionado em nenhuma das rodadas realizadas para levantamento de pesos relativos e grupos de fatores relevantes, seja na totalidade dos dados, seja por cidade, seja variando os grupos de fatores envolvidos. A Tabela 18, a seguir, apresenta os resultados gerais, com pesos relativos em rodada que jogou com os grupos de fatores linguísticos e o grupo extralinguístico *região geográfica*.

Tabela 18 – Frequência da africada palatoalveolar segundo a posição da sílaba em relação ao acento da palavra.

Posição da sílaba em que se encontra a variável	Frequência	%	P.R.
Sílaba acentuada	415/657	63	.47
XT	570/981	58	.48
X_T	306/513	60	.44
X__T	143/238	60	.44
X___T	29/66	44	.29
X____T	11/21	52	.45
X_____T	2/6	33	.29
X______T	0/1	0	
TX	916/1566	59	.56
T_X	4/5	80	.75
TOTAL	2396/4054	59	

Como se pode ver, um ou outro fator, com poucos dados envolvidos, apresentou resultados que destoam da média geral. Isto nos leva a poupar o leitor de observar os resultados por cidade, os quais, como dissemos, não apresentaram relevância estatística. Os resultados indicam que não há, nos dados, uma correlação direta entre o acento da palavra e a aplicação da regra de palatalização, frustrando a expectativa levantada na seção anterior. Estudos mais detalhados, em outras amostras, talvez possam apontar uma correlação, lidando com o fenômeno talvez de uma maneira diferente.

Com relação ao acento de frase, três foram os fatores utilizados:

Sílaba portadora de acento de frase

a. portadora de acento de frase
   Ex: *...os casos são discu**ti**dos*
b. vogal acentuada sem acento de frase
   Ex: *...eu passo o **di**a inteiro na rua.*
c. vogal não acentuada sem acento de frase
   Ex: *...a gen**t[i]** ensina*

Como os resultados não apontaram relação visível com relação ao acento de palavra, difícil seria esperar que houvesse relação com o acento de frase. De fato, em todas as rodadas de pesos relativos realizadas, o grupo de fatores *sílaba portadora de acento de frase* não foi selecionado como relevante pelo programa estatístico. Apresentamos na Tabela 19 os resultados gerais para este grupo de fatores.

Tabela 19 – Frequência da variante palatoalveolar em função de ser portadora ou não do acento de frase.

Sílaba da variável	Frequência	%	P.R.
Portadora de acento	229/349	66	.58
Não portadora de acento	200/322	62	.54
Não acentuada	1.967/3.383	58	.49
TOTAL	2.396/4.054	59	

A diferença entre cada um dos fatores é muito pequena, o que demonstra que não há atuação deste grupo sobre o processo de palatalização. Como os resultados para as outras rodadas foram similares, optamos por não apresentar os resultados.

O que nos fica dos números apresentados, relativos à atuação do acento, é que parece não haver nos dados uma correlação entre o processo de variação na realização das oclusivas dentais diante de [i] e o acento. Ao que parece, o processo está restrito a aspectos de natureza articulatória, pelo que vimos até aqui. A propósito, os grupos de fatores que seguem trabalham com o processo de palatalização sob um outro ângulo – o da abordagem lexical. Vejamos se o fenômeno, na sua face linguística, comporta condicionamento de outra natureza.

Posição morfológica da variável

A palatalização é normalmente descrita como um processo pós-lexical, ou seja, que se aplica sem levar em consideração os diversos níveis morfológicos dos processos de afixação, como uma regra de saída do léxico. O grupo de fatores que examinaremos agora procura testar essa hipótese, considerando a possibilidade de sua atuação, uma vez que se está diante de um processo variável, ao menos em alguns dialetos do Brasil. Foram utilizados os seguintes fatores:

r. variável no interior da raiz. Ex: ***d**ireito*
m. variável em juntura morfológica. Ex: *alfabe**t**izada*
s. variável no sufixo. Ex: *evidentemen**t**e*
p. variável no prefixo. Ex: ***d**esmitificação*
j. variável em juntura de palavra à direita. – Ex: *cen**t**(o) e um* [ˈsẽtʃɪˈũ], ***d**isso* [ˈdisʊ], *par**t**(e) do sul* [ˈpaxtʃdʊˈsuw]

O grupo de fatores não teve um comportamento uniforme ao longo das rodadas: nas rodadas mais gerais, que jogavam com os grupos linguísticos e mais um extralinguístico, ele foi selecionado. Nas rodadas por cidade, foi descartado em Recife e Porto Alegre, foi selecionado em Salvador e não foi nem descartado nem selecionado em São Paulo. Vejamos inicialmente seu comportamento na totalidade dos dados:

Tabela 20 – Frequência da africada palatoalveolar em relação à posição morfológica em que se encontra a variável.

Posição da variável	Frequência [tʃ d ʒ]	%	P.R.
Na raiz	1367/2278	60	.53
Juntura morfológica	730/1217	60	.45
Sufixo	268/508	53	.45
Prefixo	6/11	55	.47
Juntura de palavra	25/40	63	.93
TOTAL	2396/4054	59	

Segundo os resultados na Tabela 20, o fator que mais fortemente condicionaria a ocorrência da palatalização seria a juntura de palavra. Isto é contraintuitivo, uma vez que, se houvesse algum controle de natureza lexical, o último contexto em que se deveria esperar a aplicação do processo de assimilação seria este, uma vez que viola a fronteira de palavra, que costuma ser uma fronteira que bloqueia processos fonológicos (tal é o caso da nasalização, cf. Abaurre e Pagotto, 1996). Se tal resultado aparece, isto indica que o processo, ao menos nestes dados, é realmente pós-lexical e não deveria ser sensível a nenhum nível morfológico. Porém, quando a variável está ou no prefixo ou no sufixo, há uma ligeira tendência a que o processo de palatalização seja menor. Vejamos o que poderia explicar essas idiossincrasias.

Em relação à juntura de palavra, o caso extremo de assimilação que esperávamos é aquele em que há a queda de uma vogal que não o [i], e o gatilho do processo de palatalização estaria na vogal [i] que inicia a sílaba seguinte, como em *BR-101* – [ˈsẽtʃɩˈũ]. Casos como esses foram somente dois, dos quarenta codificados como juntura de palavra. Na Tabela 21, a seguir, vemos como esses quarenta dados se distribuem segundo o contexto linguístico:

Tabela 21 – Distribuição dos dados de ocorrência da variável, codificados como juntura de palavra, pelos seus contextos específicos.

Contexto linguístico	Ocorrências
Cento/e um	2
Disso	5
Part(e) do sul	33
TOTAL	40

Os casos mais numerosos (33 casos) são aqueles de queda da vogal [i], gatilho do processo, já examinados. Nesses casos, a variável se encontra em juntura, porém a vogal portadora dos traços a serem assimilados não se encontra na palavra seguinte. O que se dá, aí, é apenas a queda da vogal, posterior à aplicação da regra de palatalização, quando ela se aplica. Cinco casos foram de contração, também codificada como juntura de palavra (os cinco ocorreram na amostra de Recife e não houve palatalização). Por fim, há dois casos de juntura em que a vogal detonadora do processo se encontra em outra palavra. Os dados são da amostra de Salvador e houve palatalização nos dois. Esta última observação demonstra que o processo é pós-lexical, aplicando-se após a queda da vogal átona que segue a consoante /t/. Porém, como esse contexto específico teve pouquíssimos dados, não podemos saber o quanto influenciaria a aplicação da palatalização, em *corpora* nos quais ela seja fenômeno variável.

Procedemos também a um estudo a fim de verificar se os sufixos poderiam influenciar diferentemente a aplicação da regra. Ainda testando a hipótese lexical, quisemos saber se alguns sufixos se diferenciariam com relação à aplicação da palatalização. Isolamos apenas três sufixos *-nte*, *-mente* e *-ade* e efetuamos várias rodadas. Como se poderá ver, a seguir, não houve resultados significativos. Os resultados gerais para cada um desses sufixos estão a seguir:

Tabela 22 – Frequência da africada palatoalveolar nos sufixos *-nte*, *-mente* e *-ade*.

Sufixos	Frequência	%
-nte	12/24	50
-mente	173/273	63
-ade	46/149	39

Uma rodada geral incluiu esses sufixos como um grupo de fatores, juntamente com os outros grupos de fatores linguísticos, além do grupo de fatores *região geográfica*, e eles não foram selecionados (como os próprios pesos relativos indicam). Os resultados ficam próximos da média geral, com exceção do sufixo *-(a)de*, que parece ter um comportamento um tanto anômalo, inibindo a palatalização. A fim de verificar como os sufixos se comportavam em cada uma das cidades, cruzamos os dados anteriores com a região geográfica, o que se pode ver na Tabela 23 adiante:

Tabela 23 – Realização da africada palatoalveolar, segundo os sufixos *-nte*, *-mente* e *-ade* nas cinco capitais estudadas.

Região geográfica	-nte		-mente		-ade	
Recife	1/6	17%	5/64	8%	0/50	0%
Salvador	3/4	75%	26/47	55%	7/11	64%
Rio de Janeiro	1/1	100%	69/69	100%	23/23	100%
São Paulo	4/8	50%	42/48	88%	11/21	52%
Porto Alegre	3/5	60%	31/45	69%	5/44	11%
TOTAL	12/24	50%	173/273	63%	46/149	31%

Os resultados de Recife e Rio de Janeiro não surpreendem, uma vez que conservam a tendência geral dessas cidades. Nos dados de São Paulo, Salvador e Porto Alegre, o sufixo *-ade* é o que mantém a tendência para uma baixa palatalização (64% em Salvador, 52% em São Paulo e 11% em Porto Alegre). O mesmo não se observa com os sufixos *-mente* e *-nte*, o que indica não haver um controle de natureza lexical, nestes dois casos. Já em relação ao sufixo *-ade*, podemos perguntar se se trata de um comportamento do sufixo propriamente dito ou da sequência fônica constituída por vogal baixa, oclusiva sonora e vogal átona [i], o que de fato regula os baixos percentuais. A fim de verificar esta hipótese, fizemos uma rodada com os dados da sequência fonológica /-ade/, sem se tratar de sufixo, como na palavra *saudade*. Os resultados estão a seguir, por cidade.

Tabela 24 – Frequência da africada palatoalveolar sonora na sequência fônica [adi], por cidade.

Região geográfica	Frequência	%
Recife	0/24	0
Salvador	27/31	87
Rio de Janeiro	9/10	90
São Paulo	3/5	60
Porto Alegre	0/12	0
TOTAL	39/82	48

Como se pode perceber, a mesma inibição verificada nos dados do sufixo *-ade* se verifica na sequência */-ade/*, especialmente nos dados de Porto Alegre. A diferença maior, com relação à tabela anterior, está nos dados de Salvador: na tabela anterior, a frequência da africada palato-alveolar foi de 64% (mas o total de dados era baixo – 11 ocorrências), enquanto na Tabela 23, anteriormente, tivemos 87% desta variante. Portanto, não é possível chegar a resultados conclusivos a respeito da sequência fonológica /-ade/, assim como não se verificou uma influência decisiva da atuação do sufixo *-ade* sobre o processo de variação.

O outro grupo de fatores que controla uma possível influência do léxico é o que examinaremos a seguir: a classe de palavra em que se encontra a variável.

Classe da palavra

Este grupo de fatores foi utilizado no exame da nasalidade da vogal (cf. Abaurre e Pagotto, 1996), tendo sido apontado como relevante, embora tenhamos chegado à conclusão de que a influência da classe de palavra passava por certos contextos fonéticos que seriam mais frequentes em certas classes do que em outras. O grupo foi organizado da seguinte maneira:

Classe da palavra em que se encontra a variável

s. substantivo
a. adjetivo
v. verbo
c. advérbio
l. pronome clítico
t. pronome
p. preposição
o. outras

Em todas as rodadas realizadas o grupo de fatores foi selecionado, com exceção das rodadas realizadas por cidades; nos dados de São Paulo e Salvador, o grupo de fatores não foi nem selecionado, nem descartado pelo programa. Este foi o único comportamento diferente deste grupo de fatores ao longo das rodadas. Vejamos como ele se comportou, inicialmente apresentando resultados gerais.

Tabela 25 – Frequência da africada palatoalveolar segundo a classe da palavra onde se encontra a variável.

Classe da palavra	Frequência	%	P.R.
Outras	45/55	82	.60
Clítico	4/6	67	.17
Preposição	615/977	63	.46
Advérbio	272/463	62	.51
Adjetivo	295/485	60	.60
Verbo	421/691	60	.59
Substantivo	736/1.357	54	.45
Pronome tônico	8/20	40	.04
TOTAL	2.396/4.054	59	

Há uma certa discrepância entre pesos relativos e percentuais, o que deve indicar a interferência de outros grupos de fatores. Os pronomes tônicos e as palavras rotuladas como *outras* polarizam os resultados: os primeiros se apresentam como inibidores do processo e as últimas, como facilitadoras da ocorrência da palatalização. Também chama um pouco a atenção a classe dos substantivos como levemente inibidora do processo de palatalização.

Mais uma vez, a possibilidade de controle pelo léxico se coloca e mais uma vez temos de verificar como se comporta o grupo de fatores em cada uma das cidades. A tabela a seguir apresenta os dados das classes que se destacaram na tabela anterior, por cidade.

Tabela 26 – Frequência da africada palatoalveolar em algumas classes, em cada uma das cidades.

Região geográfica	Outros		Preposição		Substantivo		Pronome tônico		Média geral	
	Freq.	%	Freq.	%	Freq.	%	Freq.	%	Freq.	%
Recife	0/5	0	15/219	7	15/334	4	0/2	0	66/949	7
Salvador	5/5	100	177/195	91	203/244	83	2/4	50	642/755	85
Rio de Janeiro	19/19	100	226/226	100	259/261	100	5/6	83	841/844	99.9
São Paulo	16/19	84	132/165	80	188/283	66	0/2	0	543/747	73
Porto Alegre	5/7	71	65/172	37	71/235	29	1/6	14	304/759	40
TOTAL	45/55	82	615/977	63	736/1.357	54	8/20	40	2.396/4.054	59

Os totais da última coluna à direita apresentam a proporção de africadas palatoalveolares considerando a totalidade dos dados em cada cidade (cf. Tabela 2). As palavras rotuladas como *outras* parecem ter um comportamento consistente nas cidades, com exceção de Recife. Já as preposições apresentam-se com uma tendência ligeiramente maior à palatalização, mas esse comportamento não é encontrado nos dados de Porto Alegre, onde seus resultados correspondem à média geral para a cidade. O caso dos substantivos é curioso: em São Paulo e Porto Alegre apresentam resultados de africada palatoalveolar abaixo da média registrada, mas esse comportamento não é consistente com os resultados de Salvador, em que os resultados se encontram bem próximos da média geral. De todos os comportamentos, o único que parece indicar com segurança algum controle de natureza lexical é o da classe rotulada como *outras* (talvez pudéssemos dizer o mesmo do pronome tônico, mas a quantidade de ocorrências por cidade é baixa, desautorizando uma especulação mais segura a esse respeito). Vejamos então que palavras seriam essas com a propensão de implementar a palatalização. Tomemos inicialmente os grupos de palavras que constituem as 55 ocorrências desta "classe":

Tabela 27 – Frequência da variante palatoalveolar segundo os itens lexicais onde ocorrem, na classe rotulada por "outras".

Membros da classe "outras"	[tʃ] [dʒ] %	TOTAL
Numerais	27 100	27
Disso/diante	5 50	10
Este/neste/deste	7 50	10
Preposições acidentais	4 66	6
Aonde	2 100	2
TOTAL	45 82	55

Dos dados da tabela, o que chama a atenção é o caso dos numerais. Os demais casos não envolvem um número significativo de ocorrências para que se possa especular a respeito de um controle de natureza lexical. Os 27 casos de ocorrência da variável em numerais tiveram palatalização, dos quais nove se encontraram em dados do Rio de Janeiro, cujo sistema, como vimos, tende à palatalização categórica. Esses numerais se distribuem da seguinte forma:

Tabela 28 – Distribuição dos numerais segundo o item lexical.

Numerais	Ocorrências
Vinte	14
Dezesseis, dezessete, dezoito, dezenove	6
Sete	4
Último	1
Cent(o) e um	2
TOTAL	27

Cabe perguntar se cada um desses itens lexicais é portador da palatalização e atua como difusor lexical, ou se se trataria de palavras com contextos linguísticos favoráveis à palatalização. Tome-se o caso da palavra *vinte*, por exemplo. O fato de a variável estar localizada em uma sílaba pós-tônica final não representa uma razão forte para a realização palatalizada. O contexto antecedente, uma vogal

/i/ nasalizada, seria o responsável pela tendência à palatalização? Os seis casos de numerais com dezenas - *dezesseis, dezessete, dezoito, dezenove* - são curiosos porque, em princípio, o contexto seguinte à variável - a fricativa alveolar [s] - é apontado como desfavorecendo a aplicação da palatalização. Aqui, em todos os casos houve palatalização. Por fim, os demais casos são em número muito reduzido para que se alegue com firmeza que houve um controle de natureza lexical.

Encerrando esta seção, gostaríamos de argumentar, então, que não é possível extrair conclusões taxativas a respeito de um possível controle de natureza lexical. Fica a indicação, para trabalhos posteriores, da necessidade de investigar a classe dos numerais a fim de verificar se ela propiciaria a ocorrência de palatalização, ou se haveria uma coincidência entre esta classe e a ocorrência de contextos linguísticos favoráveis a que a palatalização ocorra.

PALAVRAS FINAIS

De todos os grupos de fatores analisados, o que se mostrou mais consistente foi o da *região geográfica*, apontando, nos dados estudados, uma polarização entre Recife e Rio de Janeiro no que diz respeito à palatalização da oclusiva dental: os dados do Rio de Janeiro se mostraram categóricos quanto à aplicação da regra e os do Recife ofereceram forte resistência à palatalização. Os dados de Salvador e São Paulo se mostraram mais próximos entre si do que os de Porto Alegre, que se apresentaram com o percentual mais baixo de palatalização, depois do Recife.

É preciso destacar que os informantes, em algumas regiões, apresentaram comportamentos idiossincráticos muito diferentes entre si, especialmente em Porto Alegre, o que indica que o processo de variação, à época da coleta dos dados, apresentava aspectos sociolinguísticos que não puderam ser captados pela descrição social adotada, demonstrando, mesmo assim, uma implementação do processo de palatalização que ainda não se havia completado no âmbito de toda a sociedade local (e, mais ainda, os dados levam-nos a pensar que o processo sociolinguístico seguiu caminhos mais tortuosos do que os usuais). À luz das manifestações de cunho normativo dos congressos que trataram da padronização do canto erudito e da língua do teatro, pode-se inferir que o avanço da forma palatalizada entre os falantes mais escolarizados se completa, especialmente em São Paulo e Porto Alegre, a partir dos anos a partir da década de setenta do século XX.

O estudo do comportamento da variável, no seu funcionamento linguístico, confirmou hipóteses já apontadas anteriormente em outros trabalhos:

1. a de que a sonoridade da variável tem influência sobre a aplicação da palatalização. Considerando-se o processo de um ponto de vista diacrônico, é de supor que a entrada da forma palatalizada comece e avance pelo segmento não vozeado;
2. a de que a consoante fricativa alveolar [s], que segue a vogal /i/ átona, formando a sequência [tis] ou [dis], ocasiona o acionamento de uma outra regra fonológica que suprime a vogal [i], inibindo a aplicação da palatalização;
3. a de que o glide [y], em que se transforma a vogal que segue a oclusiva dental em processo de ressilabificação, condiciona mais fortemente a palatalização do que as outras realizações desta vogal;
4. a de que há uma tendência à coocorrência da oclusiva dental palatalizada e da palatalização da consoante fricativa /s/ que a antecede; do mesmo modo, a realização alveolar da consoante fricativa /s/ tende a coocorrer com a realização não palatalizada da consoante oclusiva dental.

Não foi possível identificar com segurança um controle de natureza lexical sobre o processo de variação estudado, restando-nos, apenas, alguns indícios de que isso possa ter ocorrido. De resto, como o processo de palatalização é normalmente identificado como um processo pós-lexical, não nos foi possível afirmar o contrário.

Fica o presente trabalho como uma contribuição para que outros pesquisadores realizem estudos mais verticalizados em comunidades particulares, a fim de ampliar a compreensão sobre o processo de palatalização das oclusivas dentais no português do Brasil.

Anexo
GRUPOS DE FATORES USADOS NA CODIFICAÇÃO

Apresentamos a seguir os grupos de fatores tal como foram utilizados na codificação (na descrição dos resultados, são apresentados exemplos):

1. Variável dependente
   Foram codificadas três possibilidades de realização:
   t. [t] – oclusiva dental
   s. [ts] – africada alveolar
   x. [tʃ] – africada palato-alveolar

   Variáveis independentes: fatores condicionadores

2. Variável quanto à sonoridade
    t. /t/
    d. /d/
    e. /d/ ensurdecida
3. Contexto precedente
    a. vogais não altas
    b. vogais não altas nasais
    p. vogais posteriores
    o. vogais posteriores nasais
    i. /i/
    n. /i/ nasalizado
    y. ditongos fonológicos com *glide* anterior /ay, oy, uy/
    j. ditongos nasais com *glide* anterior
    w. ditongos com *glide* posterior /aw, ow/
    u. ditongos nasais com *glide* posterior
    s. /s/ → [s]
    x. /s/ → [ʃ]
    r. /r/ e variantes
    l. /l/
    p. /e/ → [i]
    k. outras consoantes
    t. queda de vogal
    m. /em/ → [i] (*devem dividir*: dev[i]dividir)
    q. [i] epentético (sub[i]dividir)

A codificação utilizada foi a seguinte:

v. pausa
a. vogais não altas – [a, e, ɛ]. Ex: *imper**at**ivos, ...você **d**iria, uma s**ed**e* [sɛdɪ]
b. vogais não altas nasais. Ex: *mand**ant**e, geralm**ent**e*
p. vogais posteriores – [o, u, ɔ, ʊ]. Ex: *atit**ude**s, p**od**e, dev**o** **d**izer*
o. vogais posteriores nasais. Ex: *resp**ond**e*
i. /i/. Ex: *pol**ít**ico*
n. /i/ nasalizado. Ex: *qu**int**ilhas*
y. ditongos com *glide fonológico* anterior /ay, oy, uy /. Ex: *dir**e**itinho*
j. ditongos nasais com *glide* anterior. Ex: *hom**em** tinha* [ˈõmẽỹˈtʃiɲɐ]
w. ditongos com *glide* posterior /aw, ow/. Ex: *v**ou** dizer*

u. ditongos nasais com *glide* posterior. Ex: *en**tão** **d**iriam* [ĩ'tɐ̃wdi'ɾiɐ̃w̃]
s. /s/ → [s]. Ex: *existe* [e'zistɪ]
x. /s/ → [ʃ]. Ex: *moléstia* [mɔ'lɛʃtʃya]
r. /r/ e variantes. Ex: *pa**r**ticipação* [paxtʃisipa'sɐ̃w̃]
l. /l/. Ex: *ú**l**timo* ['uwtimʊ]
p. /e/ → [i]. Ex: *aquel**e** **t**ipo* [a'kelɪ'tʃipʊ]
k. outras consoantes. Ex: *perspe**c**tivas*
t. queda de vogal. Ex: *sort**e** **d**e ter* ['sɔxtdɪ'tex]
m. /em/ → [i]. Ex: *lingua**gem** **t**eatral* [lĩ'gwaʒɪtʃia'traw]
q. [i] epentético. Ex: *sub[i]dividir*

4. Contexto seguinte
   i. /i/
   n. /i/ nasalizado
   e. /e/ → [i]
   p. [i] epentético
   y. /i/ → [y] – casos de ditongação
      consoante (*admitir*)
   z. /i/, /e/ → 0 (zero) ([medsina])
   g. [i] + [i] (*casa **d**e **in**vestidor*)
   j. /em/ → [i] (*aplaudem*: aplaud[i])

5. Natureza do contexto seguinte à vogal [i]
   t. /t/ e /d/
   x. [ʃ] e [ʒ]
   s. [s] e [z]
   f. [f] e [v]
   h. [ɲ]
   n. / n /
   p. outras consoantes /p/, /b/, /m/, /k/, /g/
   v. *onset* vazio, segue a vogal /a/ e / e /
   a. *onset* vazio, segue a vogal nasal /ɐ̃/ e /ẽ/
   i. *onset* vazio, segue a vogal /i/
   o. *onset* vazio, segue a vogal /o/ e /u/
   b. *onset* vazio, segue a vogal /e/ → [i] (*vint**e** **e** quatro*)
   y. *onset* vazio, segue a vogal nasal /ẽ/ → /ĩ/ (*pod**e** **en**sinar*)
   q. *onset* vazio, segue a vogal nasal /ĩ/ (*pod**e** **in**cluir*)

u. *onset* vazio, segue a vogal nasal /ũ/ e /õ/ (*de* ***un****iversidade*, *de* ***on****ze*)
e. *onset* vazio, segue a vogal [i] epentética (*de* **[i]***slides*)
z. [s] na coda (*d**is**tinto*)
r. /r/
l. /l/
c. [ʃ] na coda
k. pausa após a vogal

6. Posição da sílaba na palavra
a. X (monossílabo)
b. X _ (variável dissílabo)
c. _ _ X _
d. _ X _
e. _ X
f. _ _ X
g. _ _ _ X
h. X _ _ _ _
i. _ X _ _ _
j. X _ _
l. _ _ X _ _
m. _ _ _ X _
n. _ X _ _
o. X _ _ _
p. _ _ _ _ X
q. X _ _ _ _ _
r. _ _ _ _ X _
s. _ _ _ _ _ _ X
t. _ _ _ _ _ X
u. _ _ _ X _ _
v. _ _ X _ _ _
x. _ X _ _ _ _

7. Posição da sílaba com relação à tônica

0. variável na sílaba tônica
1. XT
2. X_T

3. X_ _T
4. X_ _ _T
5. X_ _ _ _T
6. TX
7. T_X
8. X_ _ _ _ _T

8. Sílaba portadora de acento de frase

a. vogal portadora de acento de frase
b. vogal acentuada sem acento de frase
c. vogal não acentuada sem acento de frase

9. Posição morfológica da variável

r. variável no interior da raiz
m. variável em juntura morfológica
s. variável no sufixo
p. variável no prefixo
j. variável em juntura de palavra à direita

10. Classe da palavra onde se encontra a variável

s. substantivo
a. adjetivo
v. verbo
c. advérbio
l. pronome clítico
t. pronome tônico
p. preposição
o. outras

11. Sexo do informante

f. feminino
m. masculino

12. Faixa etária

    1. 1ª faixa (25 a 35 anos)
    2. 2ª faixa (36 a 55 anos)
    3. 3ª faixa (56 em diante)

13. Tipo de inquérito

    e. EF
    1. DID
    2. D2

14. Região

    p. Porto Alegre (POA)
    s. São Paulo (SP)
    r. Rio de Janeiro (RJ)
    1. Salvador (SSA)
    2. Recife (RE)

15. Informante

    b. EF/049 – SSA
    d. DID/231 – SSA
    e. L2, D2/098 – SSA
    m. L1, D2/098 – SSA
    z. EF/379 – RJ
    n. DID/328 –RJ
    k. L2, D2/335 – RJ
    w. L1, D2/335 – RJ
    a. EF/405 – SP
    i. DID/234 – SP
    x. L1, D2/360 – SP
    y. L2, D2/360 – SP
    p. DID/ 045 – POA
    q. EF/278 – POA
    h. L2, D2/291 – POA

g. L1, D2/291 – POA
r. DID/131 – RE
c. EF/337 – RE
t. L1, D2/005 – RE
s. L2, D2/005 – RE

16. Informante

A. EF/289 – POA
B. DID/006 – POA
C. L1 D2/120 – POA
M. L2 D2/120 – POA
D. L1 D2/095 – SSA
Q. L2 D2/095 – SSA
E. DID/138 – SSA
F. EF/020 – SSA
G. L1 D2/151 – RE
H. L2 D2/151 – RE
I. DID/191 – RE
X. L1 D2/396 – SP
Y. L2 D2/396 – SP
O. DID/250 – SP
L. EF/388 – SP
N. L1 D2/158 – RJ
W. L1 D2/158 – RJ
P. DID/164 – RJ
Z. EF/286 – RJ

NOTA

[1] Na codificação dos dados para este trabalho, os autores contaram com a auxiliar de pesquisa Maria Francisca Ribeiro de Araújo, a quem agradecem pela colaboração.

APÊNDICE

9

MAPEAMENTO DOS PROCESSOS

Dinah Callou
João Antônio de Moraes
Yonne Leite

Em 1953, Antenor Nascentes chamava a atenção para a afirmação de Serafim da Silva Neto de que a divisão do nosso país em áreas linguísticas esbarrava em uma grande dificuldade: a falta de determinação das chamadas "isoglossas", isto é, de linhas demarcadoras de fenômenos linguísticos que singularizariam os dialetos. Em um país de grande extensão territorial, história de ocupação complexa e diferenciada, não é simples delimitar áreas dialetais, pois não há uma coincidência de áreas nem uma distribuição homogênea dos fenômenos pelas áreas, tampouco, do ponto de vista sincrônico, evidências inequívocas que expliquem a ocorrência das variantes.

Estudos sistemáticos das variantes cultas dos falares urbanos do Brasil – pelo menos no que se refere às cinco cidades do Projeto Nurc (www.letras.ufrj.br/nurc-rj) e aos aspectos focalizados – mostram uma diversidade de normas, em termos percentuais. Essas capitais se distribuem em área não contínua, de extensão territorial considerável, e proporcionam uma amostra relativa a uma população urbana concentrada em quatro cidades fundadas no século XVI – Salvador, Recife, Rio de Janeiro e São Paulo – e uma – Porto Alegre – no século XVIII, correspondendo, *grosso modo*, às regiões geográficas do Sul (POA), Sudeste (SP e RJ) e Nordeste (SSA e RE). As amostras utilizadas foram gravadas na década de 70 do século XX. Dados mais recentes demonstram que a distribuição dos fenômenos pelas áreas não se alterou, nos últimos trinta anos, exceto no que diz respeito à vocalização do /l/ em Porto Alegre, hoje com frequência semelhante à das outras cidades.

Os seis processos aqui mapeados – palatalização do /s/ em coda silábica, fricativização e posteriorização do /r/ pré e pós-vocálico, palatalização do /t/ e do /d/ diante de /i/, vocalização do /l/ em coda silábica, nasalização da vogal pretônica diante de consoante nasal e elevação da vogal média pretônica [e] → [i] e [o] → [u] – não evidenciam, como, em princípio, seria de esperar, uma coincidência entre o comportamento linguístico dos vários falares e as áreas geográficas correspondentes. Como se pode ver nos dois Mapas a seguir, nem sempre regiões geográficas contíguas apresentam a mesma distribuição de variantes:

- Em alguns casos, opõe-se nitidamente uma região mais ao sul (SP e POA) a uma região mais ao norte, abrangendo RJ, SSA e RE, em que o /r/ em coda é realizado preferencialmente como fricativa posterior.
- No que se refere à vocalização do /l/ em coda silábica, a oposição é nítida entre Porto Alegre e as demais cidades, que vocalizam o segmento quase categoricamente.
- Em relação ao alteamento das vogais médias pretônicas (*p[**i**]queno, m[**u**]leque*), não há diferença significativa entre as áreas.
- A nasalização da vogal pretônica (*b[ẽ]nana*) seguida de consoante nasal é mais marcada no Nordeste (Recife e Salvador).
- Por outro lado, Recife e Salvador, apesar de geograficamente próximos, não compartilham do processo de palatalização das consoantes alveolares /t/ e /d/ diante da vogal anterior alta /i/, presente apenas em Salvador.
- O processo de palatalização do /s/ em coda silábica, emblemática da fala carioca, está também presente na fala de Recife, não sendo tão frequente em Salvador e rara em São Paulo e Porto Alegre.

Assim, a escalaridade de ocorrência de cada fenômeno não se sobrepõe *pari passu* a uma continuidade geográfica, ao menos em relação aos processos exemplificados, nem sempre sendo possível traçar um feixe de isoglossas que determine áreas dialetais nítidas. Antes parece que cada dialeto tem uma combinação própria de atualização de regras, o que permitiria dizer que cada dialeto possui sua "norma" de uso.

Esses resultados mostram também que a sociolinguística quantitativa laboviana abre perspectivas promissoras para uma nova orientação dos estudos dialetológicos.

	S Post.	R post.	t → tʃ
RE	70%	97%	7%
SSA	49%	99%	85%
RJ	90%	94%	100%
SP	10%	1%	73%
POA	14%	4%	40%

Linha ıııııııııı S post
Linha —— R post
Linha ◇◇◇◇◇◇ t → tʃ

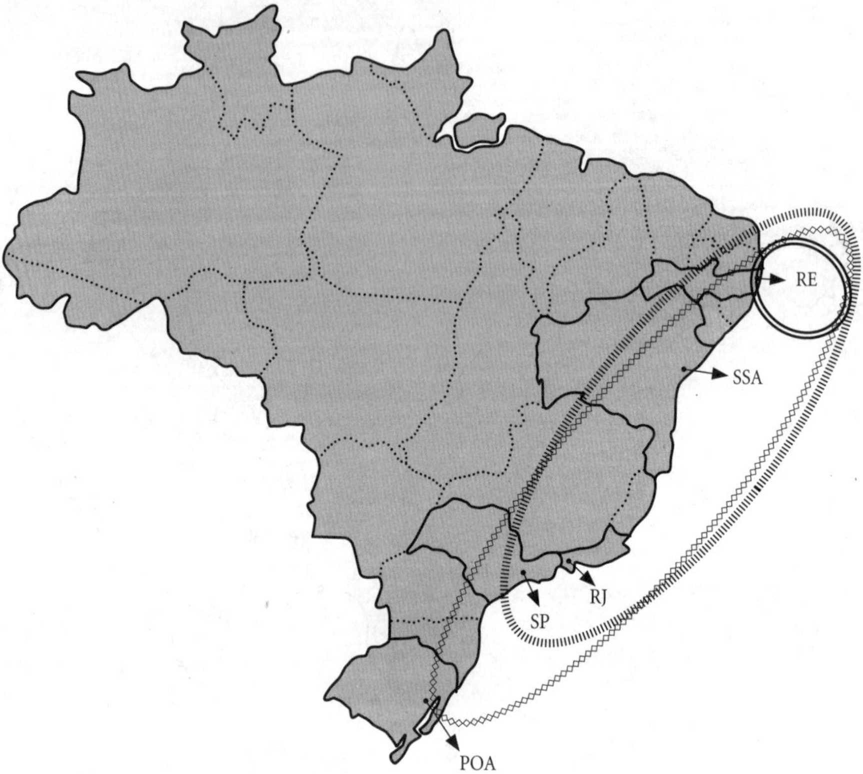

	e → i	L → w	V-ac/N → ~
RE	28%	92%	73%
SSA	25%	90%	69%
RJ	31%	88%	59%
SP	24%	86%	54%
POA	22%	54%	50%

Linha e → i
Linha L → w
Linha V -ac → ~

BIBLIOGRAFIA

Abaurre, M. B. *Nasality in Portuguese:* a Critical Consideration of Proposed Analyses for Word-final Diphthongs. Buffalo: State University of New York, 1973.

______; Cagliari, L. C. Investigação instrumental das relações entre padrões rítmicos e processos fonológicos no português brasileiro. *Cadernos de Estudos Linguísticos*, n. 10. Campinas: IEL/Unicamp, 1986, pp. 39-57 (mimeo).

______; Pagotto, E. Nasalização no português do Brasil. In: Koch, I. V. G. (org.). *Gramática do Português Falado*. v. VI – Desenvolvimentos. Campinas: Editora da Unicamp/Fapesp, 1996, pp. 491-519.

Alcantara, C. da C. *As classes formais do português e sua constituição: um estudo à luz da morfologia distribuída.* Porto Alegre, 2003. Tese (doutorado em Letras) – PUCRS.

Almeida, A. The Portuguese Nasal Vowels: Phonetics and Phonemics. In: Schmidt-Radefelt, J. (ed.). *Readings in Portuguese Linguistics*. Amsterdam: North Holand, 1976, pp.349-396.

Anderson, J. M.; Ewen, C. J. *Principles of Dependency Phonology*. Cambridge: Cambridge University Press, 1987.

Andrade, A.; Rodrigues, C. Um exemplo de sandhi consonântico variável em português. *Actas do XIX Encontro nacional da Associação Portuguesa de Linguística (APL)*. Lisboa, 2004, pp. 257-268.

Andrade, E.; Viana, M. C. Sinérese, diérese e estrutura silábica. *Actas do IX Encontro da Associação Portuguesa de Linguística (APL)*. Coimbra: Faculdade de Letras da Universidade de Coimbra, 1993.

Archangeli, D. *Underspecification in Yawelmani Phonology and Morphology*. PhD Thesis, University of Chicago, 1984.

______; Pulleyblank, D. Yoruba Vowel Harmony. *Linguistic Inquiry*, v. 20, n. 2. Cambridge, MA: The MIT Press, 1989, pp. 173-217.

Barbosa, J. M. "Les voyelles nasales portugaises: interprétation phonologique", *Proceedings of the Fourth International Congress of Phonetic Sciences*. Helsinki: The Hague, 1962, pp. 691-708.

______. *Études de phonologie du Portugais*. Lisboa: Junta de Investigações do Ultramar, 1965.

Battisti, E. *A nasalização do português brasileiro e a redução dos ditongos nasais átonos:* uma abordagem baseada em restrições. Porto Alegre, 1997. Tese (doutorado em Letras) – PUCRS.

Beckman, J. N. *Positional faithfulness*. PhD Thesis, University of Massachusetts, 1998.

BEDDOR, P. The Perception of Nasal Vowels. In: HUFFMAN, M.; KRAKOW, R. (eds.). *Nasals, Nasalization, and the Velum*. v. 5 – Phonetics and Phonology Series. San Diego: Academic Press, 1993, pp. 171-196.

______; KRAKOW, R.; GOLDSTEIN, L. Perceptual Constraints and Phonological Change: a Study of Nasal Vowel Height. *Phonology Yearbook*, n. 3. Cambridge, UK: Cambridge University Press, 1986, pp. 197-217.

BISOL, L. Palatalização e sua restrição variável. *Estudos Linguísticos e Literários*, n. 5. Salvador: UFBA, 1986, pp. 162-178.

______. Vowel Harmony: a Variable Rule in Brazilian Portuguese. *Language Variation and Change*, v. 1, Cambridge: Cambridge University Press, 1989, pp. 185-198.

______. A nasalidade, um velho tema. *D.E.L.T.A.*, v. 14, n. especial. São Paulo: PUCSP, 1998, pp. 24-46.

______. Estudo sobre a nasalidade. In: ABAURRE, M. B.; RODRIGUES, A. (orgs.). *Gramática do português falado*. v. VIII – Novos Estudos Descritivos. Campinas: Editora da Unicamp/Fapesp, 2002, pp. 501-531.

______. Sandhi in Brazilian Portuguese. *Probus*, v. 15, n. 2. Berlin: de Gruyter Mouton, 2003, pp. 177-200.

BOOIJ, G.; RUBACH, J. Postcyclic versus Postlexical Rules in Lexical Phonology. *Linguistic Inquiry*, n. 18. Cambridge, MA: The MIT Press, 1991, pp. 1-44.

BOROWSKY, T. *Topics in the Lexical Phonology of English*. PhD Thesis, University of Massachusetts, 1990.

BORTONI, S. et al. *A variação das vogais médias pretônicas no português do Brasil:* um fenômeno geográfico ou de difusão lexical? (mimeo), 1992.

BRANDÃO, S. F. A palatalização no *corpus* APERJ. Comunicação apresentada ao II Encontro do GT de Sociolinguística da ANPOLL. Curitiba: UFPR, 1997.

______. Sobre a palatalização num dialeto brasileiro. *Congrès International de Linguistique et Philologie romanes*, 22, 1998; Bruxelles: Actes Tgen, Max Niemeyer, 2000, pp. 79-86.

BRASINGTON, R. W. P. Noun pluralization in Brazilian Portuguese. *Journal of Linguistics*, n. 7. Cambridge, UK: Cambridge University Press, 1971, pp. 151-177.

CAGLIARI, L. *An Experimental Study of Nasality with Particular Reference to Brazilian Portuguese*. PhD Thesis, University of Edinburgh. 1977.

______. *Elementos de fonética do português brasileiro*. Campinas, 1982. Tese (livre-docência em Linguística) – Unicamp.

CALABRESE, A. A. Constraint Based Theory of Phonological Markedness and Simplification Procedures. *Linguistic Inquiry*, n. 26, v. 3. Cambridge, MA: The MIT Press, 1995, pp. 373-463.

CALLOU, D. *Variação e distribuição da vibrante na fala urbana culta do Rio de Janeiro*. Rio de Janeiro: UFRJ/ Proed, 1987.

______; MARQUES, M. H. O -s implosivo na linguagem do Rio de Janeiro. *Littera*, n. 14. Rio de Janeiro: Grifo, 1975, pp. 9-137.

______; MORAES, J. A.; LEITE, Y. Variação e diferenciação dialetal: a pronúncia do /r/ no português do Brasil. In: KOCH, I. V. G. (org.). *Gramática do português falado*. v. VI – Desenvolvimentos. São Paulo: Editora da Unicamp/Fapesp, 1996, pp. 465-490.

______; LEITE, Y.; MORAES, J. Processo(s) de enfraquecimento consonantal no português do Brasil. In: ABAURRE, M. B.; RODRIGUES, A. (orgs.). *Gramática do português falado*. v. VIII – Novos Estudos Descritivos. Campinas: Editora da Unicamp/Fapesp, 2002, pp. 537-556.

CÂMARA Jr., J. M. *Problemas de linguística descritiva*. Petrópolis: Vozes, 1969.

______. *Estrutura da língua portuguesa*. Petrópolis: Vozes, 1970.

______. *História e estrutura da língua portuguesa*. Rio de Janeiro: Padrão-Livraria Editorial, 1975.

______. *Para o estudo da fonêmica portuguesa*. Rio de Janeiro: Padrão, 1977. (1ª ed. 1953)

CANOVAS, M. I. *Variação fônica de /s/ pós-vocálico e de /v, z, Z/ cabeça de sílaba na fala da cidade de Salvador*. Salvador, 1991. Dissertação (mestrado em Letras e Linguística) – UFBA.

CARREIRA, M. The Alternating Diphthongs in Spanish: a Paradox Revised. In: CAMPOS, H.; MARTINEZ-GIL, F. (eds.). *Current Studies in Spanish Linguistics*. Washington: Georgetown University Press, 1991, pp. 407-445.

CASALI, R. F. Vowel Elision in Hiatus Contexts: which vowel goes? *Language*, v.73, n. 3. Rochester, NY: Linguistic Society of America, 1997, pp. 493-531.

CASTILHO, A. T______. Apresentação do Projeto da Gramática do Português Falado. In: ______. (org.). *Gramática do português falado*. Campinas: Editora da Unicamp/, Fapesp, 1990, v. I, pp. 7-27.

CATFORD, J. *A Practical Introduction to Phonetics*. Oxford: Clarendon Press, 1988.

CEDERGREN, H. *Interplay of Social and Linguistic Factors in Panamá*. PhD Thesis, Cornell University, 1972.

CHOMSKY, N.; HALLE, M. *The Sound Pattern of English*. New York: Harper & Row, 1968.
CLEMENTS, G. N.The Geometry of Phonological Features. *Phonology Yearbook*. Cambridge, UK: Cambridge University Press, 1985, pp. 225-52.
______. The Role of the Sonority Cycle in Core Syllabification. In: KINGSTON, J.; BECKMAN, M. (eds). *Papers in Laboratory Phonology 1:* Between the Grammar and Physics of Speech. New York: CUP, 1990, pp. 283-333.
______; SEZER, E. Vowel and Consonant Disharmony in Turkish. In: H. VAN DER HULST, H.; SMITH, N. (eds.) *The Structure of Phonological Representations*. Dordrecht: Foris, 1982, pp. 213-255.
______; KEYSER, S. J. CV Phonology: A Generative Theory of the Syllable. *Linguistic Monograph*, 9, Cambridge, MA: The MIT Press, 1983.
______.; HUME, E. The Internal Organization of Speech Sounds. In: GOLDSMITH, J. A. (ed.). *The Handbook of Phonological Theory*. Cambridge: Blackwell, 1995, pp. 245-306.
CLUMECK, H. Patterns of Soft Palate Movements in Six Languages. *Journal of Phonetics*, v. 4. Amsterdam: Elsevier, 1976, pp. 337-351.
COLLISCHONN, G.; COSTA, C. F. Ressilabação da lateral pós-vocálica final e sua limitação prosódica. *Letras de Hoje*, v. 40, n. 3. Porto Alegre: PUCRS, 2005, pp. 7-38.
COSTA, C. F. *Fonologia lexical e controvérsia neogramática: análise das regras de monotongação do /ou/ e vocalização do /l/ no PB*. Porto Alegre, 2003. Dissertação (mestrado em Letras) – UFRGS.
COUTO, H. H. Ditongos crescentes e ambissilabicidade em português. *Letras de Hoje*, n. 9. Porto Alegre: PUCRS, 1994, pp.129-141.
CRISTÓFARO SILVA, T. A interpretação de glides intervocálicos no Português. *Letras de Hoje*, n. 104. Porto Alegre: PUCRS, 1996, pp.169-176.
CRUZ, M. L. C. *Atlas Linguístico do Amazonas*. 2 volumes. Rio de Janeiro, 2004. Tese (Doutorado em Língua Portuguesa) – UFRJ.
CUNHA, C. Le polymorphisme du portugais du Brésil et sés causes: le cas du /s/ implosif. *Cultura Neolatina*, n. 34. Modena: Mucchi Editore, 1974, pp. 327-335.
______. *Gramática da língua portuguesa*. Rio de Janeiro: Nova Fronteira, 1986.
DELGADO-MARTINS, M. R. Análise acústica das vogais tônicas em português. *Boletim de Filologia XXII*, v.3-4. Lisboa: Centro de Estudos Filológicos da Universidade de Lisboa, 1973, pp. 303-314.
DEMASI, M. do S. O -l pós-vocálico na fala culta do Rio de Janeiro. In: PEREIRA, C. C.; PEREIRA, P. R. D. (orgs.). *Miscelânea de estudos linguísticos, filológicos e literários in memoriam Celso Cunha*. Rio de Janeiro: Nova Fronteira, 1995, pp. 115-143.
ESPIGA, J. *O português dos Campos Neutrais. Um estudo sociolinguístico da lateral pós-vocálica nos dialetos fronteiriços de Chuí e Santa Vitória do Palmar*. Porto Alegre, 2001. Tese (doutorado em Linguística), PUCRS.
FERRE, R. L. T. *On the Phonological Derivation and Behavior of Nasal Glides*. PhD Thesis, MIT, 1988.
FIGUEIREDO, R. M. *Identificação de falantes: aspectos teóricos e metodológicos*. Campinas, 1994. Tese (doutorado em Linguística) – Unicamp.
GIRELLI, C. A. *Brazilian Portuguese Syllable Structure*. PhD Thesis, University of Connecticut, 1988.
GOLDSMITH, J. A. *Autosegmental Phonology*. PhD Thesis, MIT, 1976.
______. *The last Phonological Rule*. Chicago: Chicago University Press, 1993.
GRANDA, G. de. La Velarización de RR en Puerto Rico. *Revista de Filologia Española*, n. 49. Madrid: Consejo Superior de Investigaciones Científicas,1966, pp.181-227.
GRYNER, H.; MACEDO, A. A pronúncia do s pós-vocálico na região de Cordeiro-RJ. In: MOLLICA, C.; MARTELLOTA, M. (orgs.). *Análises linguísticas:* a contribuição de Alzira Macedo. Rio de Janeiro: UFRJ, 2000, pp.26-51.
HALLE, M.; VERGNAUD, J. R. *An Essay on Stress*. Cambridge: MIT Press, 1987.
HAMMARSTRÖM, G. *Étude de phonétique auditive sur les parlers de l'Algarve*. Uppsala: Almqvist & Wiksells, 1953.
HARRIS, J. W. *Syllable Structure and Stress in Spanish:* a Nonlinear Analysis. Cambridge: MIT Press, 1983.
______. Spanish Diphthongization and Stress: a Paradox Resolved. *Phonology Yearbook*, 1985, pp. 31-45.
______. The Form Classes of Spanish Substantives. *Yearbook of Morphology*, 1. Berlin: Springer-Verlag, 1991, pp. 65-88.
HAYES, B. Inalterability in CV Phonology. *Language*, n. 63, v. 2. Rochester, NY: Linguistic Society of America, 1986, pp. 321-350.
______. *Metrical Stress Theory:* Principles and Case Studies. Los Angeles: University of California, 1991.
HEAD, B. F. *A Comparison of the Segmental Phonology of Lisbon and Rio de Janeiro*. PhD Thesis, The University of Texas, 1964.

HERR, M. Mudanças nas normas para a boa pronúncia da língua portuguesa no canto e no teatro no Brasil: 1938, 1956 e 2005. *Per Musi*, n. 15, 2007, pp. 35-40. Disponível em: http://www.musica.ufmg.br/permusi/port/numeros/15/index.htm. Acessado em: 30 maio 2007.

HOENIGSWALD, H. *Language Change and Linguistic Reconstruction*. Chicago: Chicago University Press, 1960.

HORA, D. *A palatalização das oclusivas dentais:* variação e representação não linear. Porto Alegre, 1990. Tese (doutorado em Letras) – PUCRS.

______. Processo de palatalização das fricativas na língua portuguesa. *Revista do Gelne – Grupo de estudos linguísticos do Nordeste*, ano 1, n. 2. Fortaleza: UFC, 1999, pp. 34-36.

______. Teoria fonológica e variação: a fricativa coronal /s/. *Letras de hoje*, v. 37, n. 1. Porto Alegre: PUCRS, 2002, pp.199-219.

HUFFMANN, M. Implementation of Nasal: Timing and Articulatory Landmarks. *Ucla Working Papers in Phonetics*, v. 75, 1990.

______; KRAKOW, R. (orgs.). Nasals, Nasalization, and the Velum. *Phonetics and Phonology*, 5. New York: Academic Press. 1993.

HYMAN, L. M. *Phonology:* Theory and analysis. New York: Holt, Rinehart & Winston, 1975.

ITÔ, J. *Syllable Theory in Prosodic Phonology*. PhD Thesis, University of Massachusetts, 1986.

JAKOBSON, R. *Child Language*: Aphasia and phonological universals. The Hague: Mouton, 1968.

JESUS, M. *Estudo fonético da nasalidade vocálica em falantes normais e com fissura de palato:* enfoque acústico. Belo Horizonte, 1999. Dissertação (mestrado em Estudos Linguísticos) – Universidade Federal de Minas Gerais.

KAGER, R. *A Metrical Theory of Stressing and Destressing in English and Dutch*. PhD Thesis, Dordrecht: Foris, 1989.

KAHN, D. *Syllable-Based Generalizations in English Phonology*. PhD Thesis, Cambridge: MIT, Distributed by Indiana University Linguistic Club, 1976.

KAISSE, E. M.; SCHAW, A. On the Theory of Lexical Phonology. *Phonology Yearbook*, 2. Cambridge, UK: Cambridge University Press, 1985, pp.1-30.

KAYAMA, A. et al. PB cantado: normas para a pronúncia do português brasileiro no canto erudito. *Opus: Revista Eletrônica da Anppom*, v. 13, n. 2, 2007. Disponível em: <http://www.anppom.com.br/opus/>. Acessado em: 30 maio 2010.

KENSTOWICZ, M. *Phonology in Generative Grammar*. Cambridge: Blackwell Publishers, 1994.

KIPARSKY, P. Metrical Structure Assignment is Cyclic. *Linguistic Inquiry*, v. 10. Cambridge, MA: The MIT Press, 1982a, pp. 421-441.

______. Lexical Phonology and Morphology. In: YANG, I. S. (ed.). *Linguistics in the Morning Calm*. Seoul: Hanshin, 1982b, pp. 3-91.

______. Some Consequences of Lexical Phonology. *Phonology Yearbook*, 2. Cambridge, UK: Cambridge University Press, 1985, pp.83-138.

KOLOVRAT, G. de. *Étude sur la consonne l dans les langues romanes*. Paris: Jouve & Cie, 1923.

KRAKOW, R. Nonsegmental Influences on Velum Movement Patterns: Syllables, Sentences, Stress, and Speaking Rate. In: HUFFMAN, M.; KRAKOW, R. (eds.). *Nasals, Nasalization, and the Velum*, v. 5, California: Academic Press, 1993, pp. 87-116.

LABOV, W. Contraction, Deletion and Inherent Variabity of the English Copula. *Language*, n. 45, v. 4. Rochester, NY: Linguistic Society of America, 1969, pp. 715-762.

______. La Transmission des Changements Linguistiques. In: GARDET, F. et al. (orgs.). *Langages*, n. 108, Hétérogénéité et Variation. Paris: Armand Colin, 1992, pp.16-36.

______. *Principles of Linguistic Change*. Cambridge: Blackwell, 1994.

LASS, R. *Phonology:* an Introduction to Basic Concepts. Cambridge: Cambridge University Press, 1984.

LEBEN, W. *Suprasegmental Phonology*. PhD Thesis, MIT, 1973.

LEE, S. H. *Morfologia e fonologia lexical do português do Brasil*. Campinas, 1995. Tese (doutorado em Linguística) – Unicamp.

LEITE, Y. F. *Portuguese Stress and Related Rules*. Ph. D. Thesis, The University of Texas, 1974.

LEVIN, J. *A Metrical Theory of Syllabicity*. PhD Thesis, MIT, 1985.

LIBERMAN, M.; PRINCE, A. On Stress and Linguistic Rhythm. *Linguistic Inquiry*, v. 8. Cambridge, MA: The MIT Press, 1977, pp. 249-236.

LIMA. L. G. *Atlas Fonético do entorno da Baía de Guanabara* - AFEBG. Volumes I e II. Rio de Janeiro, 2006. Dissertação (Mestrado em Língua Portuguesa) UFRJ.

LINDBLOM, B. Spectrographic Study of Vowel Reduction. *JASA*, n. 35. Acoustic Society of America, 1963, pp.1773-1781.

LIPSKY, J. Brazilian Portuguese Vowel Nasalization: Secondary Aspects. *The Canadian Journal of Linguistics*, n. 20, v. 1, 1975, pp. 57-77.

LOPEZ, B. S. *The Sound Pattern of Brazilian Portuguese (Cariocan Dialect)*. PhD. Thesis, UCLA, 1979.

LÜDTKE, H. Fonemática portuguesa. I-Consonatismo; II-Vocalismo. *Boletim de Filologia*, tomo XIII, fasc. 3 e 4, Lisboa, 1953, pp. 273-288; tomo XIV, fasc. 3 e 4, Lisboa: Centro de Estudos Filológicos da Universidade de Lisboa, 1953, pp. 197-217.

LUFT, C. P. *Moderna gramática brasileira*. Porto Alegre: Globo, 1979.

______. *Para uma análise morfológica do verbo em português*. Porto Alegre, 1976. Tese (livre docência) - Emma, 1976.

MACHADO, M. *Étude articulatoire et acoustique des voyelles nasales du Portugais de Rio de Janeiro:* analyses radiocinématographique, sonographique et oscillographique. Strasbourg, 1981. PhD Thesis, Université de Strasbourg.

MAEDA, S. Acoustics of Vowel Nasalization and Articulatory Shifts in French Nasal Vowels. In: HUFFMAN, M.; KRAKOW, R. (orgs.). *Nasals, Nasalization, and the Velum*. California: Academic Press, 1993, pp.147-167.

MAGALHÃES, J. O. *Un Étude de certains processus da la phonologie portugaise dans le cadre de la théorie du charme et du governement*. Montreal, 1990. Ph. D. Thesis, Université de Montreal.

______. Aspectos fonológicos segundo a teoria do charme e do governo: padrão silábico e sílaba máxima. *Letras de Hoje*, n. 98. Porto Alegre: PUCRS, 1994, pp. 113-127.

MARROQUIM, M. *A língua do Nordeste*. São Paulo: Companhia Editora Nacional, 1934.

MARTINET, A. *Éléments de linguistique générale*. Paris: Armand Colin, 1969.

MASCARÓ, J. On the Form of Segment Deletion and Insertion Rules. *Probus*, n. 1, v. 1. Berlin: de Gruyter Mouton, 1989, pp. 31-61.

MATEUS, M. H. M. *Aspectos da fonologia portuguesa*. Lisboa: INIC/Instituto Nacional de Investigação Científica da Universidade de Lisboa, 1982.

MATZENAUER, C. L. B.; BONILHA, G. F. G. *Aquisição da fonologia e teoria da otimidade*. Pelotas: Educat, 2003.

MCCARTHY, J. J. OCP Effects: Gemination and Antigemination. *Linguistic Inquiry*, v. 17, n. 2. Cambridge, MA: The MIT Press, 1986, pp. 207-234.

MILLIKEN, S. R. *Protosyllables:* a Theory of Underlying Syllable Structure in Nonlinear Phonology. PhD Thesis, Cornell University, 1988.

MOHANAN, K. P. *Lexical Phonology*. Cambridge, Massachusetts, 1982. Tese (PhD. Linguística), MIT.

MORAES, J. A. A nasalidade vocálica no português do Brasil. Relatório de pesquisa apresentado à Capes, 1997a, 90 pp.

______. Vowel Nasalization in Brazilian Portuguese: an Articulatory Investigation. Proceedings of the Eurospeech' 97. *European Speech Communication Association (Esca)*, v. 2, Rhodes, Greece, 1997b, pp. 733-736.

______. A nasalidade vocálica no português do Brasil e no português de Portugal. *Actas del XXIII Congreso Internacional de Linguística y Filología Románica*, v. I, Tübingen: Niemeyer Verlag, 2003, pp. 235-244.

______; CALLOU, D.; LEITE, Y. O sistema vocálico do português do Brasil: caracterização acústica. In: KATO, M. A. (org.). *Gramática do português falado*. v. V - Convergências. 1. ed. Campinas: Unicamp/Fapesp, 1996, pp. 33-53.

______; WETZELS, L. Sobre a duração dos segmentos nasais e nasalizados em português: um exercício de fonologia experimental. *Cadernos de Estudos Linguísticos*, n. 23, 1992, pp.153-166.

MORALES-FRONT, A. E.; HOLT, E. The Interplay of Morphology, Prosody, and Faithfulness in Portuguese Pluralization. In: MARTINEZ-GIL, F.; MORALES-FRONT, A. (orgs.). *Issues in the Phonology and Morphology of the Major Iberian Languages*. Washington: Georgetown University Press, 1997, pp. 392-437.

MORENO, C. *Os diminutivos em -inho e -zinho e a delimitação do vocábulo nominal no português*. Porto Alegre, 1977. Dissertação (mestrado em Letras) - UFRGS.

MOTA, J. A. *O -s em coda silábica na norma culta de Salvador*. Rio de Janeiro, 2002. Tese (doutorado em Linguística) - UFRJ.

NASCENTES, A. *O linguajar carioca*. 2. ed. Rio de Janeiro: Simões, 1953.

NESPOR, M. Vowel Degemination and Fast Speech Rules. *Phonology Yearbook*, 4. Cambridge, UK: Cambridge University Press, 1987, pp. 61-85.

______; VOGEL, I. *Prosodic Phonology*. Dordrecht: Foris, 1986.

NOBRE, A.; INGEMANN, F. Oral Vowel Reduction in Brazilian Portuguese. In: E. CHANNON, E.; SHOCKEY, L. (eds.). *In Honor of Ilse Lehiste*. Dordrecht: Foris, 1987, pp.195-206.

NOSKE, R.G. *Theoretical Issues in Syllabic Phonology:* a Critical Study of Theories of Syllabification and a Proposal Concerning the Interaction of Syllabification and Syllable Changing Rules in the Phonology of French. Doctoraal skriptie, Universiteit van Amsterdam, 1981.

NUNES, J. J. *Compêndio da gramática histórica portuguesa*. Lisboa: Livraria Clássica Editora, 1930.

ODDEN, D. Tone: African Languages. In: GOLDSMITH, J. (ed.). *The Handbook of Phonological Theory*. Oxford: Blackwell, 1995, pp. 444-475.

OHALA, J. Monitoring Soft Palate Movements in Speech. Project on Linguistic Analysis [Phonology Laboratory, Department of Linguistics, University of California, Berkeley], v. 13, 1971, pp. JO1-JO15.

______; AMADOR, M. Spontaneaous Nasalization. *JASA*, n. 68. Acoustic Society of America, 1981, pp. S54-S55.

______; OHALA, M. Speech Perception and Lexical Representation: the Role of Vowel Nasalization in Hindi and English. In: CONNEL, B.; ARVANITI, A. (eds.). *Papers in Laboratory Phonology*, 4, Cambridge: CUP, 1995.

OITICICA, J. *Roteiros de fonética fisiológica, técnica do verso e dicção*. Rio de Janeiro: Simões. 1955.

OLIVEIRA, M. A. de. Reanálise de um problema de variação. *Estudos Linguísticos*, v. 7, n.1, 1981, pp. 23-51.

PADGETT, J. Structure and Nasal Place Assimilation. *Natural Language and Linguistic Theory*, n. 12, 1994, pp. 465-513.

PAGEL, D. *Étude acoustique des voyelles du Portugais parlé à Blumenau à partir de la méthode sonographique*. PhD Thesis, Université de Strasbourg, 1981.

PÅHLSSON, C. *The Northumbrian Burr:* a Sociolinguistic Study. Lund: Berlingska Boktryckeriet Lund, 1972.

PARDAL, E A. *Aspects de la phonologie (générative) du portugais*. Lisboa: Centro de Linguística da Universidade de Lisboa. 1977.

PARKINSON, S. Portuguese Nasal Vowels as Phonological Diphthongs. *Lingua*, n. 61. Amsterdam: Elsevier, 1983, pp. 157-177.

PERINI, M. A. *The Process of Nasalization:* the Evidence from Portuguese. The University of Texas, 1971 (mimeo).

PIGGOTT, G. L. On the Autonomy of the Feature Nasal. *CLS*, n. 23, 1987, pp. 223-238.

______. *Feature Dependency in Optimality Theory*: Optimizing the Phonology of Sonorants, 1994 (mimeo).

PIKE, K. *Phonemics:* a Technique for Reducing Languages to Writing. Ann Arbor: The University of Michigan Press, 1947.

PRINCE, A. Improving Tree Theory. *Proceedings of the Berkeley Linguistics Society*, n. 11. Berkeley, CA: Berkeley Linguistic Society, 1985, pp. 471-490.

______; SMOLENSKY, P. *Optimality Theory*. Rutgers University, 1993 (mimeo).

QUEDNAU, L. *A lateral pós-vocálica no português gaúcho:* análise variacionista e representação não linear. Porto Alegre, 1993. Dissertação (mestrado em Letras) – UFRGS.

QUICOLI, A. C. Harmony, Lowering, and Nasalization in Brazilian Portuguese. *Lingua*, n. 80. Amsterdam: Elsevier, 1990, pp. 295-331.

RÉVAH, I. S. L'Évolution de la prononciation au Portugal et au Brésil du XVIe siècle à nos jours. *Anais do Primeiro Congresso Brasileiro de Língua Falada no Teatro*. Rio de Janeiro: MEC, 1958, pp. 387-399.

RODRIGUES, S. H. A. *O -s pós-vocálico na fala da região Norte-Nordeste do Estado do Rio de Janeiro*. Rio de Janeiro: Faculdade de Letras/UFRJ, 2001. 100p. (mimeo).

RUHLEN, M. Nasal Vowels. In: GREENBERG, J. (ed.). *Universals of Human Language*. v. 2 – Phonology. Stanford: Stanford University Press, 1978, pp. 203-241.

SACIUK, B. Some Basic Rules of Portuguese Phonology. In: SADOCK, J. M.; VANEK, A. L. (eds.). *Studies Presented to Robert B. Lees by his Students*. Edmonton: Linguistic Research, Inc., 1970, pp.197-212.

SANKOFF, D. *Variable Rules*. Montréal: Université de Montréal, Centre de Recherches Mathématiques, 1988.

SCHERRE, M. *Reanálise da concordância nominal em português*. Rio de Janeiro, 1988. Tese (doutorado em Linguística) – UFRJ.

______. Sobre a influência de três variáveis relacionadas na concordância nominal em português. In: SILVA, G. M.; SCHERRE, M. M. P. (orgs.). *Padrões sociolinguísticos:* análise de fenômenos variáveis do português falado na cidade do Rio de Janeiro. Rio de Janeiro: Tempo Brasileiro, 1996, pp. 85-117.

______. *Dou-se lindos filhotes de poodle:* variação linguística, mídia e preconceito. São Paulo: Parábola, 2005.

______; Macedo, A. Variação e mudança: o caso do s pós-vocálico. *Boletim da Associação Brasileira de Linguística*, n. 11, Campinas: Unicamp, 1989, pp. 165-189.

Schourup, L. A Cross-Language Study of Vowel Nasalization. *Ohio State University Working Papers in Linguistics*, v. 15. Columbus, OH: Department of Linguistics of Ohio State University, 1973, pp. 190-221.

Seara, I. *Estudo acústico-perceptual da nasalidade das vogais do português brasileiro.* Florianópolis, 2000. Tese (doutorado em Linguística) - Universidade Federal de Santa Catarina.

Selkirk, E. The syllable. In: Van der Hulst, H.; Smith, N. (eds.). *The Structure of Phonological Representations (Part II).* Dordrecht: Foris, 1982.

______. On the Major Class Features and Syllable Theory. In: Aronoff, M.; Oehrle, R. (eds.). *Language Sound Structure:* Studies in Phonology Presented to Morris Halle by his Teacher and Students. Cambridge: MIT Press, 1984.

Silva Neto. S. *História da língua portuguesa.* Rio de Janeiro: Livros de Portugal, 1982. (1ª ed. Rio de Janeiro: Acadêmica)

______. *Introdução ao estudo da língua portuguesa no Brasil.* 5. ed. Rio: Presença, 1986.

Solé, M-J. Spatio-Temporal Patterns of Velopharyngeal Action in Phonetic and Phonological Nasalization. *Language and Speech*, v. 38, n. 1. New York: SAGE Publications, 1995, pp. 1-23.

______.; Ohala, J. Differentiating Between Phonetic and Phonological Processes: the Case of Nasalization. *Proceedings of the 12th International Congress of Phonetic Sciences*, v. 2, Aix-en-Provence. Paris: The International Phonetic Association, 1991, pp.110-113.

Sousa, E. *Para a caracterização fonético-acústica da nasalidade no português do Brasil.* Campinas, 1994. Dissertação (mestrado em Linguística) - Unicamp.

Steriade, D. *Greek Prosodies and the Nature of Syllabification.* PhD Thesis, Cambridge: MIT, 1982.

Tasca, M. *A lateral em coda silábica no sul do Brasil.* Porto Alegre, 1999. Tese (doutorado em Letras) - PUCRS.

Teyssier, P. *Manuel de langue portugaise:* Portugal-Brésil. Paris: Klincksiek, 1976.

______. *História da língua portuguesa.* Lisboa: Sá da Costa. Trad. Celso Cunha, 1984.

Tlaskal, J. Remarques sur les voyelles nasales em portugais. *Zeitschrift für Phonetik*, n. 33. Berlin: Akademie-Verlag, 1980, pp. 562-570.

Trubetzkoy, N. S. *Principes de phonologie.* Trad. J. Cantineau. Paris: Klincksieck, 1976. (1ª ed. 1939)

Väänänen, V. *Introducción al Latin Vulgar.* Madrid: Gredos, 1975.

Vandresen, P. O vocalismo português: implicações teóricas. *Revista Brasileira de Linguística*, n. 2. Petropólis: Vozes, 1975, pp. 80-103.

Verney, L. A. *O verdadeiro método de estudar.* Lisboa: Sá da Costa, 1736.

Vianna, A. R. G. *Portugais.* Leipzig: Teubner, 1903.

Villa da Silva, R. Norma e identidade social: o caso da discriminação do /s/ pós-vocálico em Corumbá e Ladário. Comunicação ao *Congresso Internacional 500 anos de língua portuguesa no Brasil.* Portugal, 2000 (mimeo).

Votre, S. Variação fonológica no Rio de Janeiro. Rio de Janeiro, 1978. Tese (doutorado em Letras) - PUCRJ.

Weinreich, U.; Labov, W; Herzog, M. I. Empirical Foundations for a Theory of Language Change. In: Lehmann, W.; Malkiel, Y. (eds.). *Directions for Historical Linguistics.* Austin: University of Texas Press, 1968, pp. 97-195

Wetzels, W. L. Phonological Timing in Ancient Greek. *Studies in Compensatory Lengthening.* Dordrecht: Foris, 1986, pp. 297-344.

______. Contrastive and Allophonic Properties of Brazilian Portuguese Vowels. In: Wanner, D.; Kibbee, D. A. (eds.). *New Analyses in Romance Linguistics.* Amsterdam: John Benjamins, 1991, pp. 77-99.

______. Mid Vowel Neutralization in Brazilian Portuguese. *Cadernos de Estudos Linguísticos*, n. 23. Campinas: IEL/Unicamp, 1992, pp.19-55.

______. The Lexical Representation of Nasality in Brazilian Portuguese. *Probus*, n. 9, v. 2. Berlin: de Gruyter Mouton, 1997, pp. 203-232.

Williams, E. B. *Do latim ao português.* Rio de Janeiro: Tempo Brasileiro, 1975.

OS AUTORES

Maria Bernadete M. Abaurre é professora titular de Fonética e Fonologia da Unicamp e pesquisadora nível 1A do CNPq. Tem mestrado em Linguística pela Unicamp, doutorado em Linguística pela State University of New York (Buffalo, USA) e pós-doutorado em Linguística na Universidade de Viena. Suas pesquisas e publicações abordam temas relacionados à fonologia do português, interface fonologia-sintaxe, prosódia e aquisição da linguagem escrita. Coordenou o Grupo de Trabalho de Fonética e Fonologia do Projeto da Gramática do Português Falado.

Dinah Callou é professora titular emérita da UFRJ e pesquisadora nível 1A do CNPq. Tem mestrado em Língua Portuguesa pela Universidade de Brasília, doutorado em Letras Vernáculas (Língua Portuguesa) pela UFRJ e pós-doutorado em Linguística na University of California (Santa Bárbara, USA). Suas pesquisas e publicações concentram-se em Fonética/Fonologia, Sintaxe, Sociolinguística e Linguística Histórica, com ênfase em variação e mudança, português do Brasil e fala culta carioca.

Emilio Gozze Pagotto é capixaba, atualmente professor da Unicamp. Tem mestrado e doutorado em Linguística pela mesma universidade. Suas pesquisas e publicações concentram-se nas áreas de sociolinguística e história do português do Brasil e, neste último caso, com interesse especial na história da constituição da norma no Brasil português normatizado. Não tem time específico, mas torce sempre pelo bom futebol.

João Antônio de Moraes é professor titular de Língua Portuguesa na Faculdade de Letras da UFRJ e pesquisador nível 1C do CNPq. Tem mestrado em Dialetologia e doutorado em Fonética Instrumental e Funcional pela Université de Paris III (Sorbonne-Nouvelle) e pós-doutorado no Phonology Laboratory da University of California (Berkeley, USA). Suas pesquisas e publicações abordam questões de entoação, prosódia, nasalidade e fonologia experimental.

Leda Bisol é professora titular da PUCRS e pesquisadora nível 1A do CNPq. Tem mestrado e doutorado em Linguística pela UFRJ. Fez estágios no exterior em nível de doutorado na University of Edinburgh (Escócia) e pós-doutorado na Stanford University (Califórnia, USA). Suas pesquisas e publicações abordam questões de fonologia do português e sociolinguística.

Yonne Leite é professora aposentada do Museu Nacional/UFRJ e pesquisadora nível 1A do CNPq. Foi professora titular da Universidade Gama Filho. Tem doutorado em Linguística pela University of Texas (Austin, USA). Suas pesquisas e publicações abordam as línguas indígenas brasileiras e o português do Brasil.

GRÁFICA PAYM
Tel. (11) 4392-3344
paym@terra.com.br